数字图书馆多粒度集成知识服务理论与实现

王忠义◎著

科 学 出 版 社

北 京

内 容 简 介

本书采用认知领域的一些新见解，借助知识管理方面的先进技术，以连贯、简洁、可理解的方式，系统地介绍了数字图书馆多粒度集成知识服务的产生背景、理论与技术基础，描述了数字图书馆多粒度集成知识服务在架构层面的设计原理，并重点探讨了数字图书馆多粒度集成知识服务系统的设计、实现和评估方法。本书在撰写过程中广泛吸收了知识服务方面的最新成果，全书内容自成体系，结构紧凑，具有一定的先进性、系统性和实用性。

本书可作为高等院校图书馆学、情报学、档案学、计算机科学、教育技术等专业高年级本科生、研究生的教材，也可以作为从事知识服务的研究人员、工程技术人员的参考书。

图书在版编目(CIP)数据

数字图书馆多粒度集成知识服务理论与实现/王忠义著. —北京：科学出版社，2021.6

ISBN 978-7-03-068888-0

Ⅰ. ①数⋯ Ⅱ. ①王⋯ Ⅲ. ①数字图书馆－图书馆服务－研究 Ⅳ. ①G250.76

中国版本图书馆 CIP 数据核字（2021）第 098738 号

责任编辑：徐 倩 / 责任校对：贾娜娜
责任印制：张 伟 / 封面设计：无极书装

科学出版社 出版
北京东黄城根北街 16 号
邮政编码：100717
http://www.sciencep.com

北京建宏印刷有限公司 印刷
科学出版社发行 各地新华书店经销

*

2021 年 6 月第 一 版　开本：720 × 1000　1/16
2022 年 11 月第三次印刷　印张：14 1/2
字数：293 000

定价：142.00 元
（如有印装质量问题，我社负责调换）

前　　言

　　进入 21 世纪，随着知识的不断积累，知识在经济发展中的作用不断增加，人类逐渐进入知识经济时代，知识经济对当前人类的知识需求已经产生了深远的影响，使得人类知识需求日益迫切化、多样化、综合化、专业化、个性化、微观化和精准化。而数字图书馆作为人类的知识宝藏，成为人们补给自己所需知识的重要途径。用户可以不受时空限制及时获取所需知识。由此可见，数字图书馆作为人类知识的存储和定位系统，无疑将成为人类社会的公共知识枢纽。数字图书馆作为知识集成的平台，是国家科技创新的基础保障和关键组成部分，因此，提高知识经济时代数字图书馆知识服务的能力成为孕育国家创新产出的摇篮。然而，随着网络技术的进一步发展，Web2.0 的出现对人们的知识消费方式产生了巨大的影响，人们开始习惯于利用移动设备在零碎的时间里查找自己所需的知识，微阅读或碎片化阅读成为普遍现象，这是社会快速发展的必然结果，标志着碎片化时代的来临。

　　在上述背景下，为满足知识经济时代人类新的知识需求，迎接 Web2.0 和大数据对数字图书馆知识服务的影响和挑战，解决数字图书馆知识服务存在的开放程度不高、个性化程度低、粒度过大、集成度低等问题，要求其应从开放知识服务、个性化知识服务、一站式精准知识服务、多粒度集成知识服务（multi-granularity integrated knowledge service，MIKS）等几个方面创新其知识服务方法。而关联数据意在摆脱现有知识服务的粗粒度与语义缺失等问题，以开放互联的方式实现分散异构知识资源的语义关联，这使得数字图书馆实现上述服务方式成为可能。基于上述分析，本书借助关联数据对数字图书馆多粒度集成知识服务展开研究。

　　本书共 10 章。第 1 章主要探讨数字图书馆知识服务这一科学问题的外部情境、研究内容、现实与科研问题，以及本书的主要内容与结构。第 2~5 章是本书研究的基础，包括四个部分的内容，分析并指出数字图书馆多粒度集成知识服务的哲学基础、理论基础、方法论、技术基础等，共同构建本书研究的理论体系和支撑技术。第 6~8 章是本书的核心章节。第 6 章基于对数字图书馆馆藏资源的多粒度层级主题分割和语义标注，借助 D2R（database to RDF）不仅实现了面向最细粒度的知识元的关联数据创建和发布，而且实现了面向粗粒度知识元的关联数据创建和发布。第 7 章提出基于概念匹配的数字图书馆关联数据的等同关系发现方法和基于推导传递的数字图书馆关联数据的非等同关系发现方法，分别实现了关联数据中的等同关系（owl: sameAs）和除等同关系以外更丰富的实体之间的关联类型，并计算了它们的关联度。第 8 章提出一种面向关联数据的多粒度关联索引机制，从而实现了对馆藏资源不同知识粒度层次上的索引。第 9 章提出基于关联数据的数字图书馆多粒度集成知识服务模式，具体包括基于用户认知结构的简单检索、高级检索、句子检索和语义导航等。第 10 章以数字图书馆馆藏资源为实验对象，设计并开发基于关联数据的数字图书馆多粒度集成知识服务的原型系统，以检验基于关联数据的数字图书馆多粒度集成知识服务方法的科学性和有效性。

本书的研究得到了国家社会科学基金项目"基于关联数据的数字图书馆多粒度集成知识服务研究"（14CTQ003）的支持。在项目的研究和本书的撰写过程中，得到了李纲、夏立新等众多专家的悉心指导，他们提出了许多宝贵的意见和建议，作者所在研究团队也给予了大力的支持，在此一并表示诚挚的感谢。此外，在本书的写作过程中也参考了大量的中外文文献，在此向这些文献作者表示诚挚的谢意。

在项目研究与本书撰写过程中，尽管作者投入了大量的精力，付出了艰辛的努力，但仍难以避免存在不足和疏漏，恳请各位专家、同行批评指教，以便今后加以补充和完善。

王忠义
2020 年 7 月

目 录

第1章　绪论 ··· 1
　1.1　数字图书馆知识服务的外部情境 ································· 1
　1.2　数字图书馆知识服务的研究内容 ································· 4
　1.3　数字图书馆知识服务的现实与科研问题 ························· 20
　1.4　本书的主要内容与结构 ··· 25
第2章　数字图书馆多粒度集成知识服务的哲学基础 ················· 30
　2.1　还原论 ··· 30
　2.2　系统论 ··· 31
第3章　数字图书馆多粒度集成知识服务的理论基础 ················· 34
　3.1　认知理论 ·· 34
　3.2　知识元理论 ··· 38
　3.3　知识构建理论 ·· 40
　3.4　知识基因理论 ·· 42
　3.5　意义构建理论 ·· 44
第4章　数字图书馆多粒度集成知识服务的方法论 ···················· 48
　4.1　多粒度集成知识服务的基本概念 ································· 48
　4.2　多粒度集成知识服务的基本原则 ································· 50
　4.3　多粒度集成知识服务的基本策略 ································· 51
第5章　数字图书馆多粒度集成知识服务的技术基础 ················· 54
　5.1　文本分割技术 ·· 54
　5.2　语义标引技术 ·· 71
　5.3　关联数据技术 ·· 79
第6章　数字图书馆多粒度关联数据创建与发布研究 ················· 94
　6.1　数字图书馆多粒度关联数据创建与发布框架 ·················· 94
　6.2　数字图书馆馆藏资源多粒度层级主题分割 ····················· 96
　6.3　数字图书馆馆藏资源多粒度语义标注 ·························· 114
　6.4　基于D2R的多粒度关联数据创建与发布 ······················· 128
第7章　数字图书馆多粒度关联数据的关联方法研究 ················ 133
　7.1　数字图书馆多粒度关联数据的关联发现模型 ·················· 133

7.2 基于概念匹配的数字图书馆关联数据的等同关系发现 …………… 135
7.3 基于推导传递的数字图书馆关联数据的非等同关系发现 ………… 145

第8章 数字图书馆多粒度关联索引机制研究 ……………………………… 157
8.1 数字图书馆多粒度关联索引模型 ………………………………………… 157
8.2 基于知识元的实例索引 …………………………………………………… 159
8.3 基于概念的类索引 ………………………………………………………… 164
8.4 数字图书馆多粒度关联索引权重计算 …………………………………… 167

第9章 数字图书馆多粒度集成知识服务方式研究 ……………………… 169
9.1 基于关联数据的数字图书馆多粒度集成知识服务模式 ……………… 170
9.2 基于关联数据的数字图书馆多粒度集成知识服务方法 ……………… 172

第10章 数字图书馆多粒度集成知识服务实证研究 …………………… 188
10.1 实验数据 ………………………………………………………………… 188
10.2 原型系统实现 …………………………………………………………… 189
10.3 系统评价方法 …………………………………………………………… 203
10.4 实验结果分析 …………………………………………………………… 206

参考文献 ………………………………………………………………………… 215

第1章 绪　　论

1.1　数字图书馆知识服务的外部情境

1.1.1　知识经济时代

进入 21 世纪，随着知识的不断积累，知识在经济发展中的作用不断增加，知识正在逐渐取代资本和能源成为人类创造财富的主要资源，并作为这个世纪的主要时代特征，标志着知识经济时代的到来。知识经济是人类知识特别是科技知识积累到一定程度，以及知识资源在经济发展中的作用增加到一定阶段的历史产物。在知识经济时代里，知识在生产中占主导地位，经济的增长主要依赖于知识的生产、扩散和应用，知识成为发展经济的主要资本，因此，知识经济的关键在于知识生产率，即创新，它是知识经济得以迅速发展的动力。创新的源泉在于人的素质和技能，而学习和实践活动则是提高人的素质的先决条件，因此，终身学习成为现实，这使得人们对知识的需求也超越了以往任何一个时代，人类越来越意识到知识的地位和作用，迫切需要及时获得相关知识。由此可见，知识经济对当前人类的知识需求已经产生了深远的影响。具体来说，这些影响主要表现在以下几个方面。

1. 人类知识需求日益迫切化

知识经济的灵魂是创新，而创新要求其主体能够及时获取并掌握时新的知识，提高自身创新的素质和技能，人类对知识的需求在很大程度上决定着个体的发展，这也就意味着人类对知识的依赖性也进一步增大，知识需求逐渐成为社会发展的首要需求，迫切需要能够及时获得工作、生活中所需的各种类型的知识，以适应知识经济时代工作、生活的节奏和步伐。

2. 人类知识需求日益多样化、综合化

在知识经济时代，人们主要借助知识提高工作的效率、创造社会财富、丰富自己的精神生活，可以说知识已经渗透到工作、生活的各个方面，而工作的多样性，生活的丰富多彩性，必然会导致人类知识需求的多样化；并且随着科学技术的发展，知识之间的联系日益密切，多样化的知识将不断综合化，这也就导致人类知识需求由单一化向多样化、综合化的方向发展。

3. 人类知识需求日益专业化、个性化

在知识经济时代，人们从事的工作和科学研究日益专深化，继而导致人们对专业化知识的需求增加，而且人们对专业知识的需求深度也在随着科学技术的进步及其对经济发展推动作用的增强不断加深，这使得人们的知识需求体现出专业化的特征。此外，随着工作和研究的不断深入，工作种类和研究方向也不断地分化，进而导致知识的类别也在不断细化，在这种情况下，从事不同工作的人势必具有不同类型、不同层次的知识需求，而且使用知识的习惯也不尽相同，从而人们的知识需求体现出个性化的特征。

4. 人类知识需求日益微观化、精准化

在知识经济时代，无论人们的工作还是日常生活，它们的节奏都在不断加快，人们都在想方设法地提高自己的工作效率，以适应快节奏的工作和生活，这就要求能够迅速、精准、便捷地获得自己所需要的知识。在这种情况下，以文献为单位的知识服务已不能很好地满足人们的知识需求，人们开始从对文献的需求转向对文献中所载荷的知识内容本身的需求，如某一概念、公式、方法、事实等，知识需求呈现微观化、精准化的趋势。

1.1.2 大数据环境

大数据中蕴藏的与特定主题相关的知识往往是以碎片化的形式分布存储在自治的数据源中，难以形成系统性、结构化、规范性和完整性的合乎逻辑的知识体系[1]。由此可见，大数据的真正问题并不在于数据量的庞大，而在于如何从海量的数据中挖掘出隐藏在其背后的有规律性的"小模式"（即知识体系）[2]。然而，在大数据中，与特定主题相关的跨领域的知识关联尚未被充分挖掘，从而加剧了知识的碎片化，这种碎片化主要表现为知识的异质性、多元性、动态性和无序化等。这些特性给知识组织带来了新的挑战，具体表现在以下几个方面。

1. 碎片化知识的粒度划分与标引

大数据环境下多元分布的碎片化知识具有多模态、多粒度等特性，如何对碎片化知识依据知识内在的逻辑关系进行知识粒度划分，并进行多粒度的语义标引和组织，实现基于知识元的组织[3]，从而适应计算机巨量的信息处理，支撑知识的融合与多粒度的个性化知识提供，成为大数据环境下知识的碎片化给知识组织带来的重要挑战之一。

2. 碎片化知识的多粒度关联与推理

大数据中分布在不同知识源上的碎片化知识质量参差不齐、价值密度低,往往是从不同的维度对实体对象的揭示与描述,具有原始性、片面性的特性。但在总体上大数据中的这些片面性的知识却形成了对现实世界实体对象的全方位的描述[4],这也正是大数据的价值所在,但前提是建立这些碎片化知识之间的语义关联。因此,这就迫切需要对这些多源的碎片化知识进行多维关联,以便形成较为全面地描述某个实体对象的知识体系。为此,如何对它们进行关联、推理,从而实现知识的转换和增值,从海量的知识碎片中萃取出用于帮助用户解决问题的知识并将它们关联组织起来是当前亟待解决的问题,并成为大数据环境下知识的碎片化给知识组织带来的又一挑战[5]。

3. 碎片化知识的动态序化与融合

大数据中碎片化知识具有时变的特性,如何对它们进行动态序化,融合异构的碎片化知识,形成统一的知识图谱,并根据新知识的增加,不断对大知识图谱的结构和内容进行动态更新,从而适配用户多变情景下的特定知识需求,成为大数据环境下知识的碎片化给知识组织带来的又一挑战[6]。

1.1.3 Web2.0 环境

自从进入 Web2.0 时代,互联网正在改变人们的工作和生活方式。快节奏的生活使得用户的时间呈碎片化状态,而在零碎、间断性的时间中,用户获取、学习知识的时间是极其有限的,完整地阅读整个文献不太现实,因此,用户的知识消费习惯也随之发生了巨大的变化,他们开始习惯于利用移动设备(智能手机、平板电脑等)在零碎的时间里查找自己所需的知识,微阅读或碎片化阅读成为普遍现象,是社会快速发展的必然结果,标志着碎片化时代的来临。碎片化阅读具有快速、及时等特点,可以明显地提高人们获取知识的效率。同时,碎片化阅读也降低了阅读的门槛,解决了过去获取阅读对象困难的问题。碎片化阅读已经成为一种受到人们广泛认可的数字化阅读方式,符合社会发展的趋势。

碎片化时代的到来,使得知识内容的表达更加细化,对于用户而言,知识的需求更加具体化,用户总是希望在浩瀚的知识海洋中直接找到能够解决问题的知识。这也就要求数字图书馆的知识服务更加具有针对性,从以前的相关主题的知识资源提供转向特定问题解答的知识服务。用户个性化、差异化、多元化的需求,使得微内容更符合当前用户的个性需求。面对用户碎片化的知识需求,数字图书馆更应该适应环境的发展，更新知识资源的服务方式，探寻碎片化时代知识资源服务的新方法，更好地为用户服务。

1.2 数字图书馆知识服务的研究内容

继农业经济和工业经济之后，又出现了一种新的经济形态——知识经济，其成为当前时代发展的主旋律。知识经济是以知识为基础，建立在信息和知识的生产、分配与运用之上的经济。由于知识经济环境下的价值创造须以充分地获取和有效地利用知识为前提，因此以知识创新为核心的"知识服务"成为现阶段的研究热点。在今天的知识经济中，适当的知识管理（knowledge management，KM）已被证明是战略性的管理工具，它能够适应不断变化的经济环境。一个组织的成功取决于它们管理隐性知识资源和显性知识资源的能力。随着对知识服务研究的广泛深入，不少专家学者相继将其作为自己的研究项目。

知识服务概念最早产生于国外的企业界，他们从知识管理的角度提出了知识服务这个概念。目前，国外对知识服务理论实践的研究已相当丰富。在理论研究上，许多学者认为知识服务是对知识管理的演化，是整合的服务科学、管理和工程学的一个重要部分，分为面向公众和面向商业的知识服务，如 Clair[7]认为知识服务是一种管理方法学，通过开发、分享知识资产，将企业从信息管理转向知识管理，将服务客户扩大到服务企业；加拿大知识服务项目专家组提出了知识服务系统模型和基于知识服务流程的阶段理论框架；Abernethy 和 Altman[8]研究了建立在数据库管理系统（database management system，DBMS）上的基于框架的知识服务体系结构；丹麦研究机构投资的 e-Service 项目系统研究了知识服务的理论发展过程，通过服务机构与客户的典型案例分析创建了 ICT Net Works 在知识服务中的角色和相关产品。国内图书馆情报机构作为知识服务的主体，如何开展服务来适应社会对知识的共享与创新需求，正在成为 21 世纪图书情报工作新的生长点。许多学者纷纷针对知识服务的一些基本概念阐述了自己的观点，在知识服务内涵、特征、层次结构、模式和与之相关的概念的辨析等方面进行全方位、多角度的思考，在国内较早且影响较大的研究者有任俊为、张晓林、姜永常等。另外，由于图书馆的支持，知识服务的开展和应用得到了改进，知识资源和服务的获取更加便利，拥有专业知识的知识服务人员不断增加，丰富了实现知识共享的环境与文化，并改变了知识专业人员的工作行为。

本书通过对 Web of Science 以"知识服务（knowledge services）"和"knowledge-based services"为检索词（两个检索词之间使用的逻辑运算符为"or"）进行连接，在标题字段进行限定搜索，检索时间设置为从有相关文献到 2016 年底，共检索得到相关文献 2416 篇，相关文献数量随时间的变化趋势如图 1-1 所示。

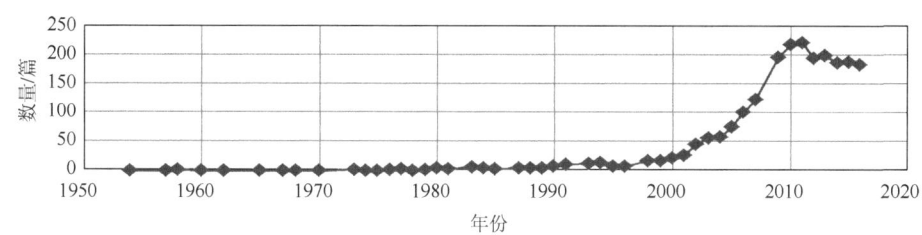

图 1-1 国外知识服务领域发文量情况

同样，以中国知网为数据源，以"知识服务"为检索词，在标题中进行限定检索，选中期刊、博士、硕士三个论文数据库，检索年限设定为从发表相关文献年开始到 2016 年止，进行文献搜索，共计检索出相关文献 2877 篇，相关文献数量随时间的分布如图 1-2 所示。

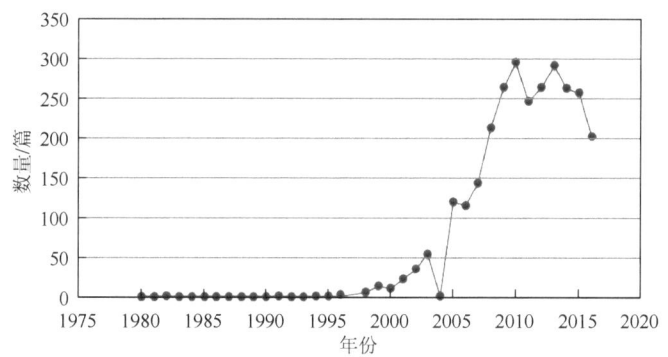

图 1-2 国内知识服务领域发文量情况

从图 1-1 和图 1-2 中可以看出，国内外知识服务的发文量总体上呈现上升趋势，可见随着知识经济的发展，知识在社会经济发展中的作用越来越突出，有关知识服务的相关研究也在如火如荼地进行着，以知识创新为核心的"知识服务"已经成为现阶段的研究热点。知识服务的研究逐渐成为国内外学术界的热点和 21 世纪图书情报工作的生长点。

1.2.1 国外数字图书馆知识服务的研究内容

1. 国外知识服务理论研究

1) 国外对知识服务的定义

国外关于知识服务的研究最早出现在 20 世纪 90 年代的服务行业，主要集中在知识密集和创新密集的行业，并取得了一定的研究成果。学者 Davenport 和 Prusak 给出了知识的定义，他们认为知识是一个流动的与动态的混合体，并随着学习在不断进步。知识在组织内部体现在组织内的各流程中，其能够为行动做向导和指引。而服务则是组织满足服务对象所需知识时提供各种必要的方法和手段的一个过程。

Serenko 和 Dumay[9]认为，知识是一项关键的企业级资产，而知识交流通过协作带来的好处是相互的，它们依赖于公司的吸收能力，这是企业整合、内化和利用外部知识获取财务收益的能力。

Hipp[10]通过研究认为，知识密集型的行业能够从外部接受知识，并且能够将组织内部具有的特定知识与组织外部知识相结合，进一步转化为对组织有利的知识资源。Stock[11]认为城市就是一个知识社会，也就是说，城市知识资源的流动比城市的物理空间更重要。图书馆在城市的发展中发挥着非常重要的作用，因而对图书馆知识服务的研究发展也有着极为重要的意义。

国外图书馆知识服务也是在企业知识服务理论的基础上开展研究和探讨的。1997 年，美国专业图书馆协会在其会刊 *Information Outlook* 上开辟专栏，展开对知识管理的讨论。国外图书馆的知识服务理念是蕴含在知识管理之中的。Clair[12]曾发表文章指出专业图书馆的发展趋势是开展知识服务，他认为专业图书馆馆员和知识专家的作用应是为用户提供获取知识、创新知识的服务，在知识共享和知识发展成为所有事务与交流的基础时，知识服务就成为一种知识使用的管理方法。

美国科学院对知识服务的定义则为：知识服务就是满足不同用户的知识需求，也就是一些用户高度依赖专业化的知识，结合来自组织内部和外部的信息与知识，然后创造新知识和采用适当的方法帮助用户获得相关知识，满足他们的知识需求。

互联网的出现和随之而来的技术革命逐渐使得许多知识资源和服务可以在任何时间和任何地方通过互联网的方式被获取。现在图书馆的知识服务范式转变为提供知识服务和获取知识资源，数据统计显示，运营预算的减少迫使许多图书馆重新审视改革知识服务，使得图书馆提供的知识服务更加具有效率，更具成本效益和适应性[13]。

上述分别从企业知识管理和图书馆知识服务两个角度对知识服务的定义进行了总结。从企业管理的角度出发，他们认为知识服务即为企业内部或者外部的组织提供知识管理的服务方式或手段。而从图书馆角度来看，知识服务则是满足用户的知识需求，是利用信息资源、优化信息资源管理、创新知识的一种服务。Rowley[14]认为图书馆的服务创新能力依赖于其员工以及客户的知识和技能、文化、信息技术（internet technology，IT）采用以及新服务开发的例程。

2）国外知识服务的特征研究

知识服务是对传统信息服务的深入研究和进一步拓展，知识服务理论体系及其应用的研究对图书馆建设和发展有着重要意义，其不仅可以促进图书情报领域的学术发展而且也可以提升服务质量，因而知识服务也有着自身显著的特征，例如，知识服务是一种综合集成化、集约化服务；知识服务是一种知识密集增值型服务；知识服务是一种过程性服务[15]。

（1）知识服务是一种综合集成化、集约化服务。知识服务可以实现知识服务专家、相关研究群体和各种知识资源以及众多的计算机技术的有机结合，也可以把各类知识理论与人的经验相结合；同时知识服务可以利用多种知识、资源、人员、系统、服务来发挥整体优势，从而解决许多传统方法难以解决的问题，因而它是一种综合集成化、集约化服务[16]。美国国立生物技术信息中心（National Center for Biotechnology Information，NCBI）数据库的统一检索平台便体现了网络环境下各类分布式资源的搜集和整合，包括图书、期刊、专利文献、数据库、网络资源，甚至是由各种摄像机、记录仪、采集和监控设备、科学仪表等产生的实验数据。NCBI 分子结构和功能知识分析工具的开发更充分体现了知识服务提供过程中多种人员、资源、方法和工具、技术以及系统之间的相互作用和综合集成。

（2）知识服务是一种知识密集增值型服务。知识服务是面向内容的服务，知识服务的价值和核心竞争力主要表现在其产品与服务所包含的知识数量及知识内容的浓度上。知识服务强调对知识本身的内在特征和价值进行分析、收集、创新，从而挖掘出其中各知识的内在关系，帮助用户找到他们所需要的知识服务产品和问题解决方案，并且在提升用户知识获取能力、知识利用能力和知识创新能力的同时，也可以实现自身价值。根据用户需求，帮助用户从复杂信息中找到解决问题的方案，并预见其潜在问题，从而可以体现出知识服务的知识密集增值特性。

（3）知识服务是一种过程性服务。知识服务的过程性主要有两方面含义：一是从捕获到用户知识需求，到知识发现、知识评估和知识加工，再到把相关知识产品或解决方案提供给用户，知识服务本身就是一个反复的知识获取、知识吸收、知识创新、知识应用的环节，不断调整和优化知识服务产品与解决方案的过程；二是知识服务融入用户整个科研过程的始终。科研人员和知识服务人员可以开展双向培训服务使得知识服务深入科研过程之中，针对不同科研阶段的特征提供不同的服务，在这种学科馆员参考服务中，信息媒介把"传统的、被动的服务模式"和"积极主动的服务模式"融合在一起，这种方式体现了融入用户整个科研过程始终的过程特性。

3）国外图书馆知识服务的模式研究

国外图书馆对知识服务的模式研究较少，通过阅读国外相关文献以及查阅国外高校图书馆主页，本书总结出如下两种图书馆知识服务模式。

(1)个性化知识服务模式。国外个性化知识服务的发展源于1991年美国启动的"数字图书馆先导计划",其后,英国、日本、法国等发达资本主义国家也相继投入大量资金来开展数字图书馆的知识服务研究。My Library是数字图书馆个性化知识服务模式的典型案例,包括著名的北卡罗来纳州立大学的 My Library @Ncstate、康奈尔大学的 My Library@cornell 系统、洛杉矶国际研究室研究图书馆的 Mylibrary@LANL 系统、多伦多大学的 My.library 系统、华盛顿大学的 My Gateway、英国混合图书馆项目的 Headline PIE 等。这些系统虽然名称各异,但性质相似,可以让用户根据自己的知识需求定制数字图书馆服务。数字图书馆的个性化知识服务模式根据每个用户各自不同的知识需求定制出满足他们个性化需求的相关知识。

(2)知识服务联盟模式。知识服务联盟模式是国外采取的主要的知识服务形式。Olsen[17]论述了美国加利福尼亚州两个最大的数字图书馆的合并及相关问题的解决。Turner等[18]指出国家卫生数字图书馆在线指南和社会服务电子数据库等已经与国家卫生服务机构建立了伙伴关系,确保用户真正实现对专业人员的无缝访问。普林斯顿大学、斯坦福大学、加利福尼亚大学伯克利分校等许多大学图书馆利用联机公共书目查询(online public access catalogue,OPAC)系统揭示馆藏知识信息,使文献信息资源、网络信息资源及各类型数据库实现链接,读者可以直接检索到所需知识。知识服务联盟模式在一定程度上实现了联盟内资源共享、互利互惠,同时使得用户在检索相关知识时更加便捷有效。

2. 国外知识服务的方法与技术

图书馆整体上是知识的经营者,其核心价值在于它为用户提供知识服务的能力。国外学者对图书馆知识服务的技术和方法的研究主要从文本处理技术、语义Web技术、知识可视化技术、知识网格技术等四个方面进行研究。

1)文本处理技术

Nasukawa 在其《文本分析和知识挖掘系统》一文中,将文本处理技术的发展归结为三个阶段:文献检索—信息检索—知识发现。在文献检索和信息检索阶段,人们输入的是关键词或一组关键词(向量空间模型),输出的是一组相关文献。知识发现则是通过对文本的处理和分析,从文本信息中提炼出有效的、新颖的和潜在有用的知识的过程。文本是历史悠久、应用广泛、使用灵活、认可度高的信息载体,即使在信息时代的今天,它依然是人类社会文明的继承与文明发展的主要载体。例如,图形、图像、音频和视频也离不开文本来说明文本信息处理技术。从计算机角度来看,文本信息处理技术主要包括四个关键技术:文本存储技术、分词技术、词性标注技术、依存句法分析技术。由于文本信息一直以来都是一种非结构化的数据类型,随着网络中的文本信息的急剧增长,网络文本信息的有效处理能力日益低下,文本存储技术则有助于将这种非结构化的数据转化为结构化的数据存储在计算机中,给用户提供更加全面、准确的知识服务;分词技术、词性标注技术、依存句法分析技术则可以使文本的内容更加清晰明了,可以帮助用户进行知识的抽取、知识主题的提取、关键词标注等。

2)语义 Web 技术

语义 Web 技术的概念是由 Tim Berners Lee 于 1998 年提出来的,语义 Web 技术指的是一种能够理解人类语言的智能网络,它不但能够理解人类的语言,还可以让人与计算机之间的交流变得像人与人之间的交流一样轻松。语义 Web 技术的核心是元数据,它通过在现有的 Web 基础上增加共用的、标准的、机器可理解的元数据,使得原来 Web 环境下难以实现的许多应用成为可能或者变得更为有效[19]。Sheth[20]发表了用来研究本体驱动的信息检索、分析与整合应用系统的研究成果,在这个基础上,又有学者构建出了基于本体的知识服务架构,认为本体的语义表达技术可将复杂的信息资源变成可以被机器理解和处理的信息。

国外关于语义 Web 技术在知识服务中的应用方面的研究主要集中于 Web 服务、E-Learning、智能搜索引擎和网络知识挖掘几个方面。基于语义 Web 技术的知识服务与基于现有网络的知识服务相比具有更多的优势,例如,服务对象的扩充、服务内容的深化、服务模式的转换等[21]。在语义 Web 环境下,由于信息资源被智能地整合到一个统一的语义空间中,信息的共享程度大大加深,因此服务对象得到了进一步的扩充。随着语义 Web 技术的应用,用户可以同时访问多个分布式的媒体信息源,为知识的查询和利用提供了有效的工具与方法,大大地扩充了知识的获取范围,提高了知识的处理效率。

3)知识可视化技术

知识可视化技术是一种基于科学计算可视化、数据可视化和信息可视化的新兴领域。知识可视化技术提供了一种展示知识服务的方法。不同的人可以通过可视化图谱展示知识,从而有效地与其他知识进行沟通。具体来说,基于知识可视化技术的知识服务系统结构如图 1-3 所示。

在图 1-3 中,可以看到客户端(浏览器)包括知识可视化层、知识控制层、知识表达层、可扩展标记语言(extensible markup language,XML)分析、XML 产品、数据缓冲管理层和网络服务层。在设计问题的过程中,中央控制是通过抽象数据组件、XML 分析和 XML 产品完成的;系统和用户之间的交互是通过知识控制层统一完成的;中央控制的通信服务是建立在统一的抽象 Web 服务的基础之上的;单独的表示层、控制层和标记层用来实现接口逻辑与事件管理。知识可视化技术可以帮助用户更好地获得知识服务的体验。

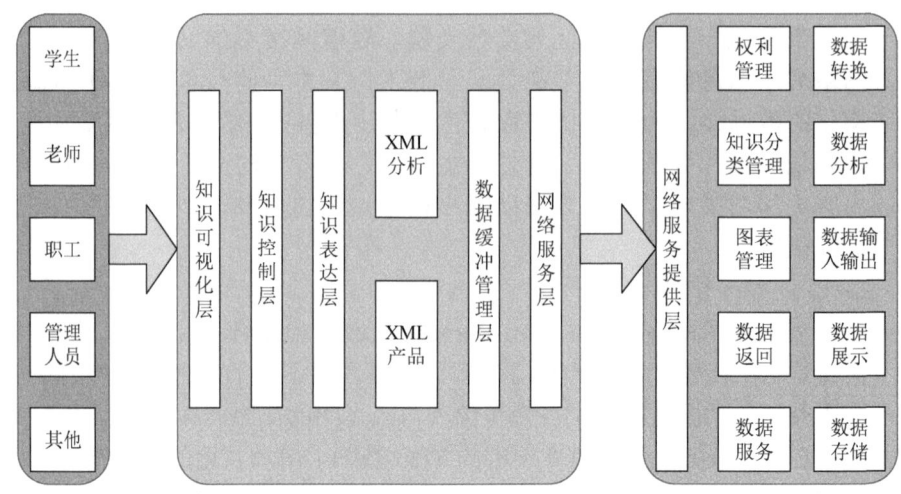

图 1-3 基于知识可视化技术的知识服务系统结构

4）知识网格技术

知识网格技术是一种智能互联环境，它能使用户或虚拟角色有效地获取、发布、共享和管理知识资源，并为用户和其他服务提供所需要的知识服务，辅助实现知识创新、协同工作、问题解决和决策支持。知识网格技术包含反映人类认知特性的认识论和本体论、应用社会、生态和经济学原理，采纳下一代互联网所使用的技术和标准，知识网格技术将超越现有的信息检索、过滤、挖掘、问题回答等技术领域。传统的自然语言处理技术、语音和手写体识别、科学计算形式语义和安全等并不是知识网格的主攻方向，知识网格中的"网格"比计算网格中的"网格"含义更广，网格不是实施知识网格唯一的平台，但知识网格应该吸收网格的理念[22]。

3. 国外知识服务系统平台研究

国外关于知识服务系统理论研究的论文数量有限。通过阅读文献发现，丹麦研究机构资助的 e-Service 项目系统，对知识服务理论的发展过程进行了阐述[23]。通过对服务机构与客户的典型案例分析，研究如何通过信息通信技术（information and communication technology，ICT）让知识服务给企业带来创新，以及将此项服务推广至企业客户和广大市民，进一步明确了 ICT 在知识服务中的角色。加拿大相关研究团队在他们的基础上又提出了基于知识服务流程的阶段性理论框架，并架构了知识服务系统模型。国外大数据知识服务在 Google、Facebook、Twitter、LinkedIn 等搜索引擎或社交媒体中的商业化应用也非常显著。

知识服务系统的引入有利于从整体上认识知识服务的内容和过程。目前存在若干观点和模型,在知识服务系统含义上,广义的定义:知识服务系统是利用技术和基础设备对知识进行加工处理,从而对知识服务价值链、知识市场起支撑作用的系统。在知识服务系统的架构模型方面,人们提出了企业知识服务系统的模型,从服务功能、服务对象、知识资源、知识管理等方面阐述并构建了知识服务系统。此外,相关学者还从知识服务的应用主体、服务方式、用户接口等方面构建了分布式服务集合的知识服务系统架构。这些知识服务系统虽然具体架构不一样,但是在服务的功能、服务的主体、与用户如何对接等系统模块中具有极大的相似性,这也说明知识服务的本质是站在用户的角度,根据用户的需求提供相对应的知识服务。

4. 国外知识服务研究评述

总而言之,国外对知识服务领域的研究主要集中在实践应用环节,专门研究理论问题的文章比较少,而且研究的领域和热点主要集中在组织创新、知识管理、知识产品、知识产业等方面,对知识服务的起源、内涵、特征、技术、系统等研究较多。对知识服务的研究主要是为企业服务(知识管理服务)的,而图书馆知识服务是通过企业知识管理引申演变而来的。因而,国外学者对企业知识服务的研究倾向针对企业已经存在的问题,为企业提供更好的方法、技术手段来帮助企业进行内部或外部知识管理。

本书通过大量国外文献资源分别分析了国外学者对企业和图书馆知识服务的定义、知识服务的特征、知识服务的模式、知识服务采用的方式和技术,以及知识服务所采用的系统模式。分析发现,国外对知识服务的研究是基于知识服务中存在的实际问题而进一步改进现有服务技术以及进行系统更新完善来帮助用户更好地获取知识服务。然而,随着知识资源的几何级增长,用户对知识服务的要求越来越高,这也就要求知识服务机构要不断地适应整个信息技术环境的发展所带来的挑战,满足用户不断增加的知识服务需求。因此,随着技术的发展,国外知识服务也正在向集成化、多元化、细粒度化的方向发展,希望能够为更多的用户提供更加全面、精准的知识服务。

1.2.2 国内数字图书馆知识服务的研究内容

1. 国内知识服务理论研究

知识服务是在知识经济浪潮和信息技术发展推动下,适应社会对知识共享与创新的需要而产生的。迄今为止,知识服务还没有一个统一的定义,但国内对其理论的研究已相当丰富[24]。

1)国内知识服务的含义

大数据时代为图书馆知识服务提供了前所未有的先决条件与发展机遇,引发了知识服务内容和知识服务方式的巨大变革,引起了许多学者对知识服务领域研究的浓厚兴趣。国内不少权威专家学者也纷纷根据自己的研究和见解对知识服务下了不同的定义,其中被广为接受的几个定义如下。

知识服务是以信息知识的搜寻、组织、分析、重组的知识和能力为基础,根据用户的问题和环境,融入用户解决问题的过程中,提出能够有效支持知识应用和知识创新的服务。李霞等[25]在这个观点的基础上指出:知识服务是一个不断满足客户不同类型知识需求的服务过程,通过充分挖掘客户需求,结合组织内外搜集、整理的信息与知识,进行知识创新,并借助适当的方法和手段,提供客户相关知识、提升客户解决问题的操作能力、帮助客户进行理性决策,或者直接帮助客户解决问题。

知识服务的定义有广义和狭义之分,戚建林[26]正是从广义和狭义的概念范畴对知识服务给出了相关的定义:从广义上讲,知识服务是指一切为用户提供所需知识的服务;从狭义上讲,知识服务应是指针对用户专业需求,以问题解决为目标,对相关知识进行搜集、筛选、研究分析并支持应用的一种较深层次的智力服务。

从知识服务的功能作用方面来讲,周晓梅[27]认为,知识服务是服务者通过对用户的知识需要和问题环境的分析,根据用户的问题和环境,与用户一起对信息、知识进行收集、分析、整合,从各种显性和隐性知识资源中,提炼出可以有针对性地解决用户问题的知识的动态连续性服务。陈英群[28]认为,知识服务是指向用户提供知识信息、知识挖掘手段及问题解决方案的服务。

这些有关知识服务概念的论述基本上代表了图书情报领域对知识服务的理解。综合以上各位学者的观点,本书将知识服务的内涵归纳为以下几点。

(1)知识服务从用户实际的知识需求和所处的环境出发,根据用户的知识获取途径组织知识服务的流程。

(2)知识服务的本质即知识创新,在显性知识的加工过程中融入对隐性知识的创新加工。

(3)知识服务强调的是专业人员和用户一起参与这个过程,它关注的重点从信息本身扩展到知识服务的全过程,这是一个"一站式"的综合服务。

2)知识服务的特征研究

国内学者对知识服务的理论研究更为透彻,因而学者对知识服务的特征也有着自己的见解和看法,课题组通过阅读大量国内知识服务领域的文献资源总结出以下几种知识服务特征研究的代表观点[29]。

(1)知识服务是面向知识内容的服务。知识服务主要是根据用户提出的知识需求进行分析，从大量现有的知识库中查找并定位与用户需求相对应的有效的知识，并用简明、科学、富含逻辑的方式显示出来，反馈给用户。通过多种多样的外部知识资源的收集、分类、组织，然后借助网络分析的方法找出知识结构之间隐含的各种逻辑关系，并从中找出与用户要求相匹配的知识。通过知识的传递，将最恰当的知识在最恰当的时间传递给最需要的人，通过用户的认知实现对新知识的利用。

（2）知识服务是围绕知识增值和创新的服务。知识服务要求根据用户的具体任务来搜集选择各种相匹配的知识，对所需求的知识要素进行结构上的分析和重组，帮助用户克服因知识分散而造成的检索困难，并提供相应的索引和检索服务，方便用户理解和吸收知识，从而向用户提供评价性和解释性知识，提供经过加工整序后的新的知识产品，这一切都应该被看作知识增值的结果。知识服务关注并强调利用自己独特的知识和能力，为用户创造价值，通过参与用户的研究课题从而提高知识价值。图书馆馆员要通过发挥自己的主观能动性、研究能力和创新精神为广大用户提供创造性的知识服务，以显著提高用户的知识应用和创新效率，充分体现知识服务的创新价值。靳红等[30]认为，知识服务是用户目标驱动的服务，是面向内容增值、面向解决方案，贯穿用户问题解决全过程的服务。

（3）知识服务是基于专业化和个性化的服务。知识服务要求按照专业领域和课题项目需求组织实施服务。科研用户的需求特点主要体现在专业信息内容方面。与一般用户不同，科研人员希望能获得针对性更强、专业指导性更高、便捷性更强、来源于专业内容的服务。在大数据时代，图书馆服务呈现出个性化、差异化和智能化的特征，所以图书馆应该组织相关部门负责专门学科的专业需求，帮助或指导图书馆用户进行知识检索、参考咨询和定题服务[31]。根据不同的专业设置相应的专业网站，把专业信息资源导航、专业化网络检索工具、专题文献报道和专业咨询频道集成到相关网站的导航标题处，以便于用户对整个网络环境的准确把握和及时追踪，提高知识服务的质量。知识服务强调针对用户的特定知识需求提供个性化的服务，协助用户建立个性化的知识资源系统，帮助用户建立与个人知识需求相关的主页，提供专门的系统界面和相应的外部链接，从而帮助用户搜集、整理、定制个性化需要的知识服务，以最大限度地提高数字化资源的利用效率。

3）知识服务模式研究

当前有关知识服务模式的研究取得了一些进展，到目前为止，概括起来包括参考咨询服务模式、专业化服务模式、个性化服务模式、团队化服务模式和知识管理服务模式等几种类型，这些服务模式类型中依然有共性，主要表现在以下几方面。

（1）参考咨询服务模式。参考咨询服务是图书馆传统的核心服务业务，是图书馆在网络资源大发展时代能够保持核心竞争力的重要因素之一[32]。这种服务是传统图书馆的基本服务模式，主要原因在于传统图书馆以纸质图书和期刊为主。参考咨询服务模式主要是将咨询服务台设置在图书馆的各个楼层，读者可以在咨询台向相关人员咨询，咨询人员按专业进行分工，从而保证他们对专业知识和专业资源的把握，并通过集成化的方式组织馆内外咨询资源和技术系统来提高参考咨询服务的效率。通过提供强有力的知识资源组织技术、分析技术与工具保障咨询服务对内容的有效分析和对知识资源的重组，整个过程在图书馆内完成，实行一对一的服务方式，以提高参考咨询的服务效率。

（2）专业化服务模式。专业化服务模式是按照专业领域来组织人力和资源以提供专业化知识服务的一种模式。这种服务模式的实施要求知识服务人员对专业知识要有较为准确的把握。专业化服务模式按照专业领域来组织知识服务，从而提高知识服务对用户知识需求和用户任务的支持力度。具体组织形式有：按专业组织的结构化知识服务模式、学科知识中心服务模式、专业知识代理或学科馆员模式、专业化网上知识服务模式、专业化的全面知识服务模式等。专业化服务模式通过准确把握用户的知识需求，动态、连续地提供辅助用户决策所需知识的增值服务，从而帮助专家赢得或保持学术竞争优势的知识服务模式。专业化服务模式在高校图书馆实现教学知识服务过程中显得尤为重要，教师和学生都迫切希望能方便地获得相对集中、与教学信息密切相关、范围更广泛的知识服务。采用相关技术可以发挥其高效、主动的知识推送功能，开展与教材和教参有关的信息推送服务。

（3）个性化服务模式。图书馆在对用户需求进行智能分析的基础上，主动向用户提供相关知识或建议，并跟踪用户解决特定问题的全过程，提供有针对性的个性化知识服务。具体来说，个性化服务模式包括个性化推送服务、个性化定制服务。个性化服务模式一般定制互动式的服务方案，采用多种数据分析技术，向用户主动、及时、准确地提供所需的知识产品，并依据用户的反馈信息，进一步改进推荐服务的方式，优化推荐服务的内容，从而提高对用户知识需求的支持力度。"我的图书馆"是一个用户可操作的个性化知识收集、组织和提供知识服务的网络知识资源的服务平台，在此基础上，可建立个人知识检索界面，允许用户确定自己的知识需求范围，并能根据用户知识需求定期对图书馆新增知识资源进行检索，系统会自动用电子邮件通知用户。

（4）团队化服务模式。知识服务往往不是一个人就可以完成的，它需要一个团队或者一个有序化的组织共同去开展。团队化服务模式把各个环节组织到一起，将知识资源的收集、组织、开发、技术等方面的人员以及各个领域的知识服务人员有机组织成一个团队，形成分布式的知识服务网络，通过现代化信息技术完成服务；或组织资深的专家团队，利用多方面的知识来提供专业的知识服务。但是这些都需要时间去一步一步实现，通过一点一滴地赢得用户的信任，保障有效交流，形成一个合作性的团队化服务模式。

（5）知识管理服务模式。知识管理服务模式从用户目标和环境出发，进行知识的搜集、捕获、传递、利用与创新管理。包括对显性知识和隐性知识的跟踪、搜集、检索和获取，进行知识的组织和检索管理；利用信息技术、数据库技术、网络技术进行知识交流和知识匹配传送管理；利用专家系统、专门的分析工具、决策支持系统等支持用户对知识的分析和运用，进行知识利用的管理；建立和发展各种管理手段与机制来鼓励用户共享知识及进行知识创新，以及进行知识共享和知识创新环境的管理。

2. 国内知识服务研究方法与技术

随着数字图书馆的发展，图书馆知识服务也紧跟信息技术发展的步伐，一方面图书馆满足用户对馆藏资源信息化的服务需求，另一方面应该提供给用户相应的智能知识服务。国内知识服务正面临重大战略转型，知识服务将成为图书馆面向未来发展的战略选择，是适应用户需求变化的创新服务模式。国内现行的在知识服务过程中主要采用的关键技术包括以下几方面[33]。

1）导航库技术

导航库技术即学科专业指引系统建设，它是指图书馆馆员利用各种搜索引擎从网上查询、选择、获取相关专业学科所需知识的网址或相关信息，然后经过图书馆馆员系统地加工之后，按照某种知识组织系统将这些物理上分散的大量原始知识资源的相关信息进行合理整理和组织，从逻辑上将这些知识资源联系起来，并且通过各种知识导航手段，为图书馆用户方便地定位并迅速获取所需知识资源提供引导。在此意义上，导航库可以看作网络环境下的"导航中心""指导中心"。联合国教科文组织出版的《导航中心导论》认为，导航中心不仅为用户提供其需求的知识源，还要负责辨别和确认知识源，同时提供与其共同工作的其他知识服务项目。

导航库是一种能够指引图书馆用户从特定的网络地址中获取所需知识的数据库[34]。导航库技术能把因特网上与某一或某些主题相关的知识节点进行集中，按照方便用户的原则组织起来，向用户提供这些资源的分布情况的信息，指引用户查找自己所需要的知识。导航库的查询服务能够胜任 Web 服务器的各种动态数据发布，能够接收用户提交的信息并做出反应，其中的数据能够根据实际情况改变，无须人工更新。

2）推送技术

信息技术的发展为人们提供了多种多样的信息获取和传递技术及方法，在这方面，"信息拉取技术"和"信息推送技术"知识服务机制的研究，成为国内学者关注的重要知识服务技术。推送技术是一种根据用户的知识需要，在指定的时间内把用户选定的知识内容自动推送给用户的知识发布技术，是基于网上主动服务系统的主动知识服务技术。知识推送技术是相对于传统的"拉"技术而言的。一般情况下，"拉"方式的知识服务方式是用户控制知识的查寻和获取，而知识"推"方式则是由知识的生产者或知识系统来控制知识的流向。从知识传递的角度分析，"推"方式的意义在于：①从用户主动查找知识的传统模式改为知识主动找知识的需求者（用户）的主动模式；②经过"筛选"或"过滤"的知识更加符合用户的知识需要；③直接推送至桌面的知识可以在很大程度上避免不必要的广告手段；④锁定网上特定的用户群，有利于促进知识服务机构开展专题知识服务；⑤可以缩短用户在网上的浏览时间，减少了无效信息的流量。

3）元搜索引擎技术

元搜索引擎是一种基于搜索引擎的搜索引擎，也被人们称为"搜索引擎之母"。用户只需要提交一次搜索请求，由元搜索引擎负责将用户输入的搜索请求转换处理后提交给多个预先选定的独立搜索引擎进行检索，并将各独立搜索引擎返回的所有查询结果进行集中处理（如去重、排序等）后再返回给用户。依据检索的目标搜索引擎、检索提问处理方式以及编译与显示结果等的不同元搜索引擎可以被划分为：集中罗列式元搜索引擎和统一入口式元搜索引擎；桌面型元搜索引擎和基于 Web 的元搜索引擎；并行处理式元搜索引擎和串行处理式元搜索引擎。为进一步提高元搜索引擎的检索效果，元搜索引擎的智能化检索系统会充分利用分词词典、同义词词典等给用户智能知识提示，帮助用户获得最佳的检索功能体验和取得优秀的检索效果。在用户输入方面，元搜索引擎使用自然语言的输入方式，更加方便用户使用，更易于用户与搜索引擎的交互，同时也更能贴近表达用户的知识查询需求。因而，元搜索引擎技术的使用可以在很大程度上帮助用户方便、快捷、准确地获得知识服务的体验。

4）智能代理技术

智能代理技术，即智能 Agent 技术，是人工智能技术与网络技术进一步发展的产物。智能化和网络化的发展共同促进了智能 Agent 技术的飞速发展，智能 Agent 技术主要是为解决复杂、动态、分布式智能应用而提供的一种新的计算手段[35]。智能代理在总体上是一种软件程序，它依据代理通信协议进行信息交换，从而实现问题的自动解决。换言之，智能代理技术可以在用户没有明确具体要求的情况下，根据用户的特定需要，代替用户进行各种较为复杂的处理，如进行信息的查询、筛选、谈判、管理等复杂操作，并能识别和挖掘出用户的意图，自主制定、调整和执行工作计划。智能代理技术是网络技术、数据库技术与其他决策支持技术的集成，涉及数据库、数据挖掘、人工智能等多个领域的知识。

5）借助移动技术实现知识服务泛在化

相对于传统的图书馆知识服务方式，手机、平板电脑、电子书阅读器等移动终端设备具有明显的互动特征，这些移动技术有利于帮助图书馆实现知识服务的泛在化。移动终端的互动性能够进一步拉近图书馆与用户之间的实际距离，有助于图书馆知识服务针对用户需求将服务目标明确化、实现知识服务的效果优化和供需的无缝对接。同时，随着微博、微信、微视频的出现，这些新兴移动端技术也为学科知识服务的深化开展提供了更加便捷的渠道。图书馆通过开设官方微博、微信等多种微服务方式可以与用户直接沟通和交流，提供更加明确清晰的知识服务，在一定程度上适应了用户空闲时间碎片化、需求内容多样化和多粒度化、沟通形式互动化、接收方式移动化等不断变化的知识需求。

3. 国内知识服务系统平台研究

知识服务系统的建设，是数字图书馆知识服务技术的一次革命，也是图书馆知识服务的一次革命，知识服务系统能极大地提高用户获取知识的方便性。而如何构建完善的图书馆知识服务系统，目前在学术界还没有一个统一的标准。国内学者现阶段对图书馆知识服务系统的研究并不太多，且大多研究都集中在系统设计上，常用的方法和技术有以下几种。

1）前后台相配合的知识服务系统

图书馆知识服务系统的设计可以采用 Voss[36]提出的将服务系统分为前台和后台的设计理念，相关学者指出后台的知识管理系统和前台的服务传递系统，并将知识商品化为知识载体传递给知识用户。其中，知识管理系统主要负责知识的生产、知识的存储、知识的转移和知识的展示；前台的知识服务传递系统可以是传统的图书馆馆员为用户提供知识服务，也可以是网络环境下的知识门户。当用户通过和前台交互提出知识请求后，后台可以找到相应的知识并传递到前台，以服务的形式返回给用户使用。

2）异构数据统一知识检索系统

异构数据统一知识检索系统为用户检索知识资源提供了"一站式"的服务。借助异构数据统一知识检索系统，用户只需要选择相应检索条件，输入检索式便可以同时检索所有数据库或指定数据库中的知识资源，这些知识资源包括自建网络资源数据库、特色数字资源库、引进数据库、联合机构在线数据库以及专业导航库等。各个数据库在资源组织和检索方式上存在很大差别，这为用户检索这些数据库带来很多不方便之处，具体来说主要体现在以下几个方面：首先，查询一个专题的知识时需要分别查询各个数据库；其次，检索出的相关知识内容不仅阅读形式不同，还会由于各种数据库收录知识内容的交叉而检索出大量的重复知识内容。异构数据统一知识检索系统涉及的具体技术包括：服务层的异构数据统一检索技术、为个性化服务打下基础的用户数据挖掘技术、知识库层的数据库相关技术以及操作层所涉及的知识发现、智能代理、知识库及知识推送技术等[37]。通过将各种数据资源进行整合后，异构数据统一知识检索系统能够实现对这个数据库中知识资源的统一检索，即通过一个检索入口、一个检索式完成对所有知识资源的统一检索，并且对重复知识内容由系统自动标记或做过滤处理，这将会大大提高用户知识检索的效率。

3）基于知识管理的图书馆知识服务系统

景璟[38]在图书馆知识服务系统构建方法中将知识服务系统分成6个主要功能模块，包括初始化模块、知识资源管理模块、模型管理模块、知识管理模块、系统维护模块和帮助模块。初始化模块主要负责用户管理和权限管理，知识资源管理模块主要负责知识资源的添加、删除和修改等更新操作，模型管理模块主要负责对知识挖掘所使用的模型进行管理，知识管理模块主要用来实现对知识进行有效的获取和组合，系统维护模块和帮助模块与一般软件常设的相应功能模块相似。基于知识管理的图书馆知识服务系统的核心模块是知识资源管理模块，该模块主要负责知识资源的采集、知识挖掘、知识积累和知识分享等任务。基于知识管理的图书馆知识服务系统中涉及的具体技术包括分类技术、聚类技术、关联技术、预测技术等知识发现技术，知识库、模型库和数据库等知识存储技术，以及数据挖掘、可视化等知识表示技术[39]。

4. 国内知识服务评述

总而言之，自20世纪90年代，"知识服务"这个概念被引入国内以来，我国学者对知识服务领域的相关内容开始大规模地展开研究，相关领域发表的文献量总体上呈现上涨的趋势，这说明在国内，知识服务成为一个较为热门的研究领域。本书从知识服务的基本理论研究、知识服务的方法和技术、知识服务的系统平台等几个方面对国内知识服务的研究现状展开了论述，通过阅读大量的文章发现，现阶段国内学者对知识服务的研究主要集中在知识服务的含义、特征、模式等较为宏观的几个层面。较少的学者从知识服务具体的实践应用来研究知识服务。随着知识资源的日益增多，未来知识服务的发展走向必然是数字化、共享化。知识服务的技术手段将向多样化、智能化方向发展；知识服务对象将向广泛化、个性化、专业化和综合化方向发展；知识服务方式将向网络化、多粒度化、集成化的方向发展；知识服务人员将向团队化的方向发展。

1.2.3 国内外数字图书馆知识服务研究述评

本书分别从Web of Science和中国知网上选择相关文献做了一个趋势分析图

(图 1-1、图 1-2),从两个图中可以分别看出,无论国内还是国外学者对知识服务领域研究的文献量总体呈现一个上涨的趋势,尤其是最近 30 年,文献增长的速度加快,表明学者对知识服务领域的研究在最近 30 年里一直处于一种热点趋势。本书通过对国内外相关学者对知识服务的定义、知识服务特征、知识服务的模式、知识服务的流程、知识服务系统等分别进行了分析,总结出如下几点异同。

1. 国内外研究的不同点

1) 研究主体不同

国外对知识服务的研究主要是帮助企业解决企业知识管理和知识服务方面的问题,在一定程度上也涉及图书馆的知识服务开展,以及图书馆知识服务的实际应用;国内学者对知识服务的研究主体则是图书情报领域,尤其是高校图书馆、情报研究所等机构单位,相较而言,国内知识服务的主体较为单一,国内知识服务的主体可以朝多元化方向发展,如服务业、制造业、医疗卫生行业等领域。

2) 研究的角度不同

国外学者对知识服务的研究视角主要是进行企业的实证研究,更多的是从微观角度来探讨知识服务应该如何为企业的知识管理服务;国内学者对知识服务的研究视角更多的属于理论研究,研究更多的是图书情报学等学科知识服务的理论。然而,任何理论研究最终是要服务于实践操作,因而我国知识服务的研究角度应该更加偏向于实证研究,根据图书馆用户的实际需求而开展研究。

3) 研究深度不同

国外学者对知识服务研究的技术、系统已经非常成熟,知识服务在许多行业和领域都已经得到运用,尤其是一些服务行业,主要表现在:在理论层面知识服务的含义、基本架构等方面已经研究得比较透彻;在技术方面对知识信息、知识检索、知识获取、形成知识产品等方面也展开了深入研究;在知识服务实践方面对国外的知识服务的相关研究成果已经在医疗、教育、制造业等行业得到了具体运用以及在辅助政策中得到了实施。目前,虽然国内知识服务也在逐渐成熟,应用领域也在不断拓展,但是关于知识服务的相关理论研究最开始就是借鉴国外学者对于知识服务的研究成果,研究的深度还是不够。主要表现在近几十年国内知识服务的研究主要是在理论方面,在具体实践方面较少,很多技术和系统也是借鉴国外的。国内知识服务与国外知识服务虽然有差距,但是在未来,这种差距也将会不断减小,主要表现在:未来知识服务的发展走向必然是数字化、共享化;知识服务手段将向集成化、智能化方向发展;知识服务对象将更广泛化、个性化和专业化;知识服务方式将网络化;知识服务人员将向专家和团队化发展。并且,国内知识服务也会不断地向实践应用研究领域进展。

2. 国内外知识服务的相同点

1）知识服务的目的一样

国内外知识服务的研究主体虽然各有不同，但是两者的目的却是一样的，都是希望能为用户提供符合他们要求的知识服务。

2）研究方法类似

国内外学者对知识服务的研究方法较为类似，基本上都是从知识服务的研究背景、含义、模式、技术、系统或者应用等几个方面着手研究。

3）发展趋势一致

随着信息技术在知识服务领域的应用以及用户对知识服务的提供方式和功能需求的进一步多样化与综合化，国内外知识服务正在朝着泛在化、集成化、多元化、数据化、多粒度方向发展，以为用户提供便利的知识服务。

1.3 数字图书馆知识服务的现实与科研问题

1.3.1 数字图书馆知识服务的现实问题

随着知识经济的发展、网络技术的进步与应用的普及，网络已经逐渐成为人们快速获取所需知识的重要媒介。网络为人们提供了多种知识发布、交流、传递与获取的途径和方式，如人们经常使用的百度文库、百度知道、维基百科、博客、微博等。在网络大数据环境下，数字图书馆存储的知识与人们常用的百度文库、百度知道、维基百科等网络知识相比，虽然更可靠、权威、专业，但却没有被人们普遍使用[40]。究其原因在于以下几方面。

（1）开放程度不高。数字图书馆的馆藏资源被网络搜索引擎索引的程度较低，数字资源很难被访问到；即便能够被网络搜索引擎访问到，数字资源的开放程度又会严重受到著作权保护的影响，服务收费标准较高，辐射范围有限，对外访问都有所限制，更加不允许数字资源在互联网中开放使用。

（2）个性化程度低。数字图书馆由于缺乏对用户个性化知识需求（认知结构）的深入挖掘和用户所处情境的分析（包括社会情景分析和自然情景分析）导致其提供的知识服务很难达到真正的个性化，知识服务缺乏针对性、动态变化性。此外，数字图书馆提供知识服务的方式也比较单一。

（3）服务粒度过大。数字图书馆的知识服务较传统图书馆虽然有了较大的提升，可以不受时间和空间的限制，随时随地向用户提供知识服务，知识服务的速度和效率也有了较大的提高，但数字图书馆仍然延续了传统图书馆的知识服务方式，即通常以一篇文章、一本书等为知识元向用户提供知识服务，缺少基于知识内容本身的细粒度的知识服务,知识服务的粒度过大,在很多情况下,用户不得不进一步从这些文献中过滤和查找自己所需的知识,从而增加了用户的认知负担和时间成本,使得数字图书馆提供的知识服务方式的易用性大大降低。

(4)集成度不高。当前,数字图书馆在提供知识服务时,通常只是简单地将与用户需求相关的文章、期刊、书等文献资源按照某种次序(如时间、相关度等)进行罗列,或者按照学科主题对这些文献资源进行分类,或者依据文献作者、作者所在机构以及文献之间的引用参见关系对数字文献资源进行简单聚合等。通过比较分析不难发现,这些知识服务方式仅仅是对传统图书馆提供的知识服务方式的数字化,仍然停留在对文献整体的外部形式特征或主题特征进行揭示和组织上,并没有实质性的进展与变化,未能充分发挥数字图书馆在技术上的优势,数字文献资源之间并没有建立知识层次上的语义关联,数字文献资源仍然是以孤立的形式存在的,未能深入揭示文献所载荷的知识之间的内在逻辑联系,进而导致当前数字图书馆提供的知识服务集成度不高,使得知识饥渴的人们淹没在知识的海洋里,却不知从哪里及时获得解渴的知识。

由此可见,一方面,数字图书馆作为人类知识的存储和定位系统,无疑将成为人类社会的公共知识枢纽。另一方面,数字图书馆作为知识集成的平台,是国家科技创新的基础保障和关键组成部分,因此,提高知识经济时代数字图书馆知识服务的能力成为孕育国家创新产出的摇篮。然而,随着网络技术的进一步发展,人类逐渐迈进 Web2.0 时代,在这个时代里,数据量急剧增加并呈现大数据的趋势,人类知识获取、交流和创造的方式也随之发生巨大的变化,进而导致人类对数字图书馆知识服务方式提出了新的更高层次的要求。为解决数字图书馆知识服务存在的上述现实问题,满足人类新的知识需求,数字图书馆作为人类知识的存储、组织和服务实体,要求其创新知识服务方法,以适应人类不断变化的知识需求。具体来说,数字图书馆应从以下几个方面创新其知识服务方法。

(1)开放知识服务。随着 Web2.0 技术的发展,网络资源的开放程度不断提高,开放存取知识库、学术博客、维基百科等网络知识资源不断涌现。然而,与这些网络知识资源相比,数字图书馆存储的数字知识资源开放程度相对较低,使得数字图书馆面临巨大的挑战。数字图书馆应顺应时代的发展要求,本着全面开放的服务理念,将更多的馆藏资源向社会开放,包括学术论文、著作、科研数据等。与此同时,在推进知识开放存取的同时,积极收集、加工、组织、集成各种类型的网络知识资源,将其与数字图书馆自身的优质馆藏资源相关联,提供开放获取的途径和工具,使得公众可以根据自己的需要进行无障碍的检索、阅读和下载[41]。

(2)个性化知识服务。自从进入用户参与、用户主导、公共建设与使用的 Web2.0 时代,数字图书馆的用户知识需求行为也随之发生相应的变化[42]。数字图书馆用户的需求已经从普遍的信息需求向个性化的知识需求转变。虽然数字图书馆知识服务的个性化程度有了显著的提升，但仍停留在简单地基于数字图书馆用户的结构化数据提供一定程度的差异化服务上，如新书推荐、文献查找、文献传递等，提供的还是以文献为单元的知识，不能完全契合人们的知识需求，不能解决用户的问题，交互性也不高，知识服务的效果和个性化程度均较低[43]。数字图书馆应该在深入了解、分析以及预测用户需求的同时，变文献信息服务为文献所包含内容的知识服务，变语法层次的简单信息服务为计算机能够理解用户真实想法的语义级别的个性化知识服务，与读者进行良好的人机交互与协同工作，从而推动图书馆的个性化知识服务模式向更深层次发展。

（3）一站式精准知识服务。在当前大数据的环境下，知识的总量远远超出人类吸收知识的能力，人类迫切需要一种一站式的精准知识服务方式。数字图书馆知识服务的基本特征是深入到文献的内容本身，并对它们进行整理、筛选、分析乃至评价等，从而将最相关的知识以最精简的方式提供给用户，满足用户的知识需求。但当前数字图书馆尚未对其所采集、组织和存储的知识资源给予具体的分析、提炼，只是将一次文献、二次文献等素材化的材料提供给用户[44]，大都是没有经过细粒度组织的资源，读者需要自行从数字图书馆提供的大量相关知识资源中搜索出自己需要的内容，如果一个用户花费大量的阅读时间最终获得的却是无法解答读者实际问题的无效知识，那么读者的阅读体验将是失败的。由此可见，数字图书馆的这种知识服务模式不太符合当今以用户为中心的服务理念。数字图书馆应该与时俱进，思考如何用较为优质的知识内容去抢占数字媒体的市场和阅读空间，在提供系统全面和优质的知识资源的同时，对数字资源进行深层次挖掘，实现细粒度、多层次的知识组织方式，不断探讨和创新各种面向知识的"微服务"，直接提供知识内容本身，而不是提供包含用户所需知识的文献或线索，以在满足用户碎片化阅读的同时，通过关联阅读进行深层的学习，提高用户进行深度阅读的能力，而不是放任低俗化、娱乐化的网络信息占用读者大量的时间。

（4）多粒度集成知识服务。需要指出的是，虽然短小精炼的碎片化知识能够很好地适应当前人们的阅读习惯，但是它们为了达到易于学习的目的，通常会将复杂的事物简单化，其往往是由一些事实而非逻辑构成的，同时，由于字数的限制，大量简化了推演过程，碎片化知识往往不够严谨和全面。通过碎片化阅读，人们虽然可以通过习得"事实"来扩充自己知识的广度，然而，长此以往，会使得人们的知识结构变成一张浮点图，零碎的知识漂浮在各个位置，却缺乏有机的联系，因此，难以通过扩展知识之间的"联系"增加用户知识的深度。同时也难以触动读者的心灵，更难以激发用户深入思考。为此，在向用户提供碎片化精准知识服务的同时，数字图书馆应该发挥自身知识组织的优势，建立碎片化知识之间的关联,以便在扩充用户知识阅读广度的同时,增加用户知识阅读的深度。当前数字图书馆根据文献之间的引用关系,揭示了文献之间的语义关联,然而,文献间存在的隐性知识关联数量远远大于由文献的相互引用所揭示的关联数量,这就导致很多有价值的知识关联很难被人识别,人们急需一种在更细粒度的知识元层次揭示知识内在联系的知识服务方式,以便他们进行知识创新。此外,随着科学的发展,知识不断地专业化、分裂化,这就导致跨领域的知识传递变得越来越困难,人类也急需一种跨专业的集成知识服务方式。而多粒度集成知识服务可以将知识的组织单位由文献深化到文献中包含的知识关联之中,这样能够更加有效地改进知识组织的效果,促进知识利用和创造的过程[45]。

鉴于上述分析不难发现,传统的以文献为单位的知识服务方式已无法有效地满足人类的知识需求,成为数字图书馆知识服务变革的重要瓶颈。相关学者认为,解决这一瓶颈的有效方法是将数字图书馆知识服务的单位由文献单元深入到知识单元,并依据知识之间的逻辑关系建立知识单元之间的链接,生成多种粒度层次的知识单元,进而提供多粒度的集成知识服务,这也被认为是情报学取得突破的关键问题。由此可见,网络技术的进步不断推动着数字图书馆的转型和知识服务方式的革新。尤其是语义网技术的发展,使得数字图书馆的知识服务方式逐渐由以文献(知识的载体)、信息(知识的某些特征,如主题、数据、关键词等)为单元的知识服务方式朝着以知识本身为基本单元的知识服务的方向发展,即变间接知识服务为直接知识服务,为用户直接提供知识内容本身,而不是知识线索。

1.3.2 数字图书馆知识服务的科研问题

数字图书馆若想改变现状,需要为网络用户提供开放、个性化、一站式的多粒度集成知识服务。而关联数据的出现使得数字图书馆实现上述服务方式成为可能,为此本书拟借助关联数据对数字图书馆多粒度集成知识服务进行研究。具体来说,本书需要研究和回答的科研问题如下。

1) 如何对知识进行多粒度层级分割?

数字图书馆存储的知识资源大都是以文献(如电子书、期刊论文、学位论文、专利等)为单位进行组织与提供服务,粒度较大,若要实现多粒度尤其是细粒度集成知识服务,就需要在对文献中包含的知识进行分析的基础上,依据特定的粒化原则对文献进行多粒度层级分割。然而,由于知识的谱系特征,不同粒度的知识之间的界限并不清晰,因此,如何对文献中的知识进行多粒度层级分割,并构建起知识的多粒度层级结构体系成为实现多粒度集成知识服务需要解决的首要科研问题。

2）如何对多粒度知识进行语义标注？

在对文献中的知识内容进行多粒度层次分割之后，为实现多粒度集成知识服务，接下来一个关键的任务就是揭示文献内部知识粒之间、不同文献中的知识粒之间的各种语义关联，并进行语义标注，为多粒度知识集成提供支撑。然而，不同于由引证关系所揭示的粗粒度的文献层次上的语义关系，文献中包含的多粒度知识内容之间的语义关系则更为复杂，为此，在多粒度集成知识服务中如何对文献中的知识进行多粒度语义标注就成为多粒度集成知识服务需要解决的科研问题之一。

3）如何将多粒度知识以关联数据的形式进行发布？

通过对知识的多粒度层级分割和语义标注可以实现对知识的多粒度层次组织，但若要将这些多粒度的知识内容在网络上开放使用，则必须借助特定的形式化描述方式将其发布到网络上，关联数据作为一种网络资源发布方式，以统一资源标识符（uniform resource identifier，URI）标识定位知识、以资源描述框架（resource description framework，RDF）/XML格式描述知识，可以将任何类型的知识资源发布到网络，为多粒度知识的发布提供了可能。然而，不同于揭示文献外部线索特征的结构化书目数据，文献中包含的知识内容通常是非结构化的，借助关联数据进行发布难度更大，为此，如何将多粒度知识以关联数据的形式进行发布成为多粒度集成知识服务需要面临的又一重要科研问题。

4）如何实现分布式的各知识粒度之间的互联？

通过上述三个科研问题的解决，可以实现单个数字图书馆知识资源的多粒度组织与发布，为实现多粒度集成知识服务奠定了基础，但是，单独一个数字图书馆存储的资源毕竟有限，只有将不同数字图书馆之间的知识内容进行多粒度关联才会产生"大关联数据"的愿景，从而涌现出更高的价值。然而，不同数字图书馆存储的知识资源存在各种异构问题，如元数据异构等，这就给分布在不同数字图书馆中的多粒度知识之间的互联带来了不小的困难，为此，如何实现分布式的各数字图书馆之间的多粒度知识的互联就成为多粒度知识集成知识服务需要进一步解决的科研问题之一。

5）如何对多粒度关联数据进行索引？

当前，有关关联数据的检索主要借助 SPARQL（simple protocol and RDF query language）技术，然而该技术不适合一般用户使用，而且检索的效率较低，为提高基于关联数据的多粒度集成知识服务的效率，就需要构建面向关联数据的索引。然而，当前的索引技术通常是通过构建倒排档的方式生成索引，倒排档本质上是一张关键词（或主题词、叙词等）与包含该关键词的文献地址的对照表，由此可见，索引的基本单位是文献，粒度过粗。与一般的索引不同，关联数据的索引不仅包括针对关联数据内容的细粒度索引，即实例索引，而且包括对关联数据语义关系的索引，即类索引，这就给面向多粒度关联数据的索引造成不小的困难，为此，如何对多粒度关联数据进行索引是多粒度集成知识服务提高知识服务效率需要解决的关键科研问题之一。

6）如何识别用户多粒度的知识需求？

为提高多粒度集成知识服务的针对性和个性化水平，就需要了解用户多粒度的知识需求。然而，用户的多粒度知识需求一方面由存储在用户头脑中的潜在的认知结构来决定；另一方面又受到用户所处的社会情境和自然情境的影响；从而使得用户的知识需求体现出多粒度、动态变化的特征，这给多粒度集成知识服务造成很大的困难。为此，如何识别用户多粒度的动态知识需求就成为多粒度集成知识服务需要解决的又一关键科研问题。

7）如何将用户多粒度的知识需求与多粒度知识进行映射？

用户的知识需求是多粒度的，这是由用户的认知实践行为以及认知结构决定的。然而，用户在用自然语言表达自己的知识需求时并没有指出其知识需求的粒度大小。这就需要在识别用户多粒度知识需求的基础上，将描述用户知识需求的语词或语句进行处理，与数字图书馆中的多粒度知识进行映射，从而达到按需提供知识服务的目的。为此，如何将用户多粒度的知识需求与知识粒度进行映射成为多粒度集成知识服务需要解决的关键科研问题之一。

1.4 本书的主要内容与结构

针对当前数字图书馆知识服务存在的现实问题，本书设置了如下总体研究目标：解决当前数字图书馆存在的开放程度不高、个性化程度低、服务粒度过大、集成度不高等问题，实现数字图书馆开放、个性化、一站式的多粒度集成知识服务。为实现总体研究目标，本书依据具体的科研问题提出了以下几个方面的具体目标。

（1）实现数字图书馆多粒度关联数据的创建与发布。研究任务主要包括：解决数字图书馆馆藏文献中知识的多粒度层次分割问题；解决数字图书馆多粒度知识的语义标注问题；解决数字图书馆多粒度知识的关联数据创建与发布问题等。

（2）实现数字图书馆多粒度关联数据的自动准确关联。研究任务主要包括：解决数字图书馆多粒度关联数据中存在的各种异构问题；解决数字图书馆多粒度关联数据的自动关联问题；解决数字图书馆多粒度关联数据的动态维护问题等。

（3）实现数字图书馆多粒度关联数据的关联索引。研究任务主要包括：解决多粒度关联数据中面向细粒度知识元的实例索引问题；解决多粒度关联数据中粗粒度知识元的类索引问题；解决多粒度关联数据索引的排序问题等。

（4）实现数字图书馆知识服务方式的多粒度化和集成化。研究任务主要包括：解决以内隐方式存在的决定用户知识需求的认知结构的挖掘问题；解决基于用户认知结构的多粒度知识需求识别问题；解决用户多粒度知识需求与多粒度关联数据的映射匹配问题；解决检索方式的多样性和检索结果的可视化展示问题等。

为实现上述研究目标，本书进行了以下9个方面的研究（分别对应本书的第2~10章的内容）：数字图书馆多粒度集成知识服务的哲学基础研究、数字图书馆多粒度集成知识服务的理论基础研究、数字图书馆多粒度集成知识服务的方法论研究、数字图书馆多粒度集成知识服务的技术基础研究、数字图书馆多粒度关联数据创建与发布研究、数字图书馆多粒度关联数据的关联方法研究、数字图书馆多粒度关联索引机制研究、数字图书馆多粒度集成知识服务方式研究和数字图书馆多粒度集成知识服务实证研究。其中，第2~5章的研究针对数字图书馆多粒度集成知识服务的总体目标"数字图书馆开放、个性化、一站式的多粒度集成知识服务"，分别指出了数字图书馆在开展多粒度集成知识服务时应该遵循的世界观、方法论、一般规律和支撑技术。第6~9章的研究内容则针对上述四个具体研究目标，分别指出了数字图书馆多粒度关联数据的创建、关联、索引和多粒度集成知识服务方法。第10章则是对前面研究成果的综合示范应用和检验。具体来说，数字图书馆多粒度集成知识服务的哲学基础研究指出了数字图书馆开展多粒度集成知识服务的世界观；数字图书馆多粒度集成知识服务的理论基础研究指出了数字图书馆开展多粒度集成知识服务的一般规律；数字图书馆多粒度集成知识服务的方法论研究指出了数字图书馆开展多粒度集成知识服务的方法论；数字图书馆多粒度集成知识服务的技术基础研究指出了数字图书馆开展多粒度集成知识服务的支撑技术；数字图书馆多粒度关联数据创建与发布研究是数字图书馆开展多粒度集成知识服务的基础，数字图书馆多粒度关联数据的关联方法研究是数字图书馆开展多粒度集成知识服务的途径；数字图书馆多粒度关联索引机制研究是数字图书馆开展多粒度集成知识服务的桥梁；数字图书馆多粒度集成知识服务方式研究是数字图书馆开展多粒度集成知识服务的最终目的；数字图书馆多粒度集成知识服务实证研究则是数字图书馆开展多粒度集成知识服务的示范应用和检验。

数字图书馆多粒度集成知识服务的哲学基础为开展多粒度集成知识服务提供了世界观上的指导。本书在对哲学理论进行深入分析的基础上指出了数字图书馆多粒度集成知识服务的还原论与系统论的哲学基础。指出数字图书馆在进行多粒度集成知识服务时，一方面，为避免数字图书馆用户对知识整体认知的模糊性或笼统性，提高知识的易用性，要在还原论哲学思想的指导下将复杂知识逐级还原，分解成不同层次的易于理解的简单知识单元，直到不能再被还原为止；另一方面，为避免数字图书馆用户对知识的零散认知，在对复杂知识进行还原的同时，还需借助系统论的哲学思想，在该思想的指导下从整体上把握知识各组成部分之间的逻辑关联。

数字图书馆多粒度集成知识服务的理论基础为数字图书馆开展多粒度集成知识服务的实践活动提供了一般规律性的指导。通过对知识服务相关基础理论的分析，本书指出了数字图书馆多粒度集成知识服务的理论基础，包括认知学理论、知识元理论、知识构建理论、知识基因理论和意义构建理论等。认知学理论指出了人类认知过程的一般规律，即统一于多层次、多粒度的结构模型，这就要求作为辅助人类认知的数字图书馆知识服务也要遵循这一规律，开展多粒度集成知识服务；知识元理论和知识基因理论分别从不同的角度指出了数字图书馆多粒度集成知识服务的基元——知识元（或知识基因）；知识构建理论指出了数字图书馆多粒度集成知识服务的一般流程，即知识元→知识单元→知识结构→知识空间。意义构建理论指出了数字图书馆多粒度集成知识服务的一般规律，即用户知识的查询与使用行为本质上是一种意义构建的过程。

多粒度集成知识服务的方法论为满足人们多粒度知识需求提供了一般方法上的指导。本书在对数字图书馆多粒度集成知识服务的一般规律进行分析的基础上，指出了数字图书馆多粒度集成知识服务的方法论，主要包括多粒度集成知识服务的基本概念、多粒度集成知识服务的一般原则、多粒度集成知识服务的策略等。其中，多粒度集成知识服务的基本概念界定了多粒度知识服务方法的作用范畴；多粒度集成知识服务的一般原则明确了多粒度集成知识服务需要遵循的准则；多粒度集成知识服务的策略提供了多粒度集成知识服务的方案。

数字图书馆多粒度集成知识服务的技术基础研究为数字图书馆多粒度集成知识服务提供了一般技术上的支撑，主要包括多文本分割技术、语义标引技术、关联数据技术等。其中，多文本分割技术为数字图书馆多粒度集成知识服务提供了知识多粒度划分的技术支持；语义标引技术为数字图书馆多粒度集成知识服务提供了多粒度知识语义关联组织的技术支持；关联数据技术为数字图书馆多粒度集成知识服务提供了多粒度知识集成服务的技术支持。

多粒度关联数据创建与发布是实现多粒度集成知识服务的基础，当前有关细粒度的馆藏资源内容本身的关联数据应用较少，然而，正是在这些非结构化的文本中存在更多有价值的知识。为此，本书提出数字图书馆多粒度关联数据创建与发布方法。该方法基于对数字图书馆馆藏资源的多粒度层级主题分割和语义标注，借助 D2R 不仅实现了面向最细粒度的知识元的关联数据创建和发布，而且实现了面向粗粒度的知识元的关联数据创建和发布，最终实现了数字图书馆馆藏资源的多粒度关联数据的创建与发布。

数字图书馆数据的关联是实现多粒度集成知识服务的途径，而现有的基于文本映射、基于图相似映射和基于规则等关联方法大都仅考虑了实例层的关联，由于在关联数据中实体之间的链接关系反映的是客观世界中更为灵活多样的复杂关联，不仅包括实体对象层面资源间的关联，而且包括语义层面概念术语间的关联，链接内容复杂。关联数据链接关系的上述特性使得建立关联数据之间的链接关系也较为复杂，直接导致当前已有的关联数据互联方法难以有效实现关联数据的等同关联（owl: sameAs 关联）。而且当前的关联数据关联方法大多用来挖掘等同关系，尚无法有效解决关联方式单一（只通过 owl: sameAs 实现）的问题。为此，本书提出基于概念匹配的数字图书馆关联数据的等同关系发现方法和基于推导传递的数字图书馆关联数据的非等同关系发现方法。基于概念匹配的数字图书馆关联数据的等同关系发现方法通过综合关联数据中实体概念的外延和内涵的匹配结果，计算关联数据中实体概念的相关度，从而达到识别关键数据中具有等同关系（owl: sameAs）的实体概念的目的。基于推导传递的数字图书馆关联数据的非等同关系发现方法能充分挖掘关联数据中类和实例的相关关系，发现隐性关联，识别除等同关系（owl: sameAs）以外更丰富的实体之间的关联类型并计算它们的关联度，解决关联方式单一问题。

多粒度关联索引是实现多粒度集成知识服务的桥梁，而数字图书馆以往的索引方式大都以一篇文章或一本书等为索引单位，粒度过大。为此，本书提出一种面向关联数据的多粒度关联索引机制。该索引机制包括实例索引器、类索引器，分别实现对关联数据实例和类的索引，而后将两者关联，生成多粒度关联索引，最终实现对馆藏资源不同粒度层次上的索引。此外，为提高检准率，本书提出一种索引排序算法。

数字图书馆多粒度集成知识服务是最终目的，为此，本书提出基于关联数据的数字图书馆多粒度集成知识服务模式。基于关联数据的数字图书馆多粒度集成知识服务模式又分为基于用户认知结构的简单检索、高级检索、句子检索和语义导航。用户需求模式是基于用户的注册信息、日志信息构建的揭示用户认知结构的概念网络。当采用基于用户认知结构的简单检索模式时，系统首先将用户输入的关键词与用户的认知结构进行匹配，找出与该关键词相关的其他概念组成 RDF 三元组，而后基于该三元组进行检索，由于该三元组提供了用户输入的关键词的语义信息，因此可以较大提高检索的准确性。高级检索为用户提供了直接输入语义信息的检索接口，用户可以直接输入＜主体、谓词、客体＞进行检索。在句子检索中，用户直接使用一句话来描述自己的信息需求，在检索时，系统会借助 RDF 提取模块将检索语句自动处理为 RDF 三元组的形式进行检索。语义导航主要是依据关联数据之间的关联关系，引导用户进行逐级关联检索的方式。

为检验基于关联数据的数字图书馆多粒度集成知识服务的科学性，本书首先依据上述方法构建数字图书馆多粒度集成知识服务模型，而后，以数字图书馆数字资源为应用背景实现了一个基于关联数据的数字图书馆多粒度集成知识服务的示范系统，并对该系统进行实验检验和实验结果分析。通过实验，在一定程度上论证了基于关联数据的数字图书馆多粒度集成知识服务的科学性和有效性。

第 2 章　数字图书馆多粒度集成知识服务的哲学基础

现实世界的社会系统和自然系统中充满了层次与结构，人类在获取、理解和使用知识时，一般也是采用从部分到整体（即先从各个部分对某一知识进行不同侧面的认知，然后进行综合把握）或者从整体到部分（即先从整体上进行把握，再逐步深入研究各个部分）的思维方法。数字图书馆知识服务作为辅助人类认知实践活动的一项服务性工作，也应遵循人类获取、理解和使用知识的上述特征，这就要求数字图书馆知识服务体现出多粒度性和集成性，以满足人们不同层次的知识需求。而多粒度特征和集成性与哲学思想的还原论、近代系统论的结构化思维有着密切的联系。还原论与系统论是既相互对立，又相互统一的哲学思想，因此，也就成为辅助人类认知实践活动的数字图书馆多粒度集成知识服务的哲学基础。

2.1　还　原　论

还原论作为一种哲学思想可追溯久远，而"还原论"一词由著名哲学家蒯因（Quine）在他的著作中首次提出[46]。它认为无论自然界还是人类社会中的实体对象都是由更为简单或基础的实体所构成的，并由这些更为基础的实体来描述和定义。还原论是经典科学研究方法的核心，将复杂的高层对象分解为低层的简单对象来理解和处理。还原论的主要假设是对一个较为复杂的系统或对象的认知可以借助对组成它们的各个部分的理解来获得，主要思想是将整体划分为部分。这样一个比较复杂的系统或对象就被逐层分解为较为简单的部分，直到最基本的元素为止。对这些基本元素的认知较为简单，而后可以基于对这些基本元素的认知逐层向上递推，从而达到对复杂系统或对象进行认知的目的。在还原论的解析下，物理学把世界的存在还原为基本粒子及其相互作用；生物学家将生命的全部奥妙集中在分子水平进行揭示。世界万物经过还原，可以被清晰地分割为可以重组的无法被继续还原的基本粒子，这些最小的基本粒子也是宇宙的本质与本原。基本粒子的性质及其相互作用在根本上界定了世界万物的性质和结构。而关于世界万物的知识也随之被分解为各种不同的及分类庞杂的学科、领域、方向，直至最细粒度无法进一步被还原的（或分解的）知识点。由此可见，还原论的对象可以是现实世界的存在物，也可以是由人创造出来的知识体系。因此，依据还原对象的不同，还原论又被进一步划分为本体论上的还原论（以现实世界的存在物为还原对象）和认识论上的还原论（以人创造出来的知识体系为还原对象）[47]。

认识论上的还原论为多粒度集成知识服务的"知识多粒度划分"提供了基本的哲学思想。该理论是针对科学知识体系而言的，主要是指学科知识的还原，即划分。在认识论上的还原论的指导下，为便于人们对复杂知识的理解与认知，需要将知识逐层进行还原，直至被还原成能够自主存在的、不可进一步被分割的基本知识单元，在此基础上，人们可以通过对简单的低层次的知识单元的把握达到对复杂的高层知识内容的理解。鉴于此，为满足用户多粒度的知识需求，数字图书需要将其知识资源依据认识论上的还原论的简化原则，对文献内容进行简化，去除文献中包含的非本质的内容，还原成为基本的知识单元，使得所有的复杂知识都分解成不同的层次结构，每一个层次上的知识都由其下一层次的知识构成，最终生成有关复杂知识的还原结构体系。

2.2 系 统 论

系统论由贝塔朗菲（Bertalanffy）首次创立[48]，后经过许多科学家的发展而逐渐形成。系统论的核心思想是系统的整体观。系统论是一种将各种因素综合起来加以研究的综合性的科学方法论。系统论主张将实践对象看作由众多子系统构成的动态复杂系统。与还原论不同，系统论的基本假设是整体大于部分总和。整体的性质不可以归结到部分的性质，对部分的理解也不能综合为对整体的认知，整体具有部分所不具备的特性，整体的性质不仅与部分的性质相关，而且还由部分之间的联系所决定。系统论的完整内容受到以下几个系统论原则所规约。

1）整体性

整体性原则是指系统由多个不同元素组成，系统作为一个整体，具有元素所不具备的特性和功能，不等于所有元素的简单相加。系统论的整体性原则要求人类在认知、改造实践对象时，要从整体出发把握系统的整体特性和功能。

2）有序结构性

有序结构性主要体现在系统的稳定联系上，是一切系统所共有的组织特征。该原则要求人们在研究系统有序结构时，注意把握系统内部各要素之间的关联方式，以及这种关联方式对系统整体的影响，从而把握系统的规律性。

3）层次性

层次性是指由整体与部分之间的对立在系统内所形成的一种等级关系。系统的层次性使得系统与层次之间存在明显的质的不同，具有不同的地位和作用。系统的层次性使得系统呈现出由元素、底层系统和高层系统构成的金字塔式的结构。底部是一些相对比较简单的元素或系统，顶部是相对比较复杂的系统。

4）功能优化性

功能优化性是指各种系统都形成了适应系统周围环境的最好的系统结构，使系统处于最佳状态，从而取得最优效果。

5）环境

环境是系统存在和发展的所有外部条件的总和。由于系统需要不断地与外部环境进行物质、能量和信息的交换，因此脱离环境的孤立系统是不存在的，环境原则就要求人们在认知、改造实践对象时，要把握环境与系统之间的相互联系、相互作用。

6）动态发展

由于系统所处的外部环境是在不断动态变化的，为不断适应外部环境，系统就需要不断动态调整自身的功能状态和有序结构，从而达到适应环境的目的。所以动态发展便成为系统论的又一重要原则。

系统论为多粒度集成知识服务的"知识结构识别"提供了最基本的哲学思想。系统论认为整体是由元素构成的，但不是由元素简单地相加堆积而成的，而是由各组成部分之间相互有机关联而成的。也就是说，组成系统的各个元素之间是相互作用和相互联系的，一个元素的变化必然会影响另一个元素。并且，系统中元素之间的各种联系通常具有自身独特的组合方式，这种组合方式通常遵循一定规律，这便是系统的结构，系统结构决定了系统整体上的性质和功能。系统的结构具有多层次性和相对稳定性。依据上述分析可知，复杂知识作为一个系统也由不同的知识点构成，知识点之间存在各种语义关联，知识点依据这些语义关联生成知识结构，知识结构在整体上决定了复杂知识的性质和功能。由此可见，若要实现多粒度集成知识服务，不仅要借助还原论来将复杂知识进行逐级划分，直到形成无法再被还原的知识点为止，更重要的是借助系统论，识别出复杂知识的知识结构，只有这样才能从整体到局部全方位地向用户提供多粒度的知识服务，才能帮助用户较为准确地理解和把握复杂知识内容本质，避免知识划分时的知识丢失，降低用户的认知成本。

综上所述，还原论与系统论是两个相互补充的哲学思想。还原论通过部分来认知总体，系统论则将一个对象看作一个复杂的系统，系统中各个部分相互关联、相互作用。还原论强调分离，系统论则强调整合。两种哲学思想的共同特点是它们都涉及整体和部分，都采用了多层次结构描述整体和部分之间的关系。还原论基于事物不同层次之间的联系，试图从低层次入手探索高层次的规律，这种努力是可贵的。但是高低层次之间毕竟存在本质区别，如果不考虑知识内容本身的特点，简单地用低层次的知识内容去代替高层次的知识内容，那就会导致机械论的错误，这是因为还原论忽略了事物的整体性联系，忽略了由整体向部分的还原所导致的知识的丢失。因此，在进行多粒度集成知识服务时，一方面，要借助还原论将复杂知识逐级还原分解成为不同层次的易于理解的简单知识单元，直到不能再被还原为止，这是因为这种还原不但易于人们理解复杂知识，而且倘若不将复杂知识进行还原，不了解局部的精细知识，人们对复杂知识整体的认识只能是比较直观、笼统的，甚至是猜测的，缺乏科学性；另一方面，在对复杂知识进行还原时，还需要借助系统论的思想，从整体上把握各组成部分之间的逻辑关联，这是因为没有对复杂知识整体上的认识，人们对知识的认知只能是零散的，只见树木，不见森林，不能从整体上把握知识，进而无法借助该知识很好地解决实践中遇到的问题。通过上述分析不难发现，科学的解决多粒度集成知识服务的办法就是将还原论与系统论相结合，借助还原论与系统论对知识进行多粒度的揭示、组织并提供服务。

第 3 章　数字图书馆多粒度集成知识服务的理论基础

3.1　认　知　理　论

认知心理学的许多研究成果为多粒度集成知识服务提供了依据和支撑。其中知识获取与学习是人类最具代表性的认知活动，下面将从与人类知识获取与学习密切相关的认知工具、认知模型、认知结构和认知传承等几个方面论述多粒度集成知识服务的认知学基础。

3.1.1　认知理论概述

1）认知工具

认知是一个信息加工的过程[49]。人类认知的过程就是一个不断形成新概念、不断优化旧概念的过程，由此可见，概念是人类认知的基本工具。在认知过程中，人们通常会借助基本的认知活动（分类、聚类）将感知到的信息、知识等组织起来，相似或相关的事物会被看作一个整体，合并成一个大类，不相似的事物会被分离开来，形成若干个小类，从而不至于将自己迷失在大量的细节之中[50]。分类或聚类的结果则产生概念，概念包括内涵和外延两个部分。概念的内涵即概念的特征，由概念的属性构成；概念的外延即概念所描述揭示的所有对象，由一组实例构成；概念可以由一个符号或词来标记，以作为概念的名称。概念名、概念内涵和概念外延共同构成一个语义三角形[51]。类与概念一一对应，类有大有小，因此与类相对应的概念也有大有小，一个概念可以是其他概念的子概念，也可以是其他概念的父概念，这就构成了概念之间的层次结构，也就是说，概念是由某种偏序关系组织起来的，这种偏序关系可以表现出多种类型，如抽象与具体、范例与特例等。

概念作为人类认知的基本工具，可以准确地描述人类的知识。人类借助概念不但可以抽象地思考现实世界中的事物，也可以向其他人表达、传输自己的知识。通常一个概念可以看作一个知识粒，概念的名称就是知识粒的名称，是对知识粒的形式化描述。概念的内涵是知识粒包含的知识内容，概念的外延是知识粒指向的实体对象。不同层次上的概念，描述了不同粒度大小的知识单元，由于人类借以思维的概念具有某种偏序关系，因此，知识也就体现出多粒度的特征，并组织为一个概念层次结构。概念层次在知识表示和推理中扮演着重要的角色，概念层次结构可以用来表达知识的层次结构，可以更好地组织知识，构造多维知识视图，在不同层次上表达知识、发现知识。在一个概念层次结构中，每个节点表示一个基本概念，边代表概念之间的偏序关系，该偏序关系反映了概念之间的泛化-特化关系。越是低层的节点代表越具体的概念，较高层的节点由较低层的概念抽象合并而得，表示比较抽象的概念。概念层次树的构建可以通过对概念属性粒度的划分来实现，即依据属性值将概念进行聚类，概念的聚类过程就是知识粒度的划分过程。

2）认知模型

认知模型是人类对现实世界进行认知的过程模型，是人类最基本的心理过程。人类对现实世界的认知总是由浅至深、由表及里不断深入的，从另一个角度来看，人类的认知也永远是不精确的和模糊的，但从某一个层次上看又是精确的和清晰的，也就是说，人类的认知往往是在一个分层递阶知识空间的某一层次上展开的，若要对事物有一个完整的认知，则需要在不同的粒度层次上来认识和分析问题，然后将这些不同层次上的知识进行整合，进而形成对整个事物的全面而系统的认知[52]。由此可见，人类的认识是一个在多粒度知识空间中不同层次、不同粒度之间往返交互，在不同粒度层次间反复感知知识和识别事物，进而达到对事物的全面认知的过程。人类的认知过程的多粒度模型如图3-1所示。

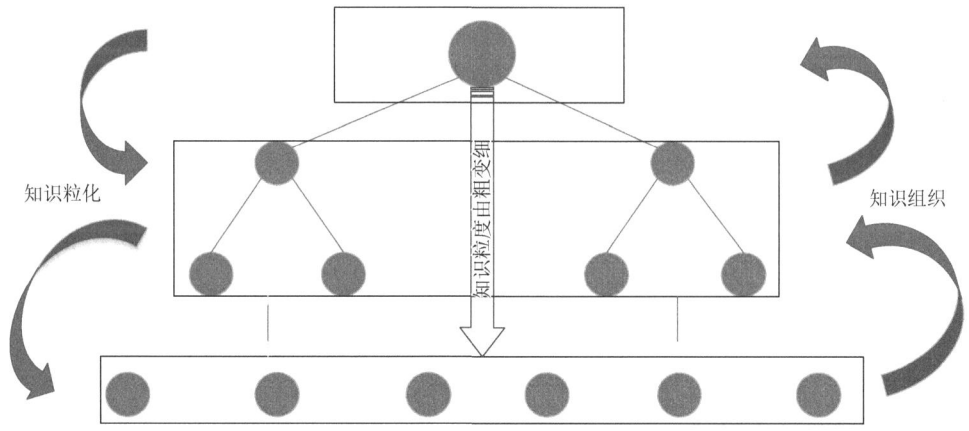

图3-1　认知过程的多粒度模型

从图3-1可以看出，人类认知的一个显著特点就是能从不同的知识粒度上分析问题，人们不仅能在不同粒度空间中进行问题求解，而且可以借助"粒化"和"组织"等认知能力[53]快速地从一个粒度空间跳到另一个粒度空间。具体来说，在人类认知过程中，一方面，人脑通过对不同粒度层次上的知识的组织或泛化，可以将低层次的知识粒转化为更高层次的知识粒,表现为一个特殊概念到一般概念的映射;另一方面,人脑通过对不同粒度层次上的知识的粒化或细化,可以将高层次的知识粒转化为低层次的知识粒,低层次的知识粒从不同角度揭示了事物更详细的信息[54]。不断地从一个知识粒度世界跳到另一个知识粒度世界,多粒度、多角度地对事物进行完整理解。

3)认知结构

认知结构是人类头脑中存储的知识结构,它是人们头脑中已有观念的全部内容及其组织,认知结构具有内容和组织结构两个方面的特征[55]。从认知结构的内容来看,它主要是由人们已掌握的事实、概念、命题、理论等构成的。从认知结构的组织来看,著名科学家钱学森先生指出:任何一个复杂系统都是一个具有层次结构的系统[56]。如复杂细胞网络、蛋白质相互作用网络[57]、复杂社会网络[58]等都广泛存在多层次特性,这里的层次就是粒的概念,人类的认知结构来自对自然或人工系统的观测、记录、归纳等认知行为,这就意味着反映复杂系统形态及运动规律的认知结构在组织上也必然隐含着由这些系统所决定的多层次或多粒度的特征。

人类认知的过程是一个概念同化的过程,具体表现为人类在认知过程中会首先在自己的已有认知结构中查找能同化新知识的相关概念,而后,将这些概念与新知识建立关联,从而达到学习知识、优化人类已有认知结构的目的。按照新旧概念发生联系的方式的不同,人的认知可以划分为三种模式:下位认知、上位认知和组合认知。下位认知是指新概念相对于人的已有认知结构的相关概念来说的,概括程度低,属于下位概念,这种依据认知结构中的上位概念去认知新的下位概念的方式称为下位认知。与下位认知相对应,上位认知是指依据认知结构中的下位概念去认知新的上位概念的方式。组合认知则是指依据认知结构中的概念去认知同位概念的方式。通过上述分析不难看出,人类在认知的过程中,通常也采取的是多层次阶梯式理解与组织模式。人类对现实世界的认知,通常会构建起一个从低层的具体概念到高层抽象概念的多层次塔状结构,即认知结构。由此可见,认知结构反映了人们对世界不同粒度上的认知。最低层的基本概念与人们的感知直接相关,高层的抽象概念来源并依赖于低层的概念,也需要通过低层次上的概念进行解释。人们如果想有效地解决问题,就需要掌握知识的多粒度结构,并能够依据问题的特性有针对性地利用某一粒度层次上的知识。

4)认知传承

认知的结果是知识,因此认知的传承即知识的传承。在认知传承过程中,知识生产者通过科学研究获得知识创新(知识元),按照某种篇章和逻辑结构组织成知识单元,即文献(知识粒度变大),文献的写作是一个在不同粒度、不同角度上逐步展开的过程,从篇章结构来看,文献由标题、作者、结构、章节、段落、语句、语词等组成,从逻辑结构来看,文献由篇主题、章节主题、段落主题、句子主题等构成,文献的篇章结构和逻辑结构相对应,通常都表现出多粒度的层级结构。知识消费者则可以从不同角度去阅读和理解文献,通过对文献的阅读获取文献中包含的知识点(即知识元),将其与自身的认知结构相融合,进行知识创新,产生新的知识元(知识粒度变小)。从很大程度上来讲,文章在知识交流上的有效性取决于对自然语言中知识粒度的掌握与灵活应用[59]。知识传承的基本流程如图 3-2 所示。

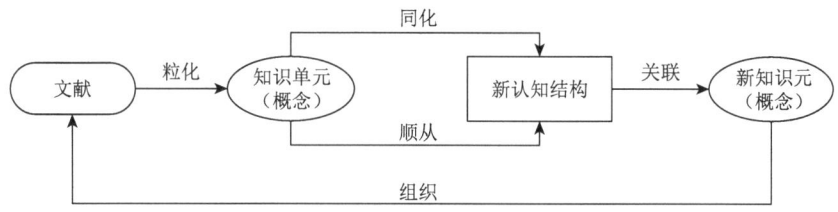

图 3-2 知识传承的基本流程

从图 3-2 可以看出,知识传承以文献为媒介,通过人的认知实践活动达到人的认知结构优化及知识传承的目的。在整个流程中伴随着"知识隐性化"和"知识显性化"两个过程。在知识隐性化过程中,知识消费者通过认知将粗粒度的文献知识单元粒化为细粒度的知识单元以便与自身的认知结构相匹配,进而通过同化和顺从实现认知结构优化。由此可见,知识隐性化的过程一般是知识粒度变小、语用增强的过程。在知识显性化的过程中,知识消费者的角色转化为知识生产者,其将优化的认知结构通过关联、组织生成文献,实现知识序化和显性化,从而便于知识消费者理解。由此可见,知识显性化的过程一般是知识粒度变大、语义增强的过程。

3.1.2 认知理论述评

综上可知,多层次、多粒度的结构模型将认知工具(概念)、认知过程(认知模型)、认知结果(认知结构)、认知传承(知识传承)统一起来。概念的学习、知识的积累和传承在很大程度上依赖于对概念之间内在的偏序关系的挖掘与整理,这也决定了人类的认知模型只有符合分层多粒度结构模型时才能准确地存储和处理知识,这种分层处理模式最终构建起分层的认知结构,以作为人类进一步深入认知的基础。由此可见,认知学为数字图书馆多粒度集成知识服务提供了强有力的支撑,具体表现在以下几个方面。

(1)人类认知工具"概念"的多粒度特征不仅反映了人类认知行为的多粒度性质,而且也揭示了认知结果(即"知识")的多粒度特性,因此,可以依据概念层次树对知识进行多粒度层级划分、组织、标引，从而为多粒度集成知识服务提供支撑。

（2）由人类认知模型中的知识粒化行为可知，人类在认知过程中伴随着对细粒度知识的需求，这也就意味着，知识服务要能及时为用户提供细粒度的知识，以帮助他们对事物进行认知。由此可见，数字图书馆多粒度集成知识服务要采用知识粒化的方法，将复杂的知识简单化，使得人们可以非常容易地分析、处理和获取知识。知识粒化就是将复杂的知识在保持知识的某些性质不变的情况下，进行知识粒度的划分处理，使得知识的复杂性逐步降低的过程。

（3）由人类认知模型中的知识组织行为可知，人类在认知过程中伴随着对粗粒度知识的需求，在了解知识细节的同时，期望从整体上把握知识全貌。这也就意味着，知识服务要能及时为用户提供粗粒度的知识。由此可见，数字图书馆多粒度集成知识服务需要在识别细粒度知识之间的关联的基础上，将简单的细粒度知识关联化，形成粗粒度的知识，提供多粒度集成知识服务，以使得人们能够在总体上把握与认识知识。知识组织便是建立细粒度知识之间的语义关联，从细粒度的知识合并为粗粒度的知识的过程。

（4）认知结构作为人类认知的结果反映了人们对世界不同粒度上的认知，是人类进一步认知现实世界的基础。人类的知识需求通常是由人的认知结构异常状态导致的[60]，这种状态又被称为认知结构的一种需求状态。知识需求的根源在于个体的认知结构，知识需求的主题内容和知识粒度的大小取决于人类已有认知结构相对于当前问题状况的不充分性。鉴于此，数字图书馆多粒度集成知识服务应该建立在对用户认知结构充分挖掘和了解的基础之上，从而真正实现个性化知识服务。

（5）由认知传承的过程可知，文献作为知识传承的媒介，载荷着大量的知识内容，但人们在吸收文献中的这些知识时却是以细粒度的知识元（知识点）为单位的。由此可见，为降低人们的认知负担，易于人们学习、消化和吸收文献所传承的知识，需要将文献进行粒化，为用户提供多粒度的知识服务，从而提高知识服务的水平。

3.2 知识元理论

3.2.1 知识元理论概述

知识元的概念最早由弗拉基米尔·斯拉麦卡于20世纪70年代提出。他指出知识的控制单位应该从文献单元深入到数据、公式、事实等最小的独立"知识元"[61]。马费成指出知识的描述与组织需要从以文献为单元的物理层次向以知识单元或情报单元为单元的认知层次发展[62]。徐如镜也指出知识的组织单位一直停留在文献级别,而人们对知识的需求则需要深入到文献中的知识元层面[61]。而知识元是指知识组织的最基本单位和结构要素。具体来说,知识元是指构成知识结构的不可再分割的具有完备知识描述能力,能够进行独立知识识别、处理与组织的基本知识单位[63-67]。从知识元的内涵可以看出,知识元具有以下特征:独立性、稳定性、拓扑性、链接性和完整性等特征。独立性是指知识元可以独立表达一个完整的知识点,使得知识元可以成为一个相对独立的知识单位;稳定性是指知识元一旦产生就可以持久地存在且很少发生变化;拓扑性是指知识元具备较为完整的结构体系,可以表达完整的知识内容;链接性是指知识元之间的直接或间接关联关系,通过知识元链接可以构成更粗粒度的知识单元,实现知识的增值与创新;完整性是指知识元可以完整地表达一个知识内容,不可继续进行拆分。

依据不同的标准,知识元可以被划分为多种类型。温有奎等将知识元首先划分为两种类型——描述型知识元和过程型知识元,而后又将描述型知识元细分为数值型知识元、名词解释型知识元等,将过程型知识元细分为方法型知识元、原理型知识元、陈述型知识元等[68]。张静等把知识元划分为概念型知识元、方法型知识元、数值型知识元、原理型知识元、事实型知识元、陈述型知识元、模型型知识元等[69]。

从文献中抽取出上述类型的知识元是基于知识元的知识组织、管理与服务的基础。当前,知识元抽取的方法大致可以划分为两类:基于文本结构的抽取和基于规则的抽取。基于文本结构的抽取方法的核心思想是通过对文献物理结构的分析,识别文本的逻辑结构,从中抽取出向导信息;而后依据向导信息识别知识元的文本内容,从而达到知识元抽取的目的。基于规则的知识元抽取方法的核心思想是:首先,构建知识元提取规则;其次,依据主题词与提取规则识别知识元描述候选句;最后,将主题词及属性词作为知识元名称,将提取的主题句作为知识元描述,最终实现知识元的抽取。

为将知识元转化为便于计算机处理的形式,在知识元抽取之后,需要进一步解决知识元的描述问题。即借助框架、模型或符号等对知识元进行揭示,使得知识元形式化、模型化。常用的知识元描述方法包括基于框架的方法和基于本体的方法。基于框架的方法主要是借助框架从不同角度描述知识元。基于本体的方法主要是借助本体所揭示的术语及其关系来达到对知识元进行描述的目的。

为满足人们多粒度的知识需求,充分发挥知识元的组合特性,对知识元进行集成是必要的。知识元集成就是借助相关方法与技术及知识元链接建立知识元之间的联系的过程。

3.2.2 知识元理论述评

随着知识经济的进一步发展,人们对知识的需求已经不再局限在文献层面,而是根据特定情境下解决实际问题的需要,要求知识服务机构、人员能够提供不同粒度层次上的知识,这就需要深入文献内部,分析文献中包含的不同粒度的知识,以满足人们不同粒度层次上的知识需求。目前,知识的控制单位仍停留在以文献为单元的传统方式,然而文献只是知识的载体,而不是知识本身,这成为知识发现的瓶颈。这将直接导致以下后果:①随着知识的不断积累,客观知识总量与人的知识获取、吸收能力之间的差距将不断加剧;②随着科学技术的专业化趋势的发展,知识分裂现象不断加剧,跨学科知识传递变得越来越困难;③随着文献数量的激增,文献间存在的隐性知识关联的数量也将显著增加,以文献为单位的知识组织方式将严重阻碍这种隐性知识关联发现的进程。将知识的控制单位由文献单元深入到知识元,一方面,方便知识的查找,降低用户的认知成本,有利于提高人类对知识的利用效率,满足人们快速获取、学习相关学科知识基本内容的需求;另一方面,通过建立知识元链接,能够实现知识的增值,加快知识创造的速度。此外,以知识元为单位对数字图书馆数字资源进行存储与组织,可以大大节约存储空间,这是因为有了知识元,每篇文献都可以被划分为若干相互关联的知识元,所以,对于电子书、期刊等知识单元,就可以仅存储它们所包含的知识元链接关系,而不需要重复存储知识元内容本身。

知识元作为知识结构的基元,具有高组配性,不同的知识元可以依据各种语义关联灵活地与其他知识元进行组配,生成更粗粒度的知识单元。知识元的不同排列组合可以生成不同粒度大小的知识单元,不同的知识单元借助知识元链接又可以构成各种知识网络,通过上述分析,不难发现以知识元为基元可以针对用户需求,向其提供多粒度的知识服务,真正达到按需提供知识的目标,降低用户的认知负担。由此可见,知识元为数字图书馆多粒度集成知识服务提供了基本单元,而如何基于知识元并借助知识元链接生成各种粒度大小的知识,则是多粒度集成知识服务的关键。通过研究发现,关联数据具有语义关联与揭示功能,可以建立各种类型的知识单元之间的语义关联,由此可见,将知识元与关联数据相结合可以实现数字图书馆馆藏资源的深度整合,实现数字图书馆馆藏资源的多粒度组织并提供集成服务。

3.3 知识构建理论

3.3.1 知识构建理论概述

知识构建(knowledge architecture,KA)起源于信息构建(information architecture,IA),信息构建是知识构建的基础,而知识构建则是信息构建的进一步发展。信息构建是由美国建筑师 Richard Saul Wurman 最早提出的,他在著作 *Information Anxiety* 中指出,信息构建是指信息的组织、标引、导航和检索系统的设计,目的是帮助用户查找和管理信息。知识构建是一种更高层次的资源构建形式,它具有知识的组织、标识、导航与检索功能,是一种对知识资源进行优化组织与整合的结构体系,可以为用户提供更高层次的知识空间,以便于用户对知识的理解和吸收[70]。由知识构建的内涵可以看出,知识构建的目标从一开始就定位在知识服务之上,通过知识结构的展示与知识空间的优化最终实现知识、用户、情景的高度融合。

知识构建伴随着知识状态的转变,即知识元→知识单元→知识结构→知识空间,使得知识向着日益清晰化和可利用化递进。依据知识状态的转化,知识构建的基本流程可以概括为如下几个步骤。

1)知识元的识别与抽取

知识元的识别与抽取是实现知识构建的首要环节。知识元是知识结构的最小独立知识单元,而文献作为知识记录的载体则是由各种相互独立的知识元按照某种逻辑关系组织排列而成。由此可见,若要基于客观知识结构构建系统完整的关联知识组织体系,实现网络式知识构建首要的任务就是从文献中识别、抽取这些知识元,为知识构建奠定基础,提供知识构建的最小基元。

2)知识单元的生成

知识单元是知识构建的基本对象。文献作为知识的载体是有形的物理单元,知识单元是来源于文献单元的知识内容单元。也就是说,知识单元是由知识元、知识元之间的逻辑关系构成的。知识构建的目标是将知识服务从提供知识载体发展为提供知识内容本身,使知识管理的对象从文献单元深入到知识单元。由此可见,在识别出文献中的知识元之后,接下来就是依据文献内容所揭示的知识元之间的逻辑依存关系,生成更粗粒度的知识单元,为知识构建的知识组织系统提供基本对象。

3)知识结构识别

知识结构识别的主要任务是通过对知识元、知识单元的语义标引,识别知识元之间、知识元与知识单元之间以及知识单元之间的语义关联,建立知识体系的有序结构模式,即知识结构。知识结构是知识组织系统进行知识组织与知识服务的重要途径。

4)知识空间构建

知识空间构建的主要工作是将知识系统的知识结构及其构成元素(知识元、知识单元)以科学的或艺术的方式在特定的空间中展示给用户。知识空间构建的目标是通过将知识在知识空间中合理布局,建立知识的空间存取秩序,从而改善知识发现和获取的效率与效果。

3.3.2 知识构建理论述评

从知识构建的基本理论可以看出，知识元是知识构建的基元，知识构建是通过对知识元的多粒度组织、标引，生成知识结构，并在特定的空间加以展示，以提供知识导航与检索功能的知识管理活动。在基于知识元的知识构建方式中，知识元链接是知识构建的枢纽，它揭示了知识元之间的语义关系。同时，知识元链接使得知识构建由等级层级式向网络式发展成为可能。也就是说，知识构建就是基于知识元、知识元链接为用户构建一个清晰、易于理解的知识空间的过程，最终向用户提供一个结构优良、布局合理的知识生态环境。综上可知，知识构建重视知识组织的单位由文献向知识元的转化；重视知识元链接的识别，以便基于知识元链接构建更粗粒度的知识单元；重视知识网络的构建、知识结构的分类、知识元数据库的建设，以便生成一个优良的知识结构。对于数字图书馆来说，若要实现面向用户的多粒度集成知识服务，可以借助知识构建的基本思想。首先，识别文献中最小的独立的知识元；其次，通过知识元链接形成更粗粒度的知识单元，即知识单元={知识元 1，知识元 2，…，知识元 n}；然后，知识单元按照某种方式序化，形成知识系统，即知识系统={知识单元 1，知识单元 2，…，知识单元 n}；最后，将知识系统的结构以某种科学的、艺术的方式在特定的知识空间中展示给用户，以提供给用户一个良好的知识生态环境。由此可见，知识元是组成人类知识系统的基元。基于知识元的知识构建，既遵循人类认知的基本规律，又符合知识检索的基本要求，是实现多粒度集成知识服务的重要保障。

3.4 知识基因理论

3.4.1 知识基因理论概述

知识服务有很多方面需要向生物学、医学等学科学习，这些学科能够从细胞层次逐步上升到生物个体层次对人体的构成、运转、器官之间的相互协调进行剖析和研究，同理，知识服务也应该能够识别知识的基元，并从知识基元出发，解析知识的构成、相互关联机制、进化机制等，从而为知识服务提供理论、方法与技术的支撑。事实上，知识的产生、发展同生物体的进化有着惊人的相似之处[71]，因此，从生物学、医学的角度出发探析知识的本质与演化过程，将会为知识服务提供重要的启发。为此，"思想模因"的观点被提出来，"思想模因"是指能够从一个人的头脑中传播到另一个人的头脑中的事物。后来，"思想模因"的观点与知识进化论相结合,发展成为知识基因理论,为此,"思想模因"理论也就成为知识基因理论的起源。

知识基因理论认为知识基因是知识继承与发展的最小功能单元[72]。知识基因具有的功能特征包括稳定性、遗传性、变异性与定向控制知识进化等。知识基因的这些功能特性是相互关联、相互影响和相互作用的,它们是一个完整的不可分割的体系。其中,知识基因的稳定性是知识遗传的必要保障,知识基因的遗传性是知识基因持久存在的根本,知识基因的变异性则是知识基因衍生的来源,知识基因的统摄力则控制着知识的走向。然而,知识基因上述功能的实现必须依附于更大的知识机体才能实现,该知识机体便是由一个或多个知识基因的相互关联而构成的"知识DNA(脱氧核糖核酸,deoxyribonucleic acid)",如公式、法则、定理等知识大分子[73]。而一条或多条知识DNA与其适用的范围、环境和条件等共同构成了揭示相关原理的"知识细胞",如科学体系中的理论、学说、主义等。在知识细胞中,知识DNA是细胞核,它是知识细胞的基础部分;而任何理论都有其特定的适用范围、限制条件等,离开了这些必要条件,科学理论也就无效了,因此,知识细胞的外部适用范围、环境和限制条件是细胞质,它是知识细胞的辅助部分。最后,若干个"知识细胞"相互有机结合形成的知识网络便成为某个学科的知识体系,即知识器官。

知识基因理论的研究对象主要是知识基因遗传与变异现象,该理论主要是从知识基因遗传与变异的角度来探索知识的创建、增长、演化的,它揭示了知识继承和发展的基本规律,探索了知识生产、传播与交流的过程,从而可以指导人们有效地利用知识单元。知识基因的遗传主要是通过知识的学习来完成的,而知识的变异则源自知识的实践应用。人们在知识的实践应用过程中,伴随着知识基因的分离、重组、突变、杂交等知识创新过程。人们通过实践活动对知识基因进行加工改造,形成知识变异体。新的知识变异体又会接受知识优胜劣汰的自然选择法则的考验。最后,得到人们广泛认可的知识便成为新的知识基因,完成知识的进化。

依据知识基因的不同功能,可以将其划分为五个类别:客体基因、关系基因、方法基因、范式基因和学科基因。其中,客体基因、关系基因、方法基因为单基因。范式基因和学科基因为复合基因。客体基因包括物质、运动、能量、信息、空间和时间等。关系基因包括因果关系、整部关系、共性关系和相似关系。方法基因包括哲学方法、普适的科学方法和图书的专门方法。范式基因包括认知图示和思维范式。学科基因包括13个一级学科。而范式基因作为复合基因,是由客体基因、关系基因、方法基因凝聚起来的,是复合基因。学科基因是以范式基因为基础,由客体基因、关系基因、方法基因有机聚合而成的,因此也是一种复合基因。

3.4.2 知识基因理论述评

从上述论述不难发现，知识基因作为最小功能单位，就知识进化功能而言，是不能再分的、独立的知识单元，其实质是最小的、控制完备知识表达的、结构和功能的基本单位，特定的知识基因首先应能完整表达特定的知识内容。就知识基因的结构而言，知识基因可以继续分解为更小的单元，但在完整表达知识内容方面不可再分。如基因可以再划分为其基本单位"脱氧核苷酸"，但"脱氧核苷酸"在功能上不能决定人的性状，同理，知识基因在结构上可以继续细分为更小的语义单位，但是这些语义单位自身不能完整表达知识的内容。即知识基因主要是从知识遗传和知识变异的角度出发，而知识元则是从知识的量化角度出发。知识基因与知识元虽然分别从不同的角度对知识结构进行了解析，但就构成知识的最小完备知识单位来讲，具有一定的统一性。知识基因与知识元存在交叉，只有具有稳定性、遗传性、变异性、统摄性的知识元才可以成为知识基因。知识基因理论在知识服务方面的价值在于：基于知识基因理论，人们就可以从知识基因开始，按照知识基因进化图谱重新构建知识分类体系，识别出文献中的知识基因，依据知识进化方式进行聚类，编制新型的基于知识基因的索引，实现对知识的多粒度组织与服务。

但是，需要指出的是，由于知识基因具有无形性和作用效果的间接性等特征，当前对知识基因的研究一直停留在对知识基因的载体（如学术论文、图书、科技产品、专利文献等）的研究之上，一般采取的是间接研究的方式。

3.5 意义构建理论

3.5.1 意义构建理论概述

意义构建理论始于 20 世纪 60 年代，是一种以传播学、构建主义等理论为基础，以本体论与认识论为核心的理论方法。经过多年的发展，意义构建理论的内涵不断丰富，并被广泛应用到众多领域。其中，比较有代表性的便是以用户为中心的意义构建理论，该理论是 Dervin 在 Dewey[74]、Taylor[75]、Artandi[76]等的研究基础上，于 1972 年提出的[77]。意义构建理论认为，人类的认知学习实质上是人类通过与外部环境不断的交互主动构建内部认知结果的过程。也就是说，知识是通过意义的构建来获得的。意义是指知识之间的、非任意的实质上的联系，即意义在本质上来说就是联系，这种联系是客观知识与人的已有主观认知结构的关联。因此，意义构建就是将人的已有认知结构与知识之间建立联系，在本质上就是关联的构建。意义构建包括纵向的意义构建和横向的意义构建。横向的意义构建主要是指人的认知结构与知识之间联系的建立；纵向的意义构建则是指人的认知结构中联系的自上而下的细化与自下而上的抽象[78]。具体来说，意义构建包含以下基本属性。

（1）自主构建。意义构建理论认为，人的认知学习过程并不是被动地接受知识的过程，而是完成意义构建的过程。在该过程中，认知者本人作为主体在进行意义构建，也就是说，认知者以自己原有的认知结构为基础，对新的知识进行编码，构建自己的理解，形成自己的认知结构[79]。由此可见，自主构建作为意义构建过程的主体性规定是意义构建理论最核心的规定。

（2）情境创设。人的知识查询与使用行为是在特定的时空中发生的，由此可见情境对于人的认知来说具有重要的意义。意义构建理论也将情境放在非常重要的位置，情境在意义构建中具有三个层次上的含义：首先，同一知识对于同一个人来说，在不同的情境中具有不同的意义；其次，在相同的情境中，不同的人对同一知识会形成不同的理解；最后，知识的接受者所理解的知识内涵与知识生产者的本意并不完全相同。由此可见，意义构建是在一定的情境中进行的，脱离特定的情境，意义构建也就成为"空中楼阁"[80]。

（3）协作会话。协作会话发生在意义构建过程的始终，协作会话在知识的搜集、分析、假设的提出与验证、评价等环节都具有非常重要的意义。协作会话使得每个个体的认知结果能够在整个群体中进行有效共享，由此可见，协作会话是实现意义构建的重要途径[81]。

意义构建理论发展至今，主要有四种模型的表达方式：三角模型、四要素模型、隐喻模型和情境中的意义构建模型。

（1）三角模型。意义构建理论最开始表现为由情境、鸿沟和使用构成的三角模型，如图3-3所示。其中，"情境"是指个体进行意义构建的时间和空间背景；"鸿沟"是指为解决实践中遇到的问题，个体所需要进一步补充的知识，即由于知识的不连续性所形成的理解差距；"使用"是指个体通过将知识与自身的认知结构相融合所构建的新的意义。

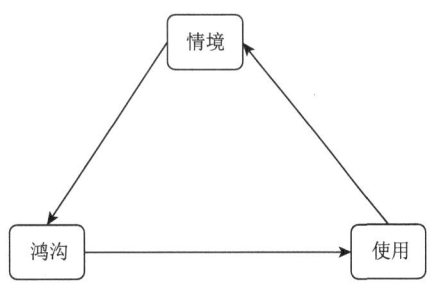

图3-3 意义构建理论三角模型

（2）四要素模型。由意义构建理论的三角模型可以看出，在情境和使用之间存在一个为解决特定情境下的实践问题必须跨越的鸿沟。为了跨越该鸿沟，就需要一个满足个体知识需求的桥梁或中介，据此，也就形成了由情境、鸿沟、桥梁和使用构成的意义构建理论的四要素模型，如图3-4所示。

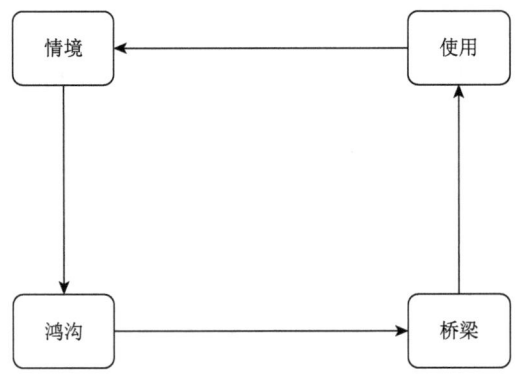

图 3-4　意义构建理论四要素模型

（3）隐喻模型。为便于人们理解意义构建的过程，Dervin 提出了意义构建理论的隐喻模型，如图 3-5 所示。从图 3-5 可以看出，人的意义构建过程正如个体在认知的道路上前行，个体在某一特定情境下，由于自身的认知缺乏，形成了不可跨越的认知鸿沟，个体为了继续行进，就需要借助一座桥梁来跨越鸿沟，即完善自身的认知结构，从而达到问题解决的目的。

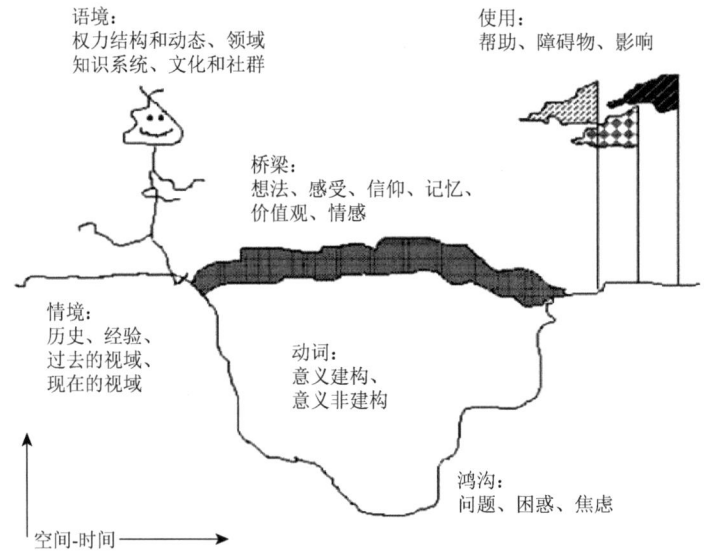

图 3-5　意义构建理论隐喻模型[82]

（4）情境中的意义构建模型。Kari[83]认为无论三角模型、四要素模型还是隐喻模型在逻辑上都具有一定的缺陷，这是因为这些模型都没有区分各元素的权重，它们都认为每个元素在模型中具有相同的重要性，但是情境相对于其他三个要素而言，重要性是不完全相同的，情境不只是简单地存在于意义构建之前，而是整个意义构建过程都发生在情境之中。鉴于上述分析，Kari 提出了情境中的意义构建模型，如图 3-6 所示。

3.5.2 意义构建理论述评

综上，由意义构建的基本理论可以看出，人类在解决学习、工作和生活中遇到的问题时，首先是获得与自己认知结构相

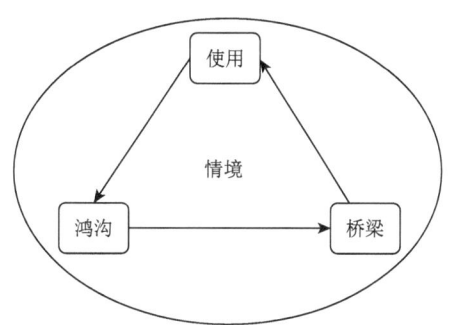

图 3-6 情境中的意义构建模型

匹配的知识内容，即查找与自身所掌握的知识相关的有意义的知识；然后，将这些知识与自身认知结构相关联，建立新的认知结构，进行意义构建；最后，在新的认知结构的指导下，使用这些知识去解决自己所遇到的问题。上述过程可能是多次螺旋上升的过程，人们需要不断优化自己的认知结构，进行意义构建，直到问题解决为止。由此可见，用户知识的查询与使用行为本质上是一种意义构建的过程。一方面，知识的查询与使用行为不是将现成的知识装进自己的脑袋之中，而是个体用户根据自己已有的认知结构，将获得的知识进行塑造的过程。在该过程中，所需知识内容的多少或者知识粒度的大小与人类已有的认知结构（或知识结构，即前期知识基础）负相关，也就是说，针对某个实践问题，人的认知结构与其越匹配，前期知识准备越充分，所需补充的知识内容越少，即所需知识的粒度越小，反之，则所需补充的知识粒度就越大，需要补充更多的知识内容。因此，为满足人类多种多样的知识需求，数字图书馆应该针对具备不同认知结构的用户提供不同粒度的知识服务，而不只是以文献为单位的粗粒度的知识服务，造成知识服务的过载或冗余。另一方面，知识的查询与使用是一个高度情境化的个体行为，它依赖于个体在特定时间和空间中遇到的知识鸿沟的类型。情境在一定程度上决定着知识鸿沟的大小与类型，决定着用户所需知识内容的类型和知识粒度的大小。

由此可见，为帮助用户跨越在特定情境中的知识鸿沟，解决实践中遇到的各种问题，数字图书馆需要依据每个用户的认知结构和他们所处的情景，为它们提供有针对性的个性化的多粒度集成知识服务。为达到这个目标，依据意义构建的基本理论，数字图书馆应该在把握用户已有的认知结构、了解他们当前的知识状况、分析他们所处的外部情境的基础上，明确用户为跨越鸿沟所需知识的类型和粒度大小，从而有针对性地向用户提供多粒度的知识服务，满足他们在不同情境下的不同类型的知识需求。

第4章　数字图书馆多粒度集成知识服务的方法论

4.1　多粒度集成知识服务的基本概念

4.1.1　知识粒

知识粒是指由不可区分、相似性、近似性的知识元素构成的集合，是对知识进行划分的结果。知识粒有粗有细，一个较粗的知识粒中的知识元素可以是更细粒度的知识粒，同时，该知识粒也可以是另一个更粗粒度的知识粒中的一个元素。知识粒的粗细可以用知识粒度来度量。最粗粒度的知识粒是人类全部知识的总和，最细粒度的知识粒是组成知识的基元，即"知识元"。

知识粒具有三个基本属性：①内部属性，该属性反映了构成知识粒的知识元素之间的交互作用，是对该知识粒内部包含的知识元素之间内部关联的描述；②外部属性，该属性揭示了一个知识粒与其他知识粒之间的相互作用，是对该知识粒与其他知识粒之间关系的描述；③情景属性，该属性反映了一个知识粒在特定语义情境下的上下文属性，是对外部情境关联的描述。

4.1.2　知识粒度结构

知识粒度结构是指对知识粒的一种结构化描述方式，由知识粒、知识层和分层结构组成，知识粒度结构给出了一个结构化的、系统化的知识描述。具体包括三个层次的结构：①知识粒的内部结构，是指构成知识粒的知识元素之间的相互关系；②知识粒的层次结构，是指构成知识粒的不同层次之间知识元素的隶属关系，知识粒的层由构成知识粒的同样大小或同样性质的知识元素组成，不同的层可以借助粒度组织起来，从而形成一个多层次的粒结构，在知识粒的层次结构中，每一层次由多个相互关联的知识元素构成，不同的层由不同粒度和尺度来描述；③全知识粒空间的整体结构，所有知识粒的层之间的相互关联就构成了全知识粒空间的整体结构，全知识粒空间的整体结构可以看作整个知识粒层结构，该结构将知识粒有序地组织起来，形成一个较为简单的多层次的结构体系。知识粒度的多层次结构是对知识的复杂网络结构的一种简化，是人们简化知识理解、组织、管理和提供知识服务的一种有效方法。在知识粒度结构中，不同的粒度层次使得人们对知识有多层次理解。

4.1.3 知识粒化

知识粒化是指将知识从高层粗粒度的知识向低层细粒度的知识进行转化的过程。知识的粒化在本质上就是依据知识粒化的准则对知识进行划分，每一个知识粒层都是由许多相似的知识粒构成的。一个知识粒化准则对应一个知识粒层，不同的知识粒化准则对应不同的知识粒层，进而获得由所有知识粒层构成的知识粒的分层结构。

知识粒化涉及的内容包括知识粒化准则、知识粒化方法、知识粒和知识粒度结构表示、知识粒和知识粒度结构定性与定量描述等。知识粒化准则的基本要求是，通过知识粒化所获得的细粒度的知识粒能够帮助人们更深入地了解知识内容的本质，并去掉影响人们认知的无关细节，达到降低知识复杂度的目的。知识粒化的方法有两种：一种是自顶向下通过逐级分解将粗粒度的知识划分为更加细粒度的知识；另一种是自底向上通过采用关联组合或聚类等方式将细粒度的知识合成更加粗粒度的知识。

4.1.4 多粒度集成知识服务

多粒度集成知识服务是指在对知识进行多粒度划分、关联组织的基础上，依据人们的多粒度知识需求向其有针对性地提供特定粒度的知识的过程，其目的是减轻人们的认知负担，实现一站式的"检索即所得"的真正意义上的完全个性化的知识服务。多粒度集成知识服务的本质在于实现知识的按需提供。

多粒度集成知识服务的前提是实现人类知识的多粒度划分与关联组织，涉及的具体内容包括知识粒化、知识粒结构构建、多粒度知识关联、多粒度知识组织与索引等。知识粒化的主要任务是实现对文献中包含的知识的多粒度层次分割；知识粒结构构建的主要任务是实现知识粒的多层次语义关联；多粒度知识关联的主要任务是实现不同知识粒结构中的知识粒之间的语义关联；多粒度知识组织与索引的主要功能是实现知识的多粒度语义索引的构建。

多粒度集成知识服务的功能是实现知识的多粒度提供，涉及的具体内容包括用户多粒度知识需求挖掘、用户情景识别、多粒度知识浏览与检索、多粒度知识推荐等。其中，用户多粒度知识需求挖掘主要是通过对用户认知结构的识别达到真实了解用户多粒度知识需求的目的；用户情景识别主要是通过对用户所处的自然情景与社会情景的把握，分析与用户需求最匹配的知识内容；多粒度知识浏览与检索主要是在解析用户检索策略的基础上向用户提供满足其需求的知识内容；

多粒度知识推荐主要是在对用户多粒度知识需求及其所需情景的分析的基础上向用户主动推送相关知识内容。

4.2 多粒度集成知识服务的基本原则

多粒度集成知识服务需要考虑以下两个问题：知识的多粒度结构生成、基于知识多粒度结构的服务。对于这些任务，多粒度集成知识服务需要一系列相互关联、相互支持的原则作为支撑。这些原则可以细分为两类：多粒度知识组织原则和多粒度知识提供原则。

4.2.1 多粒度知识组织原则

多粒度知识组织原则主要是用来构造多粒度知识结构的，从而为多粒度知识服务提供基础。多粒度知识结构构建是一个循环地运用粒化原则、合成原则、分层原则等螺旋上升的过程。

1）粒化原则

知识粒化是多粒度集成知识服务最基本的操作，可以根据知识的内在逻辑及关联进行粒化。知识粒化的结果是使得同一粒度的知识具有高度的耦合性，而不同粒度的知识之间具有相对的独立性。这种尽可能增加同一知识粒的耦合性，减少不同知识粒之间的关联程度的原则便是知识粒化的基本原则。该原则体现了还原论的基本思想。

2）合成原则

知识合成是多粒度集成知识服务的另一个基本操作。通过细粒度知识的合成可以得到更粗粒度的知识。不同的合成原则可能会得到不同的结果，多粒度知识的合成原则要求知识粒之间的关联性，又要保证合成后知识粒的独特性质。由此可见，合成原则体现了系统论的基本思想。

3）分层原则

多粒度集成知识服务的主要思想是基于知识的多粒度结构的多粒度知识提供。分层原则强调将一个粗粒度知识逐层分解为多个细粒度的知识，以此实现多粒度集成知识服务。根据知识粒度的大小，不同粒度的知识体现为不同的抽象程度、不同的复杂程度、不同的细节程度和不同的控制程度等。

4.2.2 多粒度知识提供原则

多粒度知识提供涉及两个基本过程：一是在多粒度知识结构中定位最能满

足用户需求的知识层；二是在层中找出最能满足用户需求的知识粒。其中，第一个过程需要遵循桥梁原则和最优层原则，第二个过程则需要遵循聚焦原则和取舍原则。

1）桥梁原则

在多粒度知识结构中，每个层都不是孤立存在的，层与层之间是通过某种性质（即桥梁）链接起来的，在进行不同层次的知识粒的变换时，桥梁原则可以保证转换的正确性和有效性。

2）最优层原则

不同层次上的知识粒对知识描述的精确度是不一样的，针对不同的用户，需要选择最优的层次。对于一般用户来说，如果知识的粒度太小，则会使用户淹没在细节之中，看不到总体，而对于专业用户来说，如果粒度过大，则可能使得用户观察不到所需要的知识的细节。由此可见，最优层原则在于寻求最能满足用户需求的最优层。

3）聚焦原则

在多粒度知识结构的某一具体层次上满足用户的知识需求时，需要遵循聚焦原则，该原则要求将查找用户所需知识的行为聚焦在该层上，而不受其他层次的干扰，只有这样才能更有效地定位到最能满足用户知识需求的知识粒。

4）取舍原则

在多粒度知识结构中，对知识的描述在不同层次上的精确度是不一样的，高层次通常由较少的粗粒度知识粒组成，因此，可以较为快速地找到与用户需求相关的知识，但知识粒度过大、不精确，用户需要进一步过滤自己所需的知识。而低层次通常包含大量的细粒度知识，可以获得更为精确的知识，但查找的代价较高。取舍原则就是要平衡精度与代价之间的关系。

4.3 多粒度集成知识服务的基本策略

知识是认知之本，认知是知识之魂，认知是人类运用已有的知识去分析、思考并获得新知识的过程。因此，与数字图书馆用户知识需求相关的先验知识（即存在于用户头脑中的认知结构）是他们进行知识获取的基础，也是数字图书馆提供知识服务的依据。为此，多粒度集成知识服务若要准确满足用户的知识需求，就需要依据用户的先验知识向其提供粒度大小相匹配的知识单元，这样，用户才能有效获得有用的知识。根据用户先验知识的不同，基于多粒度知识组织结构，本书提出了三种基于序关系的多粒度知识服务策略，即自顶向下、自底向上、自中向外。它们是数字图书馆多粒度集成知识服务的三种方法。

4.3.1 自顶向下

自顶向下的数字图书馆多粒度集成知识服务策略是从粗粒度的知识服务开始，首先反馈给用户较粗粒度的知识，帮助用户了解知识的全貌，然后自顶向下地将知识服务的粒度逐步细化为更小的知识粒度，帮助用户把握知识的细节过程。自顶向下的数字图书馆多粒度集成知识服务策略是还原论的具体实现，通过知识粒化，一个较大的知识粒度被逐级分解为若干较小的知识粒。这种知识服务策略的好处在于，它能够使得用户首先对知识有一个比较全面的整体认知，而后在高层粗粒度知识的指导下，逐步由表及里、由浅入深地理解和把握细粒度知识，最终，达到对知识进行全面深入认知的目的，这也符合人们的一般认知过程。由此可见，自顶向下的数字图书馆多粒度集成知识服务策略适用于用户一开始对整体有一定认知，然而对局部缺乏了解的情况。

4.3.2 自底向上

自底向上的多粒度集成知识服务策略与自顶向下的多粒度集成知识服务策略相反，该策略从细粒度的知识服务开始，首先将细粒度的知识反馈给用户，让用户了解局部的知识内容，由部分到整体，自底向上地将知识服务的粒度逐步泛化为更粗的知识粒度的过程。自底向上的多粒度集成知识服务策略采用的是系统论的基本理论，是综合思维的具体实现，通过自底向上的多粒度集成知识服务策略，用户可以在对很多细粒度知识的理解的基础上，将其整合为更高层次上的粗粒度知识，进而达到对知识整体的认知。这样，可以通过对很多细粒度知识的认知，自底向上不断合成，实现对整个知识的理解。这种自底向上的数字图书馆多粒度集成知识服务策略比较适用于处于知识探索阶段的用户。由于处于这个阶段的用户，没有对知识的整体认知，自底向上的多粒度集成知识服务策略可以帮助用户由对局部的认知上升到对知识整体的把握。

4.3.3 自中向外

自中向外的多粒度集成知识服务策略是指自中间某个粒度层次的知识粒开始，基于相邻层之间的关系，对知识服务的粒度进行向上泛化的粗粒度知识的提供或向下细化为更小的知识服务粒度的过程。自中向外的数字图书馆多粒度集成知识服务的策略是综合采用还原论和系统论的思想，通过对知识粒度的细化和泛化达到对知识整体进行认知的目的。这种自中向外的知识服务策略比较适合于对知识整体的认知不完备的用户。由于用户对知识整体的认知不全面，因此就无法采用自顶向下的多粒度集成知识服务策略，又由于具备一定的对知识整体上的认知，因此也不宜采用自底向上的多粒度集成知识服务的策略。然而，由于这类用户对中间某个粒度层次上的知识认知比较深刻，因此就可以从该中间知识粒度开始，采用自中向外的数字图书馆多粒度集成知识服务策略，最终帮助用户实现对整个知识体系的认知。

综上可知，在数字图书馆多粒度集成知识服务的过程中，对于不同类型的用户需要采用不同的多粒度集成知识服务策略。对于处于探索阶段的数字图书馆用户来说，由于缺乏相应的先验知识，自底向上的多粒度集成知识服务策略较为有效；对于一般的数字图书馆用户来说，由于通常具备某个层次的先验知识，因此采取自中向外的多粒度集成知识服务策略更为适用；对于处于深入研究阶段的数字图书馆用户来说，由于他们具有较为全面的先验知识，需要进一步学习，因此，采用自顶向下的多粒度集成知识服务策略更为合适。

第 5 章　数字图书馆多粒度集成知识服务的技术基础

5.1　文本分割技术

一般来说，一篇文献中往往会涉及多个主题或者同一主题的多个方面。当今，随着互联网的高速发展，电子信息资源快速膨胀，基于关键词的检索方式通常以文献为单位将相关的知识内容反馈给用户，然而用户很少有耐心或者时间去读完整篇文献来确定所检索出来的知识内容是否为自己所需要的。因此，为了节约用户在大量数据资源中查找自己所需要的知识内容的时间，提高检索效率，可以结合文本分割技术对现有文献进行主题分割，以知识点作为基本单元，在文本中自动识别具有独立意义的语义单元，并标记分割边界。这样用户就可以在检索过程中准确地知道其感兴趣的内容，不需要花费时间去阅读全文。随着多媒体数据的广泛使用，新闻流方面的分割也开始被重视，以及随着具有层次结构的数字图书馆的连贯文本的增多，前者进行线性分割，后者则比较倾向层级分割，因此文本分割可以分为线性分割和层级分割。

5.1.1　线性分割

1. 基于词汇聚集的文本分割技术

基于词汇聚集的文本分割技术的主要思想源于 Halliday 和 Hasan 的研究[84]。具体来说，基于词汇聚集的文本分割技术的核心思想是：由于基于词汇的重复、相似或者关联计算词汇的聚集的密度，同一主题内的词汇聚集的密度会明显大于不同主题边界的词汇聚集的密度，因此可以依据词汇的聚集密度进行文献的主题分割。以下介绍几种比较典型的基于词汇聚集的文本主题分割算法。

1）词汇链算法

词汇链算法是由 Morris 和 Hirst 提出的，他们利用 LCR（lexical cohesion relation）技术建立词汇链，其中词汇链是指在一个文档的主题下，具有相关联系的词语组成的词系列[85]。其算法原理是：在文档中的某个主题下的相关词语形成一条词汇链。在一个语言片段内，词汇链就可以视为标志性主题词语链，不同的词语链就对应了不同的语义段落。因此，词汇链一旦确定下来，文章的结构也就确定下来了。

其算法的流程主要包括以下几个步骤：首先，对文本进行预处理，采用分词技术对文本进行分词，并根据停用词表排除停用词，为生成词汇链做准备。对于被分隔开的专业词语，要根据专业词典对这些专业词进行合并。其次，提取文本篇章的结构，进而实现文本结构化，在提取方法上，可以参考单永明[86]所提出的汉语文本形式结构分析及其标引算法。然后，构建词汇链则需要根据词义相关度的阈值来判定，阈值越高，词汇链的数目就会越多，每个链中的词的数目会较少；相反，阈值越低，词汇链的数目相对减少，每个链中的词的数目会很多。其中，阈值的计算公式为 $s-\sigma/2$（其中，s 表示深度值序列的平均值，σ 表示标准方差）。因此，一般在对文本进行主题分割时，要事先规定词汇链的最大长度。最后，抽取主题词，找出权重最大的词语。根据一个词语在文本中出现频率的高低来判定，出现频率较高的词语往往就越重要。但是，如果一个词语在每一篇的文章汇总中出现的频率都极高，那么它的代表性就会非常低。因此，可以根据词汇链的分布位置来对文档进行分割，确定边界。

2）tf.idf 算法

tf.idf 算法基于词的重复，其中也包含同义词以及意思相近的词的使用，是一种常用于信息检索中的词条权值计算方法。其基本算法就是：能够反映主题的词汇在当前文本中出现的频率比较高，在整个文本中出现的频率相对较低。tf.idf 算法是根据文档中单词出现的频率及其在文档集合中的分布来评估文档中单词的重要性的。其定义形式如公式（5-1）所示：

$$\text{tf.idf}(w,d) = \frac{\text{tf}(w;d)}{|d|} \times \ln\frac{N}{\text{df}(w)} \tag{5-1}$$

其中，w 表示一个单词；d 表示一个文档；$\text{tf}(w;d)$ 表示在文档 d 中单词 w 出现的次数；$|d|$ 表示 d 中单词的总数量；$\text{df}(w)$ 表示单词 w 出现的文档数量；N 表示文档集合的大小。

由于在对文献进行主题分割时，是在一篇文献内部识别出论述不同主题的文本块，因此，在借助 tf.idf 算法进行文本主题分割时，需要对 tf.idf 的计算方法进行修正。具体来说，在进行文献主题分割时，同一个词的 tf.idf 的值则是通过 f/F 计算得到的，其中 f 为该词在当前文本块中出现的频率，F 为该词在当前整个文本中出现的总频率[87]。

基于 tf.idf 的文献主题分割包含以下几个步骤：首先，对文本进行预处理，通过分词软件进行关键词抽取，选择字、词或者词组构建文本块的特征向量；然后，通过 tf.idf 算法计算文本块特征向量中的关键词权值，并将得到的关键词权值分别作为特征向量模型中的元素值和马尔可夫模型的节点权值，在向量空间模型中采用余弦相似度法得到文本块的基础相似度，通过马尔可夫模型识别文本关键词之间的关联性，得到文本块之间的语义相似度，将基础相似度和语义相似度结合，就得到文本之间的总体相似度；最后，采用贝叶斯算法对文本进行分割。

3）Dotplotting 算法

Dotplotting 算法是由 Reynar 提出的一种基于词重复的识别主题边界的算法[88, 89]。此算法主要是将词汇在文本出现的位置映射到二维空间向量中，Reynar 认为重复出现的词汇会在同一主题区域中，因此，在二维向量空间中，密度大的区域可以看成一个主题，而密度较小的区域则视为边界。其密度函数如式（5-2）所示：

$$f_M = \sum_{j=2}^{|P|} \frac{V_{P_{j-1}P_j} \cdot V_{P_j P_{j+1}}}{(P_j - P_{j-1})(P_{j+1} - P_j)} \tag{5-2}$$

其中，V_{xy} 表示第 x 个词至第 y 个词组成的文本片段的词频向量；$|P|$ 表示文本中语义段落的数量；P_j 表示第 j 个语义段落的位置。该公式表示计算分割后的相邻两个语义段落 $[P_{j-1}, P_j]$ 和 $[P_j, P_{j+1}]$ 的词汇重复情况，以此来评价分割结果的优劣。

4）词汇集聚图方法

Kozima 对于如何测量词汇紧凑度提出了一种词汇集聚图的文本线性分割方法[90]。词汇集聚是指通过链接、语义联系等手段，将文本中存在语义联系的词组合成为表达一定含义的整体的方法。因此，词汇的相似度计算公式如式（5-3）所示：

$$c(S_i) = \sum_{w \in S_i} s(w) \cdot \alpha(P(S_i), w) \tag{5-3}$$

其中，S_i 表示固定长度窗口内的词汇；$s(w)$ 表示词语 w 的权重；$\alpha(P(S_i), w)$ 表示词汇 w 在激活模式 $P(S_i)$ 下的激活值，即 $P(S_i) = s(w)^{2/\sum_{w \in S_i} s(w)}$。

根据一个移动窗口在文本上移动时所记录的词汇聚集性，可以得出词汇集聚图，那么在图中所绘制的平滑曲线的波谷对应的就是主题分割的边界。

5）基于 TextTiling 的文本分割技术

TextTiling（简称 TT）算法由 Hearst 提出[91, 92]，主要基于以词汇链为基础的文本分割技术，能够自动地将文本中不同的子话题分割成若干个段落，主要是对文档进行线性分割[93]。其算法主要分为以下三个部分。

（1）对文本进行单位长度计算。首先使用分词技术对文档进行分词处理，然后使用停用词表将文档中的常用词过滤掉，由于英文词汇之间是用空格区分的，因此，英文文档不需要进行分词处理，同时将标点过滤掉，最后将文档划分成有相同数目词汇的单位。使用停用词表主要是为了防止分割系统受到这些无关的词汇的影响，使分割过程中对词汇更加敏感。设定将分割后的 20 个词汇重新组成一个句子，这样处理可以在进行相似度计算时保证间隔点两端的文档包含相同的信息量，其间隔点为潜在的分割点。

（2）进行相似度计算。相似度计算主要是计算间隔点前后的各 K 个句子的相似性。这些句子组成一个块，每一个块的大小为 blocksize，因此 K 个句子包含的词汇数量有 blocksize×tokensize，其中 tokensize 是文档中段落的平均长度，blocksize 的值则根据不同的文档进行设定，在 Hearst 的实验中，blocksize 的值设定为 6，会使得分割系统的性能较好。即 6 条句子组成一个块，两个块构成一个窗口，计算两个块之间的相似度，就可以获得窗口中间隔点的相似度，然后使窗口滑动到下一个句子，计算新组合中的窗口中的两个块的相似度，即下一个间隔点的相似度。因此，这样的窗口在整个文档中移动，就可以得出每个间隔点的相似度值。相似度值的计算公式如式（5-4）所示：

$$\text{sim}(b_1, b_2) = \frac{\sum_t w_{tb_1} w_{tb_2}}{\sum_t w_{tb_1}^2 \sum_t w_{tb_2}^2} \tag{5-4}$$

其中，t 表示窗口中的词语；w_{tb_1} 表示在块 b_1 中 t 所占的权重，即词语在块中出现的频率。公式的取值范围为[0, 1]，如果两个块中有很多重复的词语，则说明两个块的相似度非常高。根据上面的公式，以间隔点为横坐标，相似性值为纵坐标，绘制图像。进行分割点选择时，对绘制的曲线进行平滑处理。对于间隔点 g 处的相似度值，在 $w+1$ 的窗口中，将间隔点左右两边的 $w/2$ 个相似度值分别累加，两个累加值加上 g 处的相似度值，计算出平均值 g'代替原先间隔点 g 处的相似度值。

（3）对分割点进行选择。如图 5-1 所示，对于间隔点 g_2，向左找到第一个最小值 g_1，计算 g_1、g_2 的相似度值之间的差，设为 d_1；同理，向右找到第一个最大值 g_3，计算 g_2、g_3 相似度值之间的差，设为 d_2，d_1 和 d_2 的绝对值之和即间隔点 g_2 的深度值。通过这种计算，可以得出每一个潜在点所对应的深度值，对于 g_3 而言，由于它是局部最大值，其深度值为 0。由此可见，深度值越大，两侧的文档差异越大，进而潜在的分割点成为分割点的可能性就会越大。在选择分割点方面还要遵循以下原则：第一，防止两个相邻的分割点距离太近，避免一句话被分割系统自动识别为一个不同的子话题，应该要求两个分割点之间至少有三个句子。第二，如图 5-1 中 g_1 的情况，一侧上升，另一侧下降，且 g_1 与 g_2 间隔不大，那么 g_2 通常会被相邻的最低点 g_1 所代替，成为分割点，如果间隔很大，那么分割点一般会选在 g_1 与 g_2 之间。第三，根据深度值参数来确定分割点，即如果间隔点的深度值大于 $s-\sigma/2$，那么该点就视为分割点（其中，s 表示深度值序列的平均值，σ 表示标准方差）。

6）基于动态规划的文本分割技术

动态规划[94]是一种全局优化方法，通过把原问题转化为一系列结构相似的子问题，然后高效地找到目标函数的全局最优解[95]。

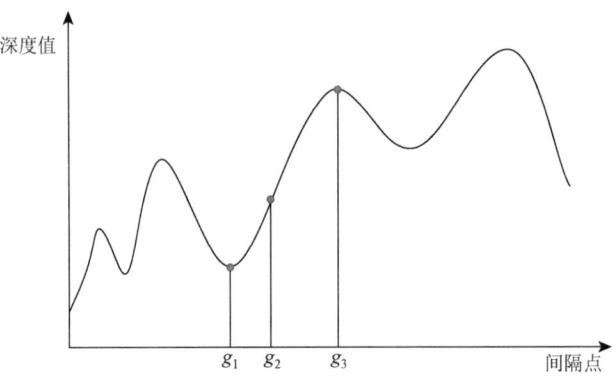

图 5-1 分割点选择示意图

（1）主题相似性线索。

①区域内相似度。文本内部的重复词汇的集聚情况能够有效地预测该文本区域是否属于同一个语义段落。若词汇集聚的密度高，则说明文本区域内部的相似度较大，相反，说明文本区域内部的相似度较小。根据文本区域内部词汇的密度来定义相似度，形式如式（5-5）所示：

$$\text{sim}_{\text{Within}} = \sum_{k=1}^{T} \frac{\sum_{t=t_{k-1}+1}^{t_k} \sum_{s=t_{k-1}+1}^{t_k} D_{s,t}}{(t_k - t_{k-1})^r} \quad (5\text{-}5)$$

其中，T 表示语义段落的总数量；t_k 表示第 k 个分割点的位置；$D_{s,t}$ 表示句子 s 与句子 t 的相似度（如果句子 s 和句子 t 之间有重复的词汇，$D_{s,t}$ 的值就为 1，否则为 0），当 $r=2$ 时，此函数就为第 k 个语义段落内部的词汇密度。

②区域间相似度。相邻的文本区域表示不同的主题或者同一主题的不同方面，因此，不同文本区域内词汇的重现由于主题的不同也会有一定的差异，这种差异则能够用来检测相邻文本的独立性。如果词汇的集聚密度高，则这两个文本的差异性较小，反之，两个文本的差异就较大。根据文本区域主题词汇的密度来定义区域间的相似度，形式如式（5-6）所示：

$$\text{sim}_{\text{Between}} = \sum_{k=1}^{T} \frac{\sum_{t=t_{k-1}+1}^{t_k} \sum_{s=t_k+1}^{t_{k+1}} D_{s,t}}{(t_k - t_{k-1})^{r/2} (t_{k+1} - t_k)^{r/2}} \quad (5\text{-}6)$$

③文本区域长度。一般一个独立的语义段落阐述的是一个较为完整的内容，因此，分割后的语义段落的长度不能太小，太小则会叙述不完整，也不能太长，太长就失去了分割文本的意义了。因此，要对文本区域的长度进行合理控制。对于文本区域长度因子的定义如下：假设分割语义段落为 $\{S_1, S_2, \cdots, S_k\}$，即计算方法如式（5-7）所示：

$$J_l^2 = \sum_{i=1}^{N}\left(\frac{L_i}{L}\right)^2 \tag{5-7}$$

其中，L_i 表示 S_i 的长度；L 表示文本总长度。如果将文本看成一个语义段落，该因子为 1；当 $k>1$ 且 $L_1=L_2=\cdots=L_k$ 时，长度因子达到最大值。

④相似或重现词汇之间的距离。对于分割的文本来说，语义段落之间相似或重现的词汇之间的距离是有要求的。因此，重现或相似词汇的贡献的大小定义如公式（5-8）所示：

$$W_{s,t} = \begin{cases} 1, & f|s-t| \leq 2 \\ \dfrac{1}{\sqrt{|s-t|-1}}, & \text{其他} \end{cases} \tag{5-8}$$

其中，$W_{s,t}$ 表示根据句子 s 与句子 t 之间的距离为 $D_{s,t}$ 所赋予的权重。因此，由式（5-8）可以看出，m、n 之间的距离越大，$W_{s,t}$ 的值越小。

（2）评价函数设计与文本分割。

本书在描述主题相似性时，使用了 Fragkou 模型[96]评价函数，由长度因子和密度因子两部分组成，其定义形式如式（5-9）所示：

$$J(t;\mu,\sigma,r,\gamma) = \sum_{k=1}^{T}\left(\gamma \cdot \frac{(t_k - t_{k-1} - \mu)^2}{2\sigma^2} - (1-\gamma) \cdot \frac{\sum_{t=t_{k-1}+1}^{t_k}\sum_{s=t_{k-1}+1}^{t_k} D_{s,t}}{(t_k - t_{k-1})^r}\right) \tag{5-9}$$

其中，γ 表示可调参的权重，反映了将文本划分为 k 个语义段落所付出的代价；$\dfrac{(t_k - t_{k-1} - \mu)^2}{2\sigma^2}$ 表示长度因子；μ 表示语义段落的平均长度；σ 表示语义段落长度的方差。因此，从式（5-9）可以看出，被分割的文本区域的长度越接近于 μ，长度因子越小。$\dfrac{\sum_{t=t_{k-1}+1}^{t_k}\sum_{s=t_{k-1}+1}^{t_k} D_{s,t}}{(t_k - t_{k-1})^r}$ 表示密度因子，反映第 k 个文本区域内部的相似度，其中，当 $r=2$ 时，密度因子等于第 k 个文本区域的词汇密度。因此，密度因子的值越大，说明该文本区域相似度越高，否则，相似度越低。

通过上述对 Fragkou 模型[96]的评价函数分析，针对其存在的一些不足，提出了动态规划模型，采用更深层次的二维动态规划算法来搜索分割边界。该模型的密度因子形式如式（5-10）所示：

$$J_s = \lambda \cdot \text{sim}_{\text{Within}} - (1-\lambda) \cdot \text{sim}_{\text{Between}} \tag{5-10}$$

其中，λ 表示两方面因素的相对权重。

其评价函数形式如式（5-11）所示：

$$J = J_s - J_t^1 \tag{5-11}$$

即评价函数的值达到最大时的分割方式就是最优的分割模式。

7）基于潜在语义分析的文本分割技术

在文本中，对于灵活使用的词汇，以及同义词或者近义词的使用比较普遍。因此，潜在语义分析（latent semantic analysis，LSA）就是将文本和词汇映射到一个较低维度空间，即潜在语义空间，使得含义相似的词汇向量在空间中距离较近，然后进行文本分割[97]。

在向量空间模型中反映词汇之间的联系，只能反映重现词汇，而相近词汇则会被视为独立的词语，如"电脑"和"计算机"两个词，这两个词在很多方面的意思都是相似的，但是在向量空间模型中就会被视为两个独立的词语。因此，要挖掘文本深层次的语义信息，则需要根据语境反映语义的动态本质，将一个词语的概念与其他同义词进行关联限定，潜在语义分析就可以量化表示这种关联。

LSA 对原始的文本结构进行计算和处理，排除烦琐、不重要的影响因素，保留文本与词汇之间的主要关系，进而挖掘词汇与文本之间的潜在语义关系，保留主要的文本结构。由于处理后的文本结构中包含很多原始的信息，因此，也会有一些"噪声"，如词语的误用以及使用偏义的词语。LSA 则利用奇异值分解降秩的方法去除"噪声"，在"噪声"被大量削减后，相关词汇之间的隐含联系也就显示出来了。并且 LSA 利用奇异值分解降秩的方法提取文本的主要结构，通过对生成的文本矩阵 X 进行截断的奇异值分解（truncated singular value decomposition，TSVD），得到秩为 k 的近似阵 X'_k，该矩阵被称为矩阵 X 截断的奇异值分解（singular value decomposition，SVD）式，其形式如式（5-12）所示：

$$X'_k = T_k S_k D_k^{\mathrm{T}} \qquad (5-12)$$

其中，$T_k = (t_1, t_2, \cdots, t_k), S_k = \mathrm{diag}(\sigma_1, \sigma_2, \cdots, \sigma_k), D_k = (d_1, d_2, \cdots, d_k)$；$k$ 表示低维空间的维数。

使用 LSA 技术进行文本分割，得到词汇间的语义关系的流程如下：首先，建立词汇-文本矩阵 X，然后对矩阵 X 进行奇异值分解，并且使维数 $k=2$，得出截断的奇异值。将经过 TSVD 处理后的矩阵 X 中的列向量投影到以 T_k 中的列向量为基的低维向量空间中，即文本空间。并且将行向量投影到以 D_k 中的列向量为基的低维空间向量中，即词汇向量。以上两个低维空间合称潜在语义空间。其次，进行关联分析，对于词汇-文本矩阵 X，利用 XX^{T} 的矩阵运算得出关键词之间的关系矩阵，检测关联的传递性。在二维文本空间中投影文本向量，在相同主题内部文本距离较近，相反，不同主题下文本距离较远，从而检测词汇的语义关系。将词汇向量投影到二维词汇向量空间中，如果描述的是同一主题，词汇距离就会比较近，相反，则词汇距离较远，从而检测文本词义关系。最后，得出最优化的文本分割。

2. 基于语言特征的文本分割技术

在一个文本中，通常含有多个主题，在不同主题之间一般会使用一些语言特征的信息来预示主题的转移，因此很多学者通过挖掘文本中的语言特征来对文档进行分割。现阶段，由于信息技术的发达以及网络信息资源的快速膨胀，人工进行文本分割已经不再实用，因此为了能够让文本分割系统实现对文本的处理，Grosz 和 Sidner[98]在研究时讨论了一些在文本中出现的语词，其本身不表达任何信息，只是作为文本结构变化的一个标记信息。这些语词的出现可以视为文本的主题分割点。

基于语言特征的分割是指利用某种策略从语料库中提取词汇特征或者韵律特征，通过研究它们与主题片段首尾的关系确定文本片段的边界，这种方法用于特定的文本类或者语音流的处理中。这种方法可以借助隐马尔可夫模型（hidden Markov model，HMM）对主题片段中的开始、中间以及结束的句子进行建模，除了使用上述所说的标志词，还包括句子长度、连续聚类倾向以及词汇两次出现之间的距离等。同时，也可以借助决策树对语料库进行分析，发现主题变换与韵律之间的关系，可完全自动编码。文献[99]对汉语语音流的分割进行研究，实验表明，音调、强度、持续时间和暂停的增加有利于对主题边界的识别，并且在该文档中构建一个决策树分类器，是基于单词和上下文韵律信息的，而不用参考词类相似性，并在大型标准测试集上实现了89%~95.8%的边界分类精度。

3. 基于统计方法的文本分割技术

通过研究发现，合适的概率统计模型可以为文本片段边界的识别提供较为可靠的依据，接下来，本书将简单介绍几个在文本分割中比较常用的典型概率统计模型。

1) 指数模型

对于上述基于词汇聚集的文本分割中，使用一些统计方法可以计算词汇在文本中的权重，Beeferman 等建立了一个指数模型，用来标注主题边界以及提取主题边界的特征，即主题性特征和提示词特征[100]。建立文本分割器的主要任务如下。

首先，依据式（5-13）建立模型：

$$q(b|X) = \frac{1}{Z_\lambda(X)} e^{\lambda \cdot f(X,b)} \tag{5-13}$$

其中，b 表示 X 对应的上下文中是否出现分割点的逻辑变量（$b \in (\text{yes}, \text{no})$）；$\lambda \cdot f(X,b)$ 表示参数为 λ_i 的指示特征函数 $f_i(X,b) \in (0,1)$ 的线性组合，如式（5-14）所示，$Z_\lambda(X)$ 的计算方法如式（5-15）所示：

$$\lambda \cdot f(X,b) = \lambda_1 \cdot f_1(X,b) + \lambda_2 \cdot f_2(X,b) + \cdots + \lambda_n \cdot f_n(X,b) \tag{5-14}$$

$$Z_\lambda(X) = e^{\lambda \cdot f(X,\text{yes})} + e^{\lambda \cdot f(X,\text{no})} \tag{5-15}$$

其次,将上述建立的模型应用到训练语料中,得出 $q(\text{yes}|X)$ 的值,然后,运用算法生成一个分割边界列表[101]。

2) HMM

HMM[102]主要是由四部分组成的:状态集合、转移概率、可见符号和产生可见符号的概率。模型从初始状态出发,根据状态的转移概率,随机地发生状态转移,当出现最终状态时,模型终止。在这个过程中,产生一系列可见符号,这些符号在模型发生状态转移时,由每个状态按照给定的概率发出,然而观察者只能看到符号系列,状态转移的过程是不可见的,因此称为 HMM。

假设文档集合中包含若干个不同的文档,构建一个离散的 HMM,其中包含一篇文档和文档集合的两个状态。任何一个 HMM 都是由四个集合组成的:文档集合与其本身组成的状态集合,状态间的转移概率集合 $T = \{a_1, a_2, \cdots, a_i\}$ 和状态转移时产生的可见符号集合。通过最大似然估计可以求出每个可见符号集合,其形式如式(5-16)和式(5-17)所示:

$$P(\text{term}|D_k) = \frac{\text{tf}_{\text{term}}}{|D_k|} \tag{5-16}$$

$$P(\text{term}|\text{GE}) = \frac{\sum_k \text{tf}_{\text{term}}}{\sum_k |D_k|} \tag{5-17}$$

其中,D_k 表示文档集合中第 k 篇文档;GE 表示可见符号;term 表示文档中的词汇;tf_{term} 表示 term 在文档 D_k 中出现的频数;$|D_k|$ 表示文档 D_k 中包含的单词的数量。

对于上述产生的 N 个可见的符号序列,HMM 将其作为已知的条件参数。计算已知条件与文档,可以看成 HMM 发生状态转移时生成可见符号序列的概率问题,概率越大,说明文档与已知条件的相关度越高。因此,两者的相关度表示为

$$P(Q|D_k) = \prod_{q \in Q}(a_0 P(q|\text{GE}) + a_1 P(q|D_k)) \tag{5-18}$$

HMM 从不同的理论角度探讨文本检索的问题,是一种具备很好的检索能力的模型[103]。

3) 基于多元判断分析(multiple discriminant analysis,MDA)的文本分割技术

该技术在进行文本分割时,主要考虑了分割单元内距离、分割单元间距离和分割单元的长度信息三个因素,并采用 MDA 方法定义四种分割全局评价函数,实现对文本分割的全局评价,分割单元内距离越小(强凝聚性)、分割单元间距离越大(强发散性)的分割模式则是全局最佳的。最后根据分割评价结果选择具有最高评价值的分割模式,进而自动判定主题边界和确定语义段落的最佳数目。

(1) 统计模型。

首先将一个文本定义为词序列 $W = w_1w_2\cdots w_t$,其中,t 表示文本 W 所包含的词的个数;将文本 W 的分割模式定义为 $S = s_1s_2\cdots s_c$,其中,c 表示分割单元的个数。因此,在分割文本 W 时,计算最大概率的分割模式的方法如式(5-19)所示:

$$\hat{S} = \arg\max_s P(S|W) \tag{5-19}$$

但是,由于文本中句子或段落的长度各不相同,文本在分割过程中可能会影响分割结果,造成分割不平衡现象。因此,利用上述基于 TT 的文本分割技术可以解决分割不平衡问题。定义文本 W 为块序列 $B = b_1b_2\cdots b_k$,其中,k 表示块的个数。所以对式(5-19)修正后的最大概率文本分割模式的计算方法如式(5-20)所示:

$$\hat{S} = \arg\max_s P(S|B) \tag{5-20}$$

对于算法的实现过程,Utiyama 和 Isahara[104]引入分割单元的描述长度来计算 $P(S)$,采用拉普拉斯(Laplace)法则计算 $P(W|S)$,最后采用动态规划方法来实现文本分割。

(2) 评价函数。

对于文本分割方式的优劣,可利用基于 MDA 方法的分割评价函数值的大小来表示,因此,对于将式(5-20)求解最大概率文本分割模式的过程转换成求解最大评价值的文本分割模式的过程,其计算方法如式(5-21)所示:

$$\hat{S} = \arg\max_s P(S|B) \stackrel{der}{=} \arg\max_s J(B,S) \tag{5-21}$$

即 MDA 评价函数 J,该评价值越大,说明分割方式越好。该评价函数主要考虑三个因素:分割单元内距离、分割单元间距离和分割单元的长度。

(3) 三因素计算方式。

对于分割单元内距离和分割单元间距离可以分别采用分割单元内散布矩阵 S_W 和分割单元间散布矩阵 S_B 来计算。即分割单元内的散布矩阵如式(5-22)所示:

$$S_W = \sum_{i=1}^c P_i \frac{1}{n_i} \sum_{b \in s_i} (b - m_i)(b - m_i)^t \tag{5-22}$$

其中,P_i 表示分割单元 s_i 的先验概率,即 s_i 中块的个数与文本 B 中所有块个数的比值;n_i 表示 s_i 中块的个数;m_i 表示 s_i 的 d 维中心向量,其计算方法如式(5-23)所示:

$$m_i = \frac{1}{n} \sum_{b \in s_i} b \tag{5-23}$$

分割单元间散布矩阵如式(5-24)所示:

$$S_B = \sum_{i=1}^{c} P_i(m_i - m)(m_i - m)^t \qquad (5-24)$$

对于分割单元的长度分布,可以定义一个长度因子 S_L 来解决该问题,即当长度因子 S_L 的值较小时,其会起到惩罚作用。长度因子 S_L 的计算方法如式(5-25)所示:

$$S_L = \prod_{i=1}^{c} \frac{L_i}{L} \qquad (5-25)$$

其中,L 表示文本的总长度;L_i 表示分割单元 s_i 的长度。

(4)MDA 评价函数 J。

为了评价文本的分割模式,基于上述的分析可以定义四种 MDA 评价函数:

①考虑分割单元内距离和分割单元间距离,可以定义评价函数 J_1、J_2 分别为

$$J_1(B,S) = \frac{\text{tr}(S_B)}{\text{tr}(S_W)} \qquad (5-26)$$

$$J_2(B,S) = \text{tr}(S_B) \times \text{tr}(S_W) \qquad (5-27)$$

②考虑分割单元内距离、分割单元间距离和分割单元的长度可以定义评价函数 J_3、J_4 分别为

$$J_3(B,S) = S_L \times \frac{\text{tr}(S_B)}{\text{tr}(S_W)} \qquad (5-28)$$

$$J_4(B,S) = S_L \times \text{tr}(S_B) \times \text{tr}(S_W) \qquad (5-29)$$

其中,tr(·) 表示矩阵的迹。J_3 和 J_4 评价函数的组合性能是最好的。对于 J_1 和 J_3 可以在分割过程中自动识别主体边界,J_2 和 J_4 可以在分割过程中自动确定分割单元数。

5.1.2 层级分割

目前的文本分割系统主要是基于内聚性的线性分割,主要依赖于单词重复来测量两个文本区域之间的相似性。但是这样的方法不适合用于具有层次结构的连贯文本,Hearst[105]、Ji 和 Zha[106]观察到,这些文件的主题转换是微妙的并且难以检测。目前,研究文本层级分割的文献相对较少,Yaari 采用一种聚集聚类技术来实现文本分层主题分割[107],例如,在 TT 算法中,使用余弦相似度测量内聚力,并使用聚集聚类来诱导段落上的树状图,然后使用启发式算法将树状图转换为层级分割。随后,Eisenstein 提出了一种新型无监督的方法来进行文本层级分割,该方法整合了贝叶斯概率框架,利用多尺度凝聚力来进行层级分割[108]。因此,将文

档访问结构和词汇内聚技术结合起来,对这些具有层次结构的连贯文本进行层级分割,使得用户可以直接获取相关信息,提高检索性能,减少信息超载。

1. 基于凝聚层次聚类的文本层级分割技术

Yaari 于 1997 年提出基于凝聚层次聚类的文本层级分割方法,该方法将段落作为文本中识别层次结构的最小单元,通过某些相似性度量方法计算段落之间的词汇内聚度,如可以用术语向量之间的余弦距离是否低于某个阈值来检测两段之间是否存在分割边界。具体来说,基于凝聚层次聚类的文本层级分割的过程主要由三个阶段组成:形态分析、文本块的凝聚层次聚类和边界识别。

1) 形态分析

形态分析的主要目的是识别用于文本块的凝聚层次聚类中的实义词,该阶段包括以下几个步骤。

(1) 分词。将原始文本处理成由单词、数字、短语以及特殊符号构成的序列。

(2) 词性标注[109]。这个步骤的主要功能是通过词性标注过滤出开放类词,如形容词、动词、副词和名词等。

(3) 确定每个单词 i 的重要性权重,即 Gsig_i。作者使用逆向文档频率(inverse document frequency,IDF)作为单词重要性程度的度量,其计算方法如式(5-30)所示:

$$\text{Gsig}_i = \text{IDF}_i = \log \frac{N}{N_i} \tag{5-30}$$

其中,N 是英国国家语料库(British national corpus,BNC)中的文件总数,在 BNC 中,N_i 是包含单词 i 的文件数。

(4) 取词干。用词干 r_i 来替换每个单词,词干 r_i 的重要性权重 Gsig_i 的取值是所有以 r_i 为词干的单词 Gsig 值中的最小值,即 $\text{Gsig}_i = \min_{j, r_j = r_i} \text{Gsig}_j$。这样做的好处在于可以将每个词干作为一个单独的概念来看待[110]。

2) 文本块的凝聚层次聚类

文本块的凝聚层次聚类的主要目的是发现文本中的结构。自下而上的凝聚层次聚类(hierarchical agglomerative clustering,HAC)算法是在信息检索、心理学和语言学等方面广泛使用的聚类方法。当在文本分割中使用 HAC 时,该算法可以有效识别文本的主题分割点,从而生成文本结构。HAC 曾被成功用于对一组文献进行层级分类。基于 HAC 的以段落作为基本分割单元的文本分割方法流程如下:

While 有尚未被处理的段落存在时;
Do 查找两个最相似的连续段落 s_i, s_{i+1};

合并 s_i, s_{i+1} 为一个文本分割；
End

该算法通过不断地向文本分割片段中添加相关段落或通过合并相关的文本分割片段来生成更大的文本分割片段。其结果为层次结构，被称为树状图，表示文本片段的内部层次结构，其中，文本段对应其子树。因为在借助 HAC 进行文本分割时，需要保持段落在文献中的线性顺序，所以该算法仅仅计算两个相邻的段落的邻近度。相邻段落的相似度计算主要是基于词汇的重复。具体来说，两个相邻的段落的邻近度的计算方法如式（5-31）所示：

$$\text{Proximity}(s_i, s_{i+1}) = \sum_{k=1}^{n} \frac{w_{k,i} \cdot w_{k,i+1}}{\|s_i\| \cdot \|s_{i+1}\|} \quad （5\text{-}31）$$

其中，s_i 表示段 i 的词向量；$\|s_i\|$ 表示它的长度；$w_{k,i}$ 表示词 k 在文本分割片段 i 中的权重，是三个因子的乘积，计算方法如式（5-32）所示：

$$w_{k,i} = f_{k,i} \cdot \frac{f_i}{f_{\max}} \cdot \text{Gsig}_i \quad （5\text{-}32）$$

其中，$f_{k,i}$ 表示词 i 在文本分割片段 k 中出现的频率；$\frac{f_i}{f_{\max}}$ 表示文本中第 i 个词的相对频率；Gsig_i 表示词 i 的权重。

3）边界识别

在树状图中识别文本分割片段边界时，可以依据文本分割片段的规模（即包含的段落的个数）和深度（即文本分割片段对应的子树的深度）两个属性。具体来说，分别如图 5-2 和图 5-3 所示。

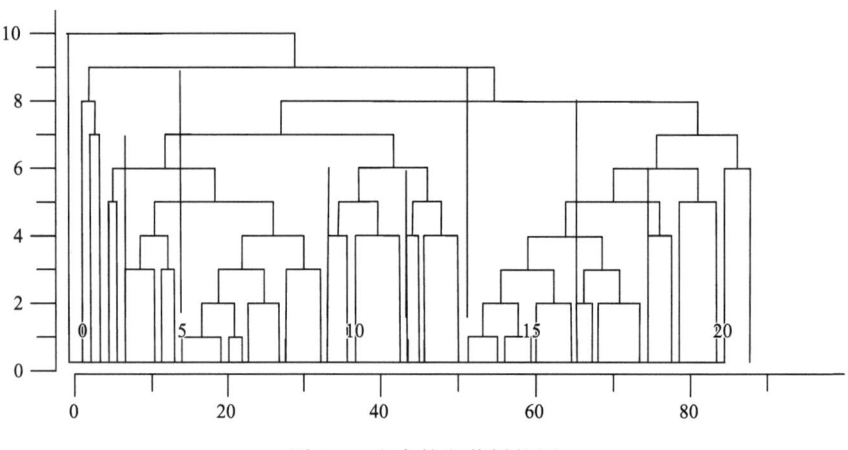

图 5-2 文本的段落树状图

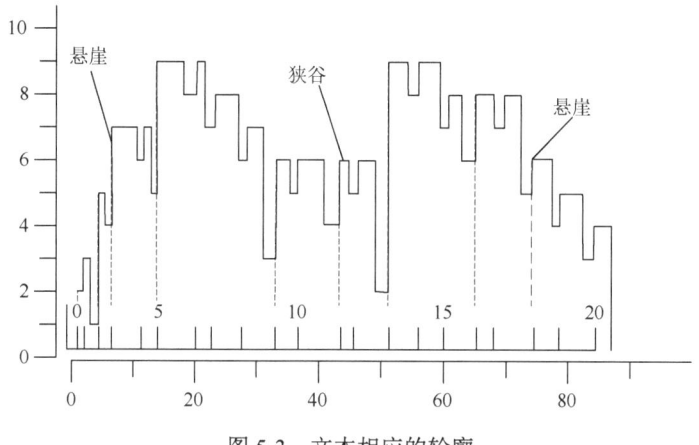

图 5-3 文本相应的轮廓

基于文本分割片段规模的文本分割片段边界识别如图 5-2 所示。在该图中,一个文本分割片段对应于树状图中的一棵子树。树状图中的叶子节点为段落。

基于文本分割片段深度的文本分割片段边界识别如图 5-3 所示。

图 5-3 绘制了树状图中段落的嵌套深度,即从段落节点到树状图根的路径长度。凹口表示的是合并点的深度。灰色垂直虚线是段边界,段落标记显示在 X 标尺之上,句子标记在其下方。

因此,边界检测算法为:对于树状图 T 中的每个节点,首先令 s_1 和 s_2 为两个段,使得 $\text{size}(s_1) \geqslant \text{size}(s_2)$,在两个段之间找一个边界,如果符合以下两个规则中的一个,则结束。其中,缺口规则为 $\text{size}(s_1) > n \wedge \text{size}(s_2) > n$,悬崖规则为 $\text{size}(s_1) > n > \text{size}(s_2) \leqslant n \wedge \text{depth}(s_1) - \text{depth}(s_2) > m$。缺口规则约束跨越边界的段具有相当大的尺寸,它允许一个段与其相邻的段落进行合并,在它们之间不产生边界。悬崖规则放宽缺口规则,如果它们的深度的差大于阈值 m,则允许其中一个片段小于 n,这种边界表示远程相关的段,并且在轮廓图中视为高悬崖,其中 m 的最小值设为 $\text{depth}(T)/5$。

2. 无监督的文本层级分割方法

Eisenstein 于 2009 年提出了一种新型的无监督的方法来进行文本层级分割。在该方法中,词汇内聚被看作一个多尺度现象。无监督的文本层级分割方法主要包括以下几个基本环节。

1)主题建模

在进行文本层级分割时,词汇内聚被看作一个多尺度现象。在不同的尺度或层级上表现出不同词汇的内聚现象。

在主题建模中,语言模型的数量设为 K,单词的数量记为 W,文献的长度为 T,层级的深度为 L。对于文本层级分割,向量 y_t 表示在主题层次结构中每个层次

的第 t 个分割,主题层次结构中某特定层次对单词 w_t 的贡献度由潜在变量 z_t 给出,因此, $y_t^{(z_t)}$ 即生成 w_t 的语言模型。通过这些部分,可以写出观测置信度的计算方法如式 (5-33) 所示:

$$p(w|y,z,\theta) = \prod_t^T p(w_t|\theta_{y_t}(z_t)) = \prod_j^K \prod_{(z_t,\{t:y_t=j\})} p(w_t|\theta_j) \tag{5-33}$$

由于该方法的目标是得到文本层级分割而不是语言模型,搜索空间可以通过边缘化 θ 来减少, x_j 表示一组词,代表集合 $\{w_t : y_t^{(z_t)} = j\}$ 引起的词汇数量,如式 (5-34) 所示:

$$\begin{aligned} p(w|y,z,\alpha) &= \prod_j^K \int d\theta_j p(\theta_j|\alpha) p(x_j|\theta_j) \\ &= \prod_j^K p_{\mathrm{dcm}}(x_j;\alpha) \\ &= \prod_j^K \frac{\Gamma(w_\alpha)}{\Gamma\left(\sum_i^W x_{ij} + \alpha\right)} \prod_i^W \frac{\Gamma(x_{ij} + \alpha)}{\Gamma(\alpha)} \end{aligned} \tag{5-34}$$

其中, p_{dcm} 表示狄利克雷 (Dirichlet) 复合多项式分布,它是对语言模型积分的封闭形式解,也被称为波利亚 (Polya) 分布[111],概率密度函数可以精确地计算出伽马函数的比例,可以使用一个对称的 Dirichlet 先验 α 。

到目前为止,潜在变量 z 一直被认为是可见的。事实上,需要计算近似边际概率 $Q_{z_t}(z_t)$,即 $\gamma_{t\ell} \equiv Q_{z_t}(z_t = \ell)$ 。 Q_z 分布下 x 的期望记作 $\langle x \rangle_{Q_z}$,其估计值可以通过式 (5-35) 来计算。

$$\begin{aligned} \langle p_{\mathrm{dcm}}(x_j,\alpha) \rangle &\approx p_{\mathrm{dcm}}(\langle x_j \rangle_{Q_z};\alpha) \\ \langle x_j(i) \rangle_{Q_z} &= \sum_{\{t:j \in y_t\}} \sum_\ell^L \delta(w_t = i)\delta(y_t^{(\ell)} = j)\gamma_{t\ell} \end{aligned} \tag{5-35}$$

其中, $x_j(i)$ 表示文本分割片段 j 生成词类型 i 的计数,在外部总和中,考虑所有可能从文本分割片段 j 生成的全部 t ,内部总和来自主题层次结构中的所有层次。如果包含的布尔表达式为真,则 delta 函数取值为 1,否则为 0,所以只有当 $w_t = i$ 和 $y_t^{(\ell)} = j$ 时,才添加分数计数 $\gamma_{t\ell}$ 。

在文本分割中,最大化联合概率 $p(w,y) = p(w|y)p(y)$ 的先验信息为 $p(y)$ 。这个先验信息可以支持特定粒度的文本分割。考虑到 $p(y) = \prod_{\ell=1}^L p(y^{(\ell)}|y^{(\ell-1)})$ 的先验信息,为了方便,引入一个基层,即 $y_t^{(0)} = t$,其中每个单词都是一个分割点。在每个层次 $\ell > 0$,这一先验信息是一个马尔可夫过程,即 $p(y^{(\ell)}|y^{(\ell-1)}) = \sum_t^T p(y_t^{(\ell)}|y_{t-1}^{(\ell)},$

$y_t^{(\ell-1)}$)。约束 $y_t^{(\ell)} \in \{y_{t-1}^{(\ell)}, y_{t-1}^{(\ell)}+1\}$ 是为了确保每个层次的线性分割,以及保证线性分割的一致性,只有当 t 也是较低层次 $\ell-1$ 的分割点时,每个 $y_t^{(\ell)}$ 可以视为分割点,零概率被分配给违反这些约束的文本分割。

为了量化合理分割的先验概率,假设一组参数 d_ℓ 用来表示每个层级的期望分割的持续时间。如果 t 在层级 ℓ 上是一个有效的潜在分割点,则一个文本分割转换的先验概率为 $r_\ell = d_{\ell-1}/d_\ell$,其中 $d_0 = 1$。如果在层级 ℓ 上有 N 个文本分割片段,以及在层级 $\ell-1$ 中有 M 个文本分割片段,并且 $M \geq N$,那么只要遵守了层级分割约束,则先验概率为 $p(y^{(\ell)}|y^{(\ell-1)}) = r_\ell^N(1-r_\ell)^{M-N}$。为了推理,最好将先验信息在不同层级和分割中进行分解。尤其不希望在识别层级 $\ell+1$ 的分割之前识别层级 ℓ 上的文本分割。因此,可以通过期望值 $\langle M \rangle_{d_{\ell-1}} = T/d_{\ell-1}$ 代替 M 来近似计算上述先验信息,然后将从 w_u 到 w_v 的单个文本分割的贡献 $\log r_\ell + \dfrac{v-u}{d_{\ell-1}}\log(1-r_\ell)$ 赋给之前的对数先验信息。

2)推理

这部分将详细描述文本分割 y,近似边际 Q_z 和超参数 α 的推理过程。

(1)层级分割中的动态规划。

令 $B^{(\ell)}[u,v]$ 表示在层次结构中层级 ℓ 上的所有连续词 $w_u \cdots w_{v-1}$ 的似然函数,使用 x_t 表示一个向量,在该向量中在 w_t 位置上取 1,其余均为 0,$B^{(\ell)}[u,v]$ 是对所有 u,$v>u$ 和 ℓ 计算的。为此,可以将 B 形式化表示为

$$B^{(\ell)}[u,v] = \log p_{\text{dcm}}\left(\sum_{t=u}^{v} x_t \gamma_{t\ell}\right) + \log r_\ell + \frac{v-u-1}{d_\ell - 1}\log(1-r_\ell) \quad (5\text{-}36)$$

接下来,计算最佳分割的对数似然值,记作 $A^{(L)}[0,T]$。该矩阵可以递归地填充,计算方法如式(5-37)所示:

$$A^{(\ell)}[u,v] = \max_{u \leq t < v} B^{(\ell)}[t,v] + A^{(\ell-1)}[t,v] + A^{(\ell)}[u,t] \quad (5\text{-}37)$$

(2)计算复杂度。

令 A 和 B 的大小为 $O(LT^2)$,矩阵 A 可以通过在不同层级之间迭代进行构建:u 从 1 到 T,v 从 $u+1$ 到 T,t 从 u 到 $v+1$。因此,填充 A 的时间消耗是 $O(LT^3)$。计算 B 的观察似然值的时间复杂度为 $O(LT^2W)$,其中,W 为词汇量的多少,通过保留累计词法计数,不必从 u 迭代到 v 就可以计算 $B[u,v]$。

(3)层级边际。

潜在变量 z_t 表示生成单词 w_t 的文本分割层次结构中的层级。给定语言模型 θ,每个 w_t 可以认为是从贝叶斯混合模型中抽取的,z_t 是生成 w_t 的组分的索引。

然而，当边际化语言模型时，标准混合模型推理技术则不适用。Teh 等[112]在自己的论文中指出了一个具有吸引力的替代方案——坍缩变分贝叶斯推断。坍缩变分贝叶斯推断集合了语言模型涉及的参数并计算潜在变量 Q_z 的边际分布。然而，由于期望计算困难，这些边际概率仅以近似值来替代。更正式地来说，该方案更希望计算近似分布 $Q_z(z) = \prod_{t}^{T} Q_{z_t}(z_t)$，分解所有潜在变量。坍缩变分贝叶斯推断是一种典型的变分方法，该方法通过优化数据似然 $p(w,z|y)$ 的下限来适应这种近似分布。下限可以通过迭代设置：$Q_{z_t}(z_t) \propto \exp\{\langle \log P(x,z|y) \rangle_{\sim Q_{z_t}}\}$，表示对于所有 $t' \neq t$ 的 $Q_{z_{t'}}$ 下的期望。由于与 z 的耦合，不可能直接计算该期望值，因此，使用一阶近似进行描述。在这个近似中，$Q_z(z_t = \ell)$（缩写为 $\gamma_{t\ell}$）的值采用优化的混合模型 w_t 的似然值，混合模型的参数基于先验信息，对于所有 $t' \neq t$ 的 w 和 γ 的计数如式（5-38）所示：

$$\gamma_{t\ell} \propto \beta_\ell \frac{\tilde{x}_\ell^{-t}(w_t)}{\sum_i^W \tilde{x}_\ell^{-t}(i)} \tag{5-38}$$

$$\tilde{x}_\ell^{-t}(i) = \alpha_\ell(i) + \sum_{t' \neq t} \gamma_{t'\ell} \delta(w_{t'} = i) \tag{5-39}$$

其中，在式（5-38）中的 β_ℓ 表示成分权重的集合，它们将所有的 ℓ 固定为 $1/L$；该分母表示语言模型的后验估计：标准的 Dirichlet 多项共轭给出一个计数和 Dirichlet 先验信息，如式（5-39）所示。

（4）超参数估计。

这里定义的推理过程包括两个参数：α 和 d。参数 α 用来控制诱发的语言模型的期望稀疏度，它的值将被自动设置。给定分割 y 和潜在变量边际值 γ，可以通过梯度下降来得到 $p(\alpha,w|y,\gamma) = p_{\text{dcm}}(w|y,\gamma,\alpha)p(\alpha)$ 的最大值。Dirichlet 复合多项式具有易处理梯度，可以通过公式 $\tilde{x}_j = \sum_{t:y_t^{(z_t)} = j} \gamma_{tj} X_t$[113]进行计算。似然 $p(\tilde{X}|\alpha)$ 具有与式（5-34）相同的形式，只需要用 $\tilde{x}_{ji}$ 代替 x_{ji}。对数似然度的梯度跨段的总和的计算方法如式（5-40）所示：

$$d\ell/d\alpha = \sum_j^K W(\psi(W\alpha) - \psi(\alpha)) + \sum_i^W \psi(\tilde{x}_{ji} + \alpha) - \psi\left(W\alpha + \sum_i^W \tilde{x}_{ji}\right) \tag{5-40}$$

其中，ψ 表示双伽马函数，即对数伽马函数的导数。先验 $p(\alpha)$ 采用具有参数的 $G(1,1)$ 的伽马分布形式，其具有阻止 α 值变大的效果。给定这些参数，相当于 α 的伽马分布的梯度值为-1。为了优化 α，可以在最大化 γ 后插入 L-BFGS[114]优化。

(5)联合推理。

最终推理过程在更新边际 γ、Dirichlet 先验 α 和 MAP 分割 $\hat{y}$ 之间交替。由于该推理过程很难确定 α 和分割 y，所以可以认为是维特比期望最大化（expectation maximum，EM）的一种形式。当遇到重复分割时，过程终止。初始化包括基于期望的 d_ℓ 值构建一个在各层级中均是分割的 $\hat{y}$。潜在变量边际 γ 被随机初始化。虽然不能保证发现全局最大值，但在初步实验中观察到对 γ 的随机初始化的敏感性很小。

5.1.3 文本分割技术评述

本章将文本分割技术分为两大类进行梳理，即线性分割技术和层级分割技术。从上述论述不难发现，文本分割技术已经在很多方面得到了提升。但是，在对当前研究成果分析的基础上，课题组发现已有的面向文本主题分割的研究大都集中在线性主题分割领域，而有关文本层级分割的研究较少。然而，数字图书馆存储的知识资源（如论文、电子书等）论述的主题通常体现出层级体系结构，为此，若将当前的分割技术直接应用到数字图书馆的层级分割则会遇到以下几个方面的问题。

1）线性分割方法存在的问题

线性分割方法经常被直接应用到文献的层级分割中，但是，一方面，线性分割方法自身存在很多问题，有待进一步优化，例如，在线性分割中，很多文本的词汇聚集并不明显，如果想要真正地在所在领域独立，必须拥有更加广泛的语言和词汇的特征，因此，需要继续探讨新的算法和改进技术；另一方面，线性分割方法大都基于长文本，对于细粒度的短文本进行分割时，效果不太理想。鉴于线性分割方法的上述两方面的问题，其很难被直接应用于文献层级分割中。

2）层级分割方法存在的问题

首先，目前国内外关于文本层级分割的研究相对较少，相对于数字图书馆中具有层次结构的连贯文献的大量涌现，以及用户对知识提取的关注，更急需研究者在该领域投入精力进行研究。其次，当前已有的层级分割方法大都是以段落为最小分割单元，然而，由于在段落中很有可能又论述多个主题，以段落为最小分割单元会使得层级分割的粒度过粗，因此急需深入到更细粒度的文本片段中进行层级分割。

5.2 语义标引技术

21 世纪以来，随着以信息技术为代表的科学技术的发展，信息网络的普及、信息资源的数字化以及信息系统的虚拟化推动了整个社会飞速的转变，在给人们带来丰富的信息资源的同时，也带来了它的"副作用"：人们想从海量的知识资源中高效而准确地获取自己想要的知识已经越来越难了。为了应对出现的上述问题，自动标引技术、语义标引技术等的出现帮助了知识资源的有效整合，使用户能够从杂乱无章的知识中快速而准确地获取自己的目标。

标引是对资源进行特征提取和标识引导的过程，是知识资源管理与检索的基础[115]。然而，传统的标引方法很难解决自然语言中的同义词、近义词、同形异义词等问题，标引系统在区分标引词的过程中也缺乏完善性，这给标引系统的进一步发展带来了许多阻碍[116]。传统的资源标引模式大都以主题词为核心，虽然主题词标引在检索方面给人们带来了很大的便利，但它也缺乏科学度，缺乏语义层次上的内容整合研究，这样的过程势必会导致许多无关的结果出现，难以满足用户的需求。通过概念、知识点等主题信息难以揭示文献资源中的章、节信息，且自然语言词汇具有多义和歧义的特点，不同的词汇可以表达同一个概念，相同词汇在不同的语义环境中也可以表示不同的语义，语义的准确表达需要综合考虑主题词的恰当选择以及上下文对词义的限定。因此，基于主题词的标引方式容易忽略文档的语义内容，也容易脱离用户的领域知识和背景，只有采用其他更加科学的标引方法，才能使标引结果更加科学。

传统的标引模式考虑的仅仅是主题词本身，而随着计算机技术的发展，标引技术也得到极大发展。由于独立的关键词难以表达文献上下文的语义关联，传统的关键词标引技术越来越力不从心，而语义标引技术为知识标引带来了新的发展。语义标引技术能够在语义层次上理解文档内容，利用一定的方法技术分析标引词与文献之间的语义关系，从语义实体、属性及关系的角度抽取标引词表达的深层次内涵或外延[117]，在语义标引环境下，数据既可以被人们理解，也可以被计算机理解；标引模式除了用关键词来标引文档外，还能利用文档的其他信息进行索引，为语义检索打下坚实的基础，为用户提供尽可能多的检索方式。

语义标引技术，是针对特定文献及其提问，利用语义标引工具或已有本体建模技术分析词汇与文献之间的语义关系，在网页与文档中插入标记，产生知识库对文档进行标引的过程。

语义标引是为网络上的各种资源及其组成部分标注概念类、概念属性和其他元数据的过程。通过文献分析及归纳，从标引的方式来分，目前，语义标引技术被分为三类[118]：①人工标引。即通过利用一定的编辑器、概念集或知识库，由专业人员解析文献内容结构，建立语义数据对文献知识进行语义标引。②利用领域文档类型定义（document type definition，DTD）和文档模式（Schema）进行概念映射及标引。将领域本体中的特定概念转换成对应的 DTD 和 Schema 定义，特定内容元数据标记转换成对应的概念元数据标记。③利用词汇语义分析进行标引。

即通过利用自动词语抽取和分析技术,找出文档的概念类别及类别间的语义关系,实现词语集合到概念类别之间的转换,以此来进行语义标引。

由于第①种语义标引方式的过程需要耗费大量的人力及智力,难以应对科学技术的发展及信息资源的剧增所带来的标引需求,因此本书不再赘述,仅对第②和第③种语义标引方式进行详述。

5.2.1 基于领域 DTD 和 Schema 的语义标引

DTD 是一种 XML 使用的特殊标记声明的合集,分为内部、外部和混合三种,即 XML 内部创建的或引用外部实体解析的形式。Schema 同 DTD 一样,以定义 XML 文档的内容结构为目标,将领域本体中的特定概念转换成对应的 DTD 和 Schema 定义,将特定内容元数据标记转换成对应的概念元数据标记[119]。

接下来,将介绍一种利用 DTD 进行领域本体的语义标引的方法,领域本体是 DTD 和关系模式共同的概念模型[120],而且本体中的概念属性定义、基数约束等信息,能够促进关系模式的进一步加强。领域本体中概念的定义、继承、聚合和概念之间的关系需要转换成对应的 DTD 定义,再通过 XML 存储映射方法将 DTD 定义映射成关系模式。基于本体的语义标引是利用本体概念模型对文档进行语义标注和索引的过程,包括领域本体的创建、特征词汇的抽取、文档与领域本体的概念映射、语义索引的建立等过程,具体如下。

1)定义并创建领域本体

首先,借助领域专家和本体创建者的帮助,搜集整理与文档所处领域相匹配的知识,从领域的角度创建对应文档的本体。然后,实现领域本体的概念内容以及概念结构向 DTD 定义的转换,领域本体能够解释符合 DTD 的 XML 文档标记的语义,DTD 文档可以体现领域本体的概念内容及关系,处理 XML 文档中语义信息的过程也是语义信息逐渐增强的过程。

2)文档特征词的抽取与加权

特征词也就是能够标引文献主旨的概念词语,对特征词的处理过程也就是实现文档向本体的映射过程。首先,对文档特征词进行抽取处理,主要有两种方式:一方面,可以从能够直接代表文档主题的部分进行特征词挖掘,如标题、摘要、关键词等部分;另一方面,利用词频统计算法,通过词汇在文档中出现的相对频率集,实现特征词的抽取过程[121]。接着,对特征词进行加权处理,领域专家和文档创建者通过特征词在文档中的词频统计为其赋予不同的权值,从而建立特征词与对应文档之间的关联关系。

3)实现特征词与领域本体之间的映射

将前面抽取出的特征词转换为领域本体中对应的概念词语,即参照前面抽取的特征词，利用本体概括这些词汇所代表的概念，以对应的本体概念对文档进行标识，实现特征词与领域本体的匹配过程，从语义层次上确定文档的主题和内容，使文档与本体的语义表述相一致。领域本体中的每一个术语都至少有一种语义与之匹配，参照本体，如果抽取出的特征词有相对的语义匹配，则在该语义旁边标注上相对文档的权值，实现文档到本体之间的映射关系；如果在本体中没有任何语义和抽取的特征词相匹配，可能有两种结果：①文档特征词与构建的本体领域不相关，继续对其进行标引处理没有意义，应该丢弃；②该文档特征词可能是本体所处领域中出现的新术语，在构建本体时尚未定义，则可以借助领域专家和本体构建者为特征词赋予合适的本体描述[122]。

4）对文档进行语义索引

用概念和对应的属性值建立的语义向量对文档进行索引，以 XML、RDF 等格式的语义数据库形式存储，以供检索。

基于领域本体的语义标引，主要是先从语法层面上辨别领域概念知识，再从语义层面抽取概念所要表达的深层次内涵及其外延，不仅能够把文档隐含的语义信息显性化，而且还能较为准确地划分文档所属领域及其与相关类别的语义关联度[123]，为语义检索打下坚实的基础。

5.2.2 基于词汇语义分析的语义标引

利用词汇语义分析进行标引。即通过利用自动词语抽取和分析技术，找出文档的概念类别及类别间的语义关系，实现词语集合到概念类别之间的转换，以此来进行语义标引。根据语义标引研究现状，本书归纳出目前比较有代表性的词汇语义分析标引方法[124]：20 世纪 70 年代，Salton 将向量空间模型用于语义标引；1990 年，Deerwester 与 Dumais 等提出潜在语义分析标引法；1993 年，Silva 与 Milidiu 提出基于相信函数模型的语义标引方法。

1. 语义向量空间模型

语义向量空间模型在现有的向量空间模型基础上，融入格式语义结构，通过标引词的语义向量构造描述文献的语义矩阵，使文献的标引得以在语言的深层结构——语义层上实现。该模型建立在句法分析和格式语义结构的基础上，基本思路如下：当利用自然语言表达某一事件的动作及过程时，通过某些辅助项详细地描述事件动作的实质及行为过程，这些辅助项被称为语义格。语义格主要描述了代表事件动作的谓词与其他语义单元之间的关系，它们从语句层次上理解了事件的上下文语义[125]。语义向量空间模型可以通过这种方式识别文档语句所实现的格式。

对任一文献进行句法和格式语义分析之后,都可以用一组语义格加权值从语句层次上来描述某个关键词在各类语义格中的出现频率。对所有关键词在文献内和在整个数据中的出现频率进行分析,并对每个关键词赋予加权值,将此加权值与预先确定的阈值进行比较,如果前者大于或等于后者,则将对应关键词选为标引词;如果前者小于后者,则剔除对应关键词,不作考虑[126]。由于文档的语义结构分析是在语句层次上进行的,每个标引词通常都有数组语义格加权值,标引词在文献中出现多少次,就有多少组语义格加权值与之对应。

假设总共有 m 种语义格类型,那么对应的标引词 T 在文献中第 i 次出现,其语义格加权值即可表示为一个向量 $V_i = (w_{i1}, w_{i2}, w_{i3}, \cdots, w_{im})$,其中,$w_{ij}$ 为对应于第 j 种语义格类型的语义格加权值。如果标引词 T 在给定文献中出现的频率为 k,我们就有 k 个这样的向量,可以表示为一个 $k \times m$ 的矩阵 M_T,如式(5-41)所示:

$$M_T = \begin{bmatrix} w_{11} & w_{12} & \cdots & w_{1m} \\ w_{21} & w_{22} & \cdots & w_{2m} \\ \vdots & \vdots & & \vdots \\ w_{k1} & w_{k2} & \cdots & w_{km} \end{bmatrix} \quad (5-41)$$

其中,每一行表示标引词 T 在文献 D 中出现一次;每一列表示该标引词相对于某语义格类型在文献中的分布。矩阵 M_T 的行向量的线性组合定义一个新的向量 $V_T = (c_1, c_2, c_3, \cdots, c_m)$,用来描述标引词 T 在文献 D 中的整体语义格分布,称为语义格向量,其中 $c_j = \frac{1}{k} \sum_{i=1}^{k} W_{ij}$ 对应于第 j 种语义格类型,$j \in \{1, 2, \cdots, m\}$。

语义格向量 V 可以表示标引词 T 所携带语义信息在文献层次上的分布,也称为标引词语义向量,其中第一个元素代表 T 在描述文献内容和同类文献区分方面的潜能,其他元素代表 T 在特定文献中的格式语义状态。前者的取值可以参照 T 在对应文献中出现的概率分布,后者的取值则由标引词在对应文献内语义格的频率决定[127]。

任一文献中的标引词都有唯一的语义向量定义,对应任一文献 D,如果其中有 n 个标引词,那么就有 n 个唯一的语义向量定义。也就是对应任一标引词 T_i,就有唯一的语义向量 V_i,$V_i = (w_i, c_{i1}, c_{i2}, \cdots, c_{im})$,其中,$w_i$ 为标引词 T_i 的加权值,c_{ij}($i \in \{1, 2, \cdots, n\}, j \in \{1, 2, \cdots, m\}$)为标引词相对于第 j 种语义格类型的语义格加权值,这 n 个标引词语义向量的叉积则定义一个 $n \times m$ 矩阵,如式(5-42)所示:

$$M = \begin{bmatrix} w_1 c_{11} & w_1 c_{12} & \cdots w_1 c_{1m} \\ w_2 c_{21} & w_2 c_{22} & \cdots w_2 c_{2m} \\ \vdots & \vdots & \vdots \\ w_n c_{n1} & \cdots w_n c_{n2} & \cdots w_n c_{nm} \end{bmatrix} \quad (5-42)$$

其列向量（$w_1, w_2, \cdots, w_n$）事实上也就是语义向量模式对文献的向量表示，其行向量则为对应于各标引词的标引词语义向量。矩阵 M 表示一条文献的语义内涵，被称为语义矩阵。对一条自然语言文献和一条检索提问，其语义矩阵相似度表示系统对该文献与给定检索提问的相关程度的预测。系统在输出结果时根据语义矩阵相似度对所检出文献进行递减排序，并以此作为系统对检索提问的解答。

2. 潜在语义标引技术

语义标引技术的目的是使检索系统可以领会词语在文献中的潜在语义。潜在语义标引技术通过奇异值分解，将文档向量和词向量投影到一个低维空间，使得相互之间有关联的文献即使没有相同的词也能获得相同的向量表示。语义空间构造是 LSA 的主要操作，奇异值分解是其中的常用方法之一，大量应用于解决不受限的最小立方问题、矩阵阶次估计和规范相关分析等问题。该技术通过矩阵的奇异值分解，可能使标引词不同的文档转化为相同的向量，单个标引词也转换成为导出的正交因子，这个过程从语义的层面为文献选择标引词，可以帮助解决同义词问题以及多义词问题。

潜在语义标引技术的一般步骤如下。

首先，对文本进行分词处理，统计各关键词语在文献中出现的频率矩阵；对词频矩阵中的词进行加权处理，从而构成词与文档间的词频矩阵，以提高语义空间的质量；将每个标引词的权重设为 $1-\text{entropy}_T$，借助式（5-43）便可以得到矩阵中元素的值。

$$x_{ij} = \log\left((\text{tf}_{TD} + 1)(1 - \text{entropy}_T)\right) \qquad (5\text{-}43)$$

其中，entropy_T 的值可以通过式（5-44）计算得到。

$$\text{entropy}_T = 1 - \sum_D \frac{P_{TD} \log(P_{TD})}{\log(\text{ndocs})} \qquad (5\text{-}44)$$

其中，ndocs 表示文献总数；$P_{TD} = \dfrac{\text{tf}_{TD}}{\text{gf}_T}$，$\text{tf}_{TD}$ 表示标引词 T 在文献 D 中总的频数；gf_T 表示标引词 T 在文献全集中的总频数。

接着，通过奇异值分解得到词频矩阵的相似矩阵，将文档从基于标引词的向量空间表示映射到一个维数较低的正交因子组成的空间上，这个过程不仅可以凸显词语和文献之间联系的内在结构，还能够缩减词-文档向量维数，以提高文档检索效率。

一个 $t \times d$ 的标引词-文献矩阵 X，均可以被分解成三个矩阵的积，X 的奇异值分解如式（5-45）所示：

$$X_{t\times d} = T_0 S_0 D_0' \atop {t\times r} \ {r\times d}} \tag{5-45}$$

其中，$T_0'T_0 = T_0T_0' = I$，$D_0'D_0 = D_0D_0' = I$，$S_0 = \text{diag}[\sigma_1, \sigma_2, \cdots, \sigma_r]$；$r$ 表示 X 的秩；$\sigma_1 \geq \cdots \geq \sigma_r > 0$ 为 X 的奇异值。

奇异值分解的一个优点就是它允许用一种简单的策略（式（5-46）），以一个维数较小的矩阵做初始矩阵的最优近似[128]。选取一个合适的 k 值，将 S_0 中前 k 个最大奇异值和 T_0、D_0 中相应的行和列保留下来，其余的剔除不考虑，得到

$$X_{t\times d} \approx \hat{X}_{t\times d} = T \cdot S \cdot D' \atop {t\times k \ k\times k \ k\times d}} \tag{5-46}$$

其中，$\hat{X}$ 是一个从最小二乘的层次表示 x 的近似矩阵，且它的秩为 k，这是独一无二的，由此可见，$\hat{X}$ 从语义的角度描述了标引词与文献之间的关系，剔除了噪声之类的影响。

在简化后的模型中，通过奇异值分解计算出近似矩阵的相关数据，这个数据要能够表示标引词与文献之间的关系，由于系统中使用的标引词数与维数 k 相差较大，因此不重要的术语区别可以不作考虑；而且，一个标引词在文献中的语义与上下文相关联，在消除多义影响的时候，也需要考虑其他的标引词，文献之间标引词的相似程度也可以削减多义词对多篇文献的影响。

3. 相信函数模型

相信函数模型是一种针对给定的用户查询进行文档自动索引和排序的方法。该模型基于受控词表，词表中的描述符是从它们的同义词中选择的索引术语，可以在描述符的同义词典上定义一个相信函数，描述符的相信函数可以表示文档或用户查询。通过相信函数模型，人们可以用基于同一个确定识别框架的相信函数来代表文献及用户提问，从而计算文献及用户提问之间的匹配程度。当用户提出某一检索问题后，系统需要与文献中特征词所描述的语义内容相匹配，根据匹配的相关性结果对输出文献进行排序。

相信函数模型定义了在文档中出现的受控词表中的每个描述符的基本概率值，根据它的同义词出现频率，将一个基本的概率值分配给描述符，一个基本概率值大于 0 的描述符就可以表示描述符在文档中出现的语义内容[129]。基于对每个文档的语义表示和用户加权查询，相信函数模型可以估计每个文档的相关性程度，这种关联程度被用来对文档进行排序。相信函数模型使用一个加权描述符的向量来表示文档的语义内容或给定的用户查询。它通过计算文档和查询向量之间的数量积来估计文档关于给定用户查询的相关性程度[130]。相信函数模型根据同义词典结构的正交性或非正交性捕获信息，由于词汇表中的每一项都有更窄、更广的同义词和相关术语，因此构建一个概率空间的基础是一项艰巨的任务。

5.2.3 语义标引技术评述

语义向量空间模型指的是一种以句法分析和格式语义结构等为基础的语义标引技术，而且在进行相应事件的行为和动态表述的过程中，除了需要对动作的实质进行罗列之外，还需要使用其他辅助项通过不同的角度对于事件的行为和相应的过程进行表述[131]。而且，在相应的模型中，自然语言文献和检索提问需要通过语义等方式进行表述，系统通过计算语义矩阵的相似程度来对文献和给定事件的相似度进行推理，以实现对相关文献的相应检索。在整个向量空间模型中，自然语言文献和检索提问都可以用于对语义矩阵进行描述，系统通过计算语义矩阵的相似值来对文献和语义的相似度进行判断，最终实现对文献的检索。这种方法在进行语义的处理时，没有使用语言处理专家系统庞大而复杂的结构，而是提出了使用相应的进行自然语言处理的技术，所以在理论和方法的实用性方面得到了有效的提升[132]。但是，该模型中各语义范畴的加权值将会放在相应的标引词的最后，而且直接用于对文献进行相应的标识时，没有考虑到语义范畴与实现这些语义范畴的语句之间的内在关联，无论在语句中各语义范畴是什么标引词，是否有一定的关联，只要是在同一语义范围内，其在文献中的分布都是通过计算总频率数得到的，用此方法得出的语义范畴加权值只用于在文献中的分布，分布特征主要是通过对自然语言的属性的认识获得的，而与文献内容之间没有相应的关联。

通过和标准的向量空间模型进行有效的对比，相信函数模型可能更加适用，因为它不需要对每篇文献的所有的表述词之间的正交关系进行阐述。全部有关叙词间相似性的信息都可以借助于标引叙词表而取得[133]。在相信函数和相关的模型之中，受控叙词表可以说发挥了十分重要的作用，尽管理论方面主要是通过计算机实现的，但对于这种具有较复杂词间关系的大容量的表格，实际构建还需要进行大范围的人工干预。

潜在语义标引技术是以常见词和相应的矩阵等作为切入点的，通过单值等相应的指标对信息进行分析，建立起潜在语义结构模型[134]。所以，如果文献和提问检索词无法保持匹配的情况下，利用该方法也可以取得较好的结果。将词汇空间映射成相应的语义空间，以便更好地表达特征项和文本之间的特点，然而缺乏相应的解析和表达，并没有正确地揭示出其内在的关联。另外，由于每个词在潜在语义空间中只可以占据一个位置，所以该方法还无法进行多义词的处理[135]。在简化的 SVD 中，文献集合中一个含义模糊的词将会放在很多的具有独特含义的词的中心，而这对于检索则十分不利。尽管使用以上的方式存在一定的问题，但是许多学者对其进行了相应的实验，并且认为潜在语义标引技术仍然是当前十分主流的分析方法。

潜在语义标引技术、语义向量空间模型等在其中占据了有利的位置，它们有很多相同的地方[136]：文档可以表述为索引词的集合；关键词的作用可以通过权值等指标反映。同时，这类语义标引模型也需要以一定的假设为前提，如出现在文档中的关键词之间彼此独立、关键词不会出现二义性。这些标引模型通过一定的假设，可以减少对问题的处理过程，而且可以提升工作效率，但是对于最终的结果将产生一定的影响。

在实际工作中，基于这些标引模型的语义标引系统中也存在很多相关的问题：可能产生很多无用信息；有用的结果中和需要分析的问题中相关信息相对较少；和用户需要的结果明显不一致等。因此，概念的获取和描述是语义标引工作的首要任务，概念间联系的获取和相关的描述也处于同等重要的地位[137]。所以，概念、概念间联系的识别，以及相应的领域知识体系的获取也成为整个工作的基础。本体是领域知识做出了相应的抽象和规范化的说明，不仅可以对其中的概念进行解释，而且对语义之间的关系也可以进行阐述。其可以让检索在语义环境下的功能得到扩展，而且避免产生其他信息。因此，基于本体的知识组织是实施语义标引的理想选择。

通过对上面提出的最具有代表性的语义标引方法的全面分析，可以看出，现在的语义标引技术还需要进一步的发展。而且，本书对语义的发展方向进行了展望。

（1）标引所依赖的本体需要进行细致的分类，统一各个用户之间的标引方式和提供的本体，以便对其中的精度进行相应的提升。这些年，随着本体的研究和学习的深入，本体可以自动地建立模型，并且在自动语义标引中得到更多的应用。基于本体的语义标引方法是在概念的基础上对相关的文本进行标识，并可以把概念之间的关系理顺，标引结果可以用于对语义进行检索。

（2）未来的标引发展都需要进行大量的学习，可以通过自身的不断学习更好地推动在不同的环境下进行检索的需要，多种平台可以进行相应的合成学习，促进语义标引方法向自动化方向发展，而且可以在一定意义上提升自动标引的质量[138]，多种标引模型或方法的集成学习使得模型和结果之间有一定的差异，同时保证标引结果优于随机结果。所以，需要找到更好的学习方法，并且使用在自动标引任务中，这是未来的研究重点。

（3）语义标引的应用范围也会得到不断扩充。语义标引发展到当前，已经可以使用在文本检索、自动问答等相关领域[139]，随着互联网技术的开发，语义标引也会在很多全新的领域得到应用，而且包含更多的功能。

5.3 关联数据技术

2006 年，互联网之父 Tim Berners-Lee 在分析 Web 的发展与演变的基础上提出了发展数据网络的思想，指出数据网络的核心和关键就是关联数据[140]，并制定了关联数据的"四原则"。自此，国内外研究人员便开始关注关联数据并对其进行深入的研究。

针对目前关联数据技术研究的现状，本书将其大致划分为五个主题领域，分别是关联数据的理论研究、关联数据的创建与发布研究、关联数据的互联研究、关联数据的质量与维护研究及关联数据的应用研究，从而便于人们对目前的关联数据技术有更清晰和深入的认识。

5.3.1 关联数据的理论

关联数据是通过 URI、超文本传输协议（hypertext transfer protocol，HTTP）、RDF 等语义网技术对网络上的数据资源建立语义关联，在语义网上实现发布、共享、关联各类数据、信息和知识的一种方式。具体来说，就是关联数据采用 RDF 数据模型，利用 URI 命名数据实体来发布和部署实例数据与类数据，从而可以通过 HTTP 来揭示并获取这些数据[141]，它的出现使得语义网的发展取得了实质上的突破，被万维网联盟（World Wide Web Consortium，W3C）推荐为语义网的"最佳实践"。

不断增长的数据世界大部分是非结构化的，据估计，书籍、期刊、文件、社交媒体内容和日常新闻文章等信息来源多达 90%为非结构化数据，因此，了解所有数据并揭示隐藏在下面的知识，是一项具有挑战性的任务。随着语义 Web 活动逐渐取得良好的发展势头，关联数据模式成为解决智能信息管理领域所面临的最大挑战（例如，对于搜索和查询，Web 应用程序和信息集成的开发等）的强有力候选模式。就像人们在网页上发布非结构化文本信息，并使用基于关键字的搜索引擎搜索这些信息一样，关联数据技术已经能够轻松地发布结构化信息，可靠地将这些信息与网络上发布的其他数据相互联系起来，并通过使用更多的表达式查询搜索结果数据空间，从而超越简单的关键字搜索。关联数据模式已经演变为将当前面向文档的 Web 转换为互联数据网络的强大推动因素，并最终推动语义 Web 的进一步发展。

关联数据制定了关于内容描述的四项基本原则：

（1）使用 URI 作为任何事物的标识名称，不仅限于对文档的标识；

（2）使用 HTTP URI，使人们可以轻松地参引这些全局唯一的名称；

（3）当人们访问 URI 的时候，能够按照一定的标准（如 RDF 或 SPARQL）向人们提供有用的信息；

（4）尽可能提供相关联的 URI，以便人们通过关联数据发现更多的有用信息。

1. 使用 URI 标识数据项

使用 URI 标识数据项，在数据中描述属性和关系，包括 Web 文档以及真实世界的实体和抽象概念。例如，为某个作品、作者、机构、家庭等实体提供唯一的

URI 参引，或是对每个主题、概念、术语、事件、分类词或属性词等提供唯一的出处。HTTP URI 的结构如下：

[scheme：][//authority][path][？query][#fragment]

例如，识别莎士比亚的"奥赛罗"的 URI 如下：

http://de.wikipedia.org/wiki/Othello#id

2. 使用 HTTP URI 提供全局唯一名称

HTTP URI 提供了一种创建全局唯一名称的简单方法，所有者可以很方便地创建新的 URI 引用。它们不仅是作为一个名称，而且还作为访问描述标识实体信息的手段。这意味着 HTTP 客户端可以使用 HTTP 查找 URI，并检索对该文件进行标识的资源的描述。资源的描述以 Web 文档的形式体现，人们想要阅读的描述通常表示为超文本标记语言（hypertext markup language，HTML），机器使用的描述表示为 RDF 数据。在用 URI 标识真实世界对象时，注意不要将对象本身与描述它们的 Web 文档混淆在一起。因此，通常的做法是使用不同的 URI 来标识真实世界的对象和描述它的文档，以便加以区分。这种做法允许对对象和关于描述该对象的文档进行单独的访问。例如，一幅画的创作年份可能与一篇有关这幅画的文章的创作年份相同。通过使用不同的 URI 能够区分两者，对于保证数据的一致性至关重要。

3. 依靠 RDF 数据模型进行关联

关联数据的 URI 除了能够在 Web 上唯一标识资源对象之外，还能起到定位作用，从而"关联"数据。具体的关联是依靠 RDF 文件中的大量资源链接来实现的，这些链接不仅决定了数据的语义，也通过属性来关联其所能链接到的相关资源实体。因此，关联数据采用 RDF 数据模型帮助其关联更多的相关资源。

RDF 数据模型将信息表示为一组语句，该组词语可以视为节点和弧标记的有向图[142]。数据模型是针对来自多个来源的信息的综合表示而设计的，是非均匀结构化的，并且在不同的模式下表示。RDF 可以视为通用语言，能够在 Web 上使用的其他数据模型之间进行调节。在 RDF 中，信息在语句中表示，称为 RDF 三元组。每个三元组的三个部分称为主体、谓词和客体，例如，RDF 一般的表示形式有三种：XML 形式、标示图、三元组。它们虽然表示方法不同，但表示的模型都是一样的，即包括主体、谓词和客体。例如，XML 形式表示如下：

```
Burkhard Jung       is the mayor of       Leipzig.
(主体 subject)      (谓词 predicate)      (客体 object)
<rdf: RDF
    Xmlns: rd="http://www.w3c.org/1999/02/22-rdf-syntax-ns#"
    Xmlns: dc="http://purl.org/meta data/Dublin_core#"
```

```
>
<rdf:Description about="http://www.spided-online.com/Articles/
00054c3.htm">
<dc: creator>Mick Hume</dc: creator>
</rdf: Description>
<rdf:Description about="http://www.spided-online.com/Articles/
00054e9.htm">
<dc: creator>Mick Hume</dc: creator>
</rdf: Description>
</rdf: RDF>
```

RDF 标示图示例如图 5-4 所示。

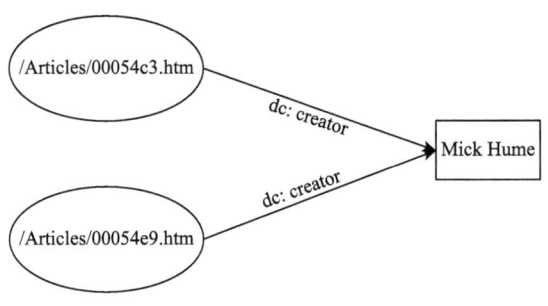

图 5-4　RDF 标示图示例

三元组集合形式表示如下：

{http://www.spided-online.com/Articles/00054c3.htm，dc: creator，Mick Hume}

{http://www.spided-online.com/Articles/00054e9.htm，dc: creator，Mick Hume}

综上所述，关联数据的相关技术主要包括 Web 技术的 URI、HTML 和 HTTP，还包括 RDF 和网络本体语言（web ontology language，OWL）等语义网技术[143]，同时对数据的访问方式进行了标准化，用户或代理无须知道某具体关联数据发布网站的体系架构、存储方式等任何技术细节，只需要知道 Web 服务器地址，就可以直接采用一定的查询技术进行访问，并可能关联发现更多的有用信息。它以更加便捷、高效的方式将信息孤岛关联起来，使之形成一个巨大的数据互联网络。

5.3.2　关联数据的创建与发布

1. 创建与发布的流程

对应 Linked Data 四原则，关联数据的创建与发布流程包括六个关键步骤。

（1）数据建模：主要任务是定义待发布实体的基本属性信息，选择或设计相关的 RDF 词表，对需要发布的信息资源进行标注，并厘清各实体间的关联关系，定义待发布实体之间的语义关联。

（2）实体命名：主要任务是为每个实体赋予一个描述实体的概念，并以唯一可解析的 HTTP URI 进行标识。

（3）实体 RDF 化：主要任务是将每一个实体描述为符合 RDF 数据模型的语义三元组形式。既可以借助适当的现有 RDF 词表（例如，都柏林核心（Dublin-Core，DC）元数据词表等）来定义类名和属性名，从而形成适于关联数据环境的 RDF 描述文档；当现有的 RDF 词表无法表达某个数据所需的类和属性时，也可以自定义词汇来对数据进行语义标注，但创建的词汇应该是能够被人和机器所理解，其 URI 是可参引的，且要有利于网络数据的关联与交换。

（4）实体关联化：主要任务是使用 RDF 链接描述不同实体之间的关联关系。即将数据中原本存在的数据关联转换为 RDF 文档中实体或概念间的语义链接，同时，构建指向外部关联数据集的语义链接，从而体现出关联数据的语义关联特性。

（5）实体发布：主要任务是配置发布服务器，其负责解析每个实体的 URI，并利用 HTTP 内容协商机制中的 303 重定向策略或 Hash URI 策略返回正确的网页描述和 RDF 描述[144]。303 重定向策略是指通过 HTTP 发送 303 指令给客户端，客户端根据重定向规则继续发送请求，HTTP 文件头请求的文件类型由客户端浏览器支持 HTML 数据格式还是 RDF 数据模型格式来决定；Hash URI 策略是指采用"#"分离 URI 的方式，"#"分离的 URI 的前面用来方便浏览器解析定位，而采用"#"分离的 URI 的后面用来共同标识非信息资源，并允许支持 RDF 数据模型的浏览器参引到该关联数据的位置[145]。

（6）开放查询：关联数据文档发布到 Web 网络中之后，需要利用 URI 解析或 SPARQL 查询机制提供适用于各类应用程序的数据访问、浏览与查询功能。例如，配置 SPARQL 服务端，对外开放 SPARQL 语义查询接口。

2. 关联数据创建与发布的方式

关联数据创建与发布方式并不是一成不变的，根据数据量大小、数据更新频率及数据存储方式的不同，需要选择合适的创建与发布关联数据方式。

如果数据量很小，只有很少的 RDF 三元组，则只需要对现有的 Web 服务器软件进行一定的设置，采用静态的 RDF 文件形式发布，将生成的 RDF 文档上传到 Web 服务器即可；如果数据量很大，则需要后台有支持关联数据规范发布方式的数据库管理平台，并将它们放进 RDF 库中；如果数据的更新频率很高，就需要引入更新机制；对于以关系数据库方式存储的数据，可以采用基于关系数据库的方式来发布，如 D2R 服务器等，利用系统的管理功能，编制相应的映射文件，实时地将数据的表、行、列或值等映射为 RDF 数据中的类、属性、资源、属性值等；如果数据通过应用程序接口（application programming interface，API）可用，那么选择基于 API 封装的方式进行关联数据的发布[146]。

目前，开源软件中已经有著名的内容管理平台 Drupal 全面支持关联数据，Ruby on Rails 也开发了完整的支持模块，还有 D2R[147]和 Auer[148]等。由于现在大多数数据仍然存储在关系数据库中，如结构化查询语言（structured query language，SQL）、Oracle 数据库等，因此 D2R 便是目前一个非常流行的工具，它的作用是将关系型数据库发布为 Linked Data，即从数据库到 RDF 数据的转换。目前，开放关联数据（linked open data，LOD）中有很多大型数据集都采用了这种发布方式。D2R 主要包括 D2R Server、D2RQ（database to RDF query）Engine 以及 D2RQ 映射文件，如图 5-5 所示。

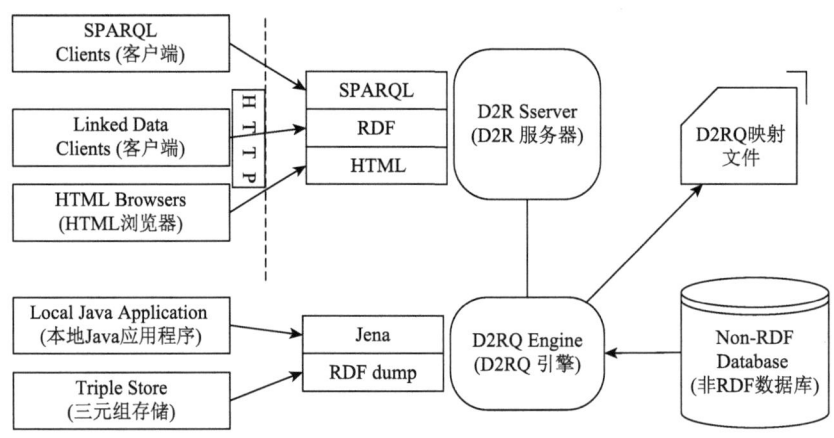

图 5-5　基于 D2R 的关联数据发布方式

D2R Server 是一个 HTTP Server，它的主要功能是提供对 RDF 数据的查询访问接口，以供上层的 RDF 浏览器、SPARQL 查询客户端以及传统的 HTML 浏览器调用。

D2RQ Engine 的主要功能是使用一个可定制的 D2RQ 映射文件将关系型数据库中的数据换成 RDF 格式。D2RQ Engine 并没有将关系型数据库发布成真实的 RDF 数据，而是使用 D2RQ 映射文件将其映射成虚拟的 RDF 格式[149]。该文件的作用是在访问关系型数据时将 RDF 数据的查询语言 SPARQL 转换为 RDF 数据的查询语言 SQL，并将 SQL 查询结果转换为 RDF 三元组或者 SPARQL 查询结果。

D2RQ 映射文件的主要功能是将关系型数据转换成 RDF 格式的映射文件。

5.3.3 关联数据的互联

构建关联数据间的语义链接，是关联数据实现互联的关键。关联数据网络以及数据集成的核心问题是识别描述相同现实世界对象的不同数据源中的实体。数据提供者通过在数据源之间设置 RDF 链接来简化 Web 数据的集成。除了关联实体之外，Web 数据集成还需要用于描述实体的不同词汇的对齐以及数据源之间数据冲突的解决。利用半自动或自动的方法，可以创建出存在于不同数据集数据之间的关联，并且在源数据和目标数据发生变化的时候保持关联信息准确、及时更新。在数据量特别大的时候，自动关联算法就变得非常必要，一般情况下可以通过配置化的规则来完成[150]。除了通过外部链接建立数据集与数据集之间的 RDF 关联之外，也可以采取推导传递法对实体之间的关联数据进行自动关联，主要利用第三方数据关联传递来实现数据集内部关联数据的关联。采用这种关联方法的好处在于：可以发现除等同关系以外的更多更丰富的实体之间的关联关系[151]。

对于关联数据互联的方法和策略，国内外的学者对此进行了深入研究：邓兰兰、李春旺在《关联数据资源集相似度计算方法研究》和《Web 数据关联创建策略研究》中调研、对比、分析了关联数据的各类关联关系创建算法和策略[152]；SWEO（Semantic Web Education and Outreach）研究组的关联开放数据项目已经在网络中发布了各类型 RDF 格式的开放数据集，并研发了自动互联机制[153]；白海燕、朱礼军在《关联数据的自动关联构建研究》中详细介绍了三种自动关联构建的方法——基于实体的文本映射、基于图相似度的映射和基于规则的关联构建[154]。

（1）基于实体的文本映射。其是实现自动关联的基本方法，这种方法是对不同的数据集进行文本检索，通过简单的文本或者扩展文本匹配，判定数据集是否具有共同的、可匹配的文本，以及这两个或多个 URI 是否指向同一用户实体。例如，在数据集 D_1 中确定某一实体对象 a，以此文本为键值，在目标数据集 D_2 中查找是否有相同实体对象 a，如果存在，则使用 owl: sameAs 自动建立实体间的等同映射关系。

（2）基于图相似度的映射。其是对 RDF 三元组比较的扩展，它以 RDF 图的形式对实体进行匹配比较，按图所包括的各个三元组进行全面比较。如图 5-6 所示，在数据集 D_1 中，选取作品标签"蒙娜丽莎"，以此为键值，在数据集 D_2 中查找到两个标签为"蒙娜丽莎"的作品 a、b。通过 URI 参引，得到这两个作品的 RDF 三元组图。通过 RDF 图进行整图匹配比较、相同位置的节点文本相似度计算，从而得出数据集 D_2 中的实体 a 与数据集 D_1 的"蒙娜丽莎"存在等同关系[155]。

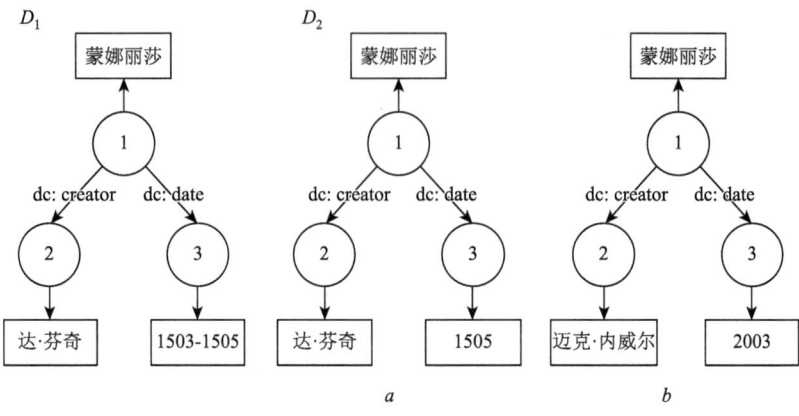

图 5-6 RDF 图

(3) 基于规则的关联构建。除了上述通过文本映射 owl: sameAs 或 RDF 图相似度映射来关联相同实体外,还需要识别和确定不同实体间的属性关系,生成 RDF 谓词,从而实现两个实体间类的关联,主要包括下位类对上位类属性的继承(下位类与上位类之间的链接),以及两个本体类中属性的双向继承(同位类之间的链接)。基于规则的关联构建能够构建一些更为丰富的关联关系,促进关联数据互联的实现。

基于规则的关联构建能够创建较为丰富和复杂的关联数据实体之间的关联关系,它依赖于特定的数据模型和相关规则。例如,作品(work)是一个实体,蕴含着抽象的艺术,通过不同的内容表达(expression)来实现,如同一作品的不同语种、版本等;而载体表现(manifestation)是通过物理介质实例化内容表达的实体,如印刷本、光盘版等。如表 5-1 所示,美国国家数字图书馆项目的词表注册系统的 FRBR(functional requirements for bibliographic records)关系词表中的 FRBR 关系可以构建上述实体之间的关联。

表 5-1 FRBR 关系表

关系名称	关联指向	含义
is Realized Through	work→expression	作品通过内容表达实现
is Realization Of	expression→work	内容表达是作品的实现
is Embodied In	expression→manifestation	内容表达通过载体表达实例化
is Embodiment Of	manifestation→expression	载体表达是内容表达的实例
other Expression As	expression→expression	参见其他表达形式
other Manifestation As	manifestation→manifestation	参见其他载体形式

综合以上学者的研究，常用的关联数据互联策略有基于文本映射、基于图相似映射和基于规则等关联方法。对于同构数据，可以应用字符或字符串相似度算法以及基于字典的相似度算法等判断属性值，也可以通过聚合分类模型等方法来判断两个对象实例的等同关系，从而分析出数据的属性值以及语境相似度，以此来进行二者之间的互联；而对于异构数据，关联数据互联的基本策略是建立异构数据之间的架构映射，然后运用各类型相似度算法或各种模型来创建它们之间的关联[155]。

因此，词汇映射或模式对齐步骤是不可避免的，因为不同的 LOD 提供者可能会使用不同的词汇来表示相同类型的信息。不同数据源之间一个重要的问题是缺乏数据一致性，即使用不同的词汇和数据格式在不同的数据集中描述了相同的现实世界实体，并且描述通常包含名的值，将不同词汇中的术语翻译成目标词汇尤为重要。关联数据源使用不同的词汇来描述相同类型的对象。将来自不同的、被广泛使用的词汇中的术语与专有术语混合也是常见的做法。

在 LOD 项目背景下开发的词汇映射，数据交互的工具主要包括 R2R（RDF Dataset to RDF Dataset）和 Silk 等。R2R 支持词汇映射[155]，Silk 有助于创建和评估最终链接[156]。

（1）R2R 是常用的开源框架，包括用于表达术语对应的映射语言，如何在 Web 上发布映射的最佳实践，以及根据映射将数据转换为给定目标词汇的 Java API[31]。同时，它还提供了 R2R 图形用户界面，一个 Web 应用程序，允许在位于 RDF 转储中的数据源上加载、编辑和执行 R2R 映射。R2R 映射语言被设计用于将映射作为关联数据发布在 Web 上，所以映射表示为 RDF，每个映射都被分配一个 URI。映射语言涵盖 RDF 数据集使用不同测量单位的用例的价值转换，并且可以处理词汇元素之间的一对多和一对一的对应[155]。R2R 还可以使用修改器来分配数据类型和语言标记，或者使用模式将文字转换为相应的 URI 引用。

（2）Silk Link 发现框架，该发现框架基于用户提供的或自动获取的链接规则生成数据项之间的 RDF 链接[32]。数据提供者可以使用 Silk 在现有的 Web 数据集中生成 RDF 链接点，然后将它们与主要数据集一起发布。此外，使用关联数据的应用程序可以使用 Silk 作为身份解析组件，以便通过发现额外的 RDF 链接来增加数据。在 Silk 关联规则中，使用声明性语言表达，并定义数据项必须符合的条件以便相互联系。连接规则定义了哪些属性应该进行比较（例如，一个数据集中的标题和另一个数据集中的标签），哪些相似性度量应该用于比较，以及它们如何组合。为了解决这个问题，Silk 实现了活动 Gen 链接算法[156]，它结合了遗传规划和主动学习技术，以交互式生成高质量的表达联动规则，最大限度地减少了人类专家的参与。

5.3.4 关联数据的质量与维护

1. 关联数据质量评估

前面提到词汇对齐和相互关联的步骤导致源自多个异构数据源的互联实体描述。这些来源的数据质量非常多样化,由于数据提取错误或人为数据编辑器的错误,值可能已过时、不完整或不正确。不仅如此,关联数据的整个生命周期都离不开质量控制,从最初的关联数据创建时的语义标注,到发布关联数据时的发布方式及其链接的有效性等,再到使用关联数据时的查询及维护[157]。数据质量具有许多维度,如准确性、及时性、完整性、相关性、客观性、可信度、可理解性、一致性、简洁性、可用性、验证性等,并且这些维度彼此不是独立的。可见,为了使关联数据应用程序有效地使用数据,应根据其质量进行评估和集成[158, 159]。

RDF Unit 是测试驱动的关联数据质量评估框架,灵感来自测试驱动的软件开发。测试驱动软件开发的一个关键原则是在实现实际功能之前,自动测试方法的实施。与软件源代码测试相比,测试用例必须手动实施或具有有限的程序化支持,关联数据质量测试的情况更有优势。RDF Unit 通过为知识库的数据质量测试设计基于模式的方法来利用 RDF 数据模型。本体论、词汇和知识库可以伴随着一些测试用例,有助于确保基本的质量水平。这是通过采用 SPARQL 查询模板来实现的,这些模型被实例化为具体的质量测试 SPARQL 查询[160]。一旦测试用例被定义为某个词汇表,就可以将它们应用于所有重复使用这个词汇的元素的数据集。每当数据被更改时,可以重新执行测试用例。由于方法的模块性,测试用例与某些词汇元素绑定在一起,因此可以很容易地导出重新使用现有的数据集的新兴数据集的测试用例。

2. 关联数据链接有效性分析

除了关联数据本身的质量之外,用来关联数据与数据的链接是否准确有效,也成为关联数据质量提高的一个重点关注的问题。Web 链接验证器通过将数据集成到 LOD 云中,能够发现网络之间的链接,从而对其进行有效和正确的评估。Web Linkage 验证器是一个基于 Web 的工具,它允许知识库所有者改进他们的关联数据,并评估他们与 LOD 云集成的关联数据。目标是为 LOD 栈提供一种工具来帮助他们评估链接之间的 LOD 数据集。它分析数据集具有的实体之间的链接以及来自其他数据集的实体的链接。它将帮助知识库用户提高数据集链接的质量。

3. 关联数据维护

关联数据的数据集也不可能是一成不变的，当关联数据互联之后，一旦某个数据集的内容发生更改，其他相互关联的信息也要及时地增加、修改和删除，因此需要适当的机制及时通知关联的变更，常用自动同步机制等来完成这项工作，在关联的数据集之间及时传递更新信息。

Haslhofer 和 Popitsch 提出 DSNotify，用来检测和修复 LOD 数据集之间的断链[161]。PTSW（ping the semantic web）提供了针对 RDF 数据的在线归档服务，为网络爬虫及其他的软件提供最近更新的 RDF 数据。一旦某个数据源的 RDF 数据发生更改，它就会通过 PTSW 的服务接口来通知该内容的更改，从而保证归档 RDF 数据的一致性。另外，关联数据动态链接维护协议针对数据网络中的链接同步问题，定义了发送链接至目标、获取目标变化列表、将变化发布给目标三种用例，并详细定义了不同消息的具体格式。

在 Linked Data 质量与维护过程中，还有一些细节问题需要解决，如 RDF 数据的溯源、基于第三方数据集的互联、数据集关联度的计量、RDF Link 的断链检测问题等。

5.3.5 关联数据的应用

关联数据的应用可以分为：通用的关联数据应用，即可以处理来自任何主题领域的数据，主要有关联数据浏览器和关联数据搜索引擎等；特定领域的关联数据应用，即将关联数据技术应用到各个领域中，如在图书馆的应用、知识管理体系的应用、农业信息的应用、生命科学应用、政府应用、地理应用、新闻媒体应用等[162]。

1. 通用的关联数据应用

关联数据浏览器、关联数据搜索引擎和索引可以应用在各个领域中，以帮助用户通过各数据之间的 RDF 链接在不同的数据源之间跳转，从一个数据源开始查询并浏览，逐渐遍历网络上所有相关联的资源。也可以通过跟踪 RDF 链接从而在网络上抓取关联数据，并进行检索。常见的关联数据的浏览器如表 5-2 所示。

表 5-2 常见的关联数据浏览器

浏览器	开发者
Tabulator RDF Browser	Tim Berners-Lee 等
Quick and Dirty RDF browser	University of Southampton

续表

浏览器	开发者
OpenLink Data Web Browser	OpenLink
Zlinks	—
Marbles	—

关联数据的浏览器不同于传统的浏览器,它们大多数运行在服务器端,除了少数提供客户端浏览器插件外,大多数可以为用户提供基于网页浏览器的浏览界面。

将关联数据的浏览与检索技术相结合,可以给用户提供更加智能的关联数据浏览服务。Marbles 是比较有特色的一款关联数据浏览器。Marbles 采用了 Fresnel 与样式单,通过对 RDF 数据内容的选择、排序及格式化,为人机都可以理解的 RDF 数据产生比较友好的人机交互界面[163]。

2. 特定领域的关联数据应用

将关联数据作为一种技术应用到特定的研究领域,是目前常用的一种形式。随着 LOD 云图中的数据集数量不断地大幅增加,覆盖范围也不断地扩展,关联数据应用的主要研究机构涉及图书馆、政府和企业等。

1) 关联数据技术在图书馆的应用

图书馆在关联数据运动发展中扮演着重要角色,它既可以作为数据的发布者又可以作为数据的消费者。当前,图书馆界主要是利用关联数据整合分布式异构数据源的能力[164],主要应用方式有以下两种。

(1) 图书馆将自身特色数据以关联数据的形式发布,并将这些关联数据推送到网络中。这种应用方式是当前图书馆界应用最为广泛的方式,如美国国会图书馆、瑞典国家图书馆、法国国家图书馆等多个国家级图书馆在应用关联数据初期都是采用这种应用方式,发布了包括书目数据、规范数据等在内的 18 个关联数据集。其中,瑞典联合目录(library information system for Sweden,LIBRIS)作为全球率先关联数据化的联合目录,由瑞典皇家图书馆负责管理,将其书目数据发布成关联数据,开放了来自全世界 200 多个成员图书馆的 650 多万条书目记录和 25 万多条规范文档记录,并创建了与 DBpedia 的链接[162]。此外,LIBRIS 还发布了包括对国会图书馆主题词表的互联在内的书目、文档记录以及规范之间的关联。

(2) 利用关联数据扩展图书馆资源,如通过关联数据扩展其目录检索界面、浏览更多更新结果、展示更多馆藏信息等[164],将自身数据与其他图书馆、档案馆以及博物馆等的数据进行互联,从而扩展自身资源的范围,共享数据。Open Library

是为了实现"每一本书都有一个网页"这个目标而构建的网站,到目前为止,该网站已经收集了 30 多亿条记录(其中有 1340 万条记录可通过网站获取)。现已建立了用于处理大量动态信息的全新数据库基础设施和维基界面,用户可以搜索数百万本书籍记录,以及对 23 万多本扫描图书进行全文检索[165]。在开放数据共享许可协议下,英国的哈德斯菲尔德大学图书馆将自身的流通数据和荐购数据共享给其他图书馆,这也为其他图书馆在探究读者借阅兴趣以及馆藏资源建设等方面提供了很大的帮助[166]。

2) 关联数据技术在政府中的应用

政府开放数据涵盖了与生活相关的几乎所有领域的数据资源,不仅包含农业、医疗,还包括交通、环境等领域数据。关联政府开放数据,其目的是帮助政府部门和人员更有效地使用这些数据,通过关联数据技术,将政府开放数据与具有相关性的数据进行关联,实现数据资源之间、领域资源之间的互联,从而实现对地区的高效管理,为地区的经济建设做出贡献。

在政府公共信息服务领域中,美国最先开展关联数据的实践应用,2009 年 5 月,美国的政府数据开放门户网站 Data.gov 上线,紧随其后,2010 年 1 月,英国的政府数据开放门户网站 Data.gov.uk 上线,加拿大、澳大利亚、新西兰、新加坡、肯尼亚、挪威、荷兰等国家和地方政府相继建立起本国的政府数据网站,纷纷大批量地公开数据[167]。美国伦斯勒理工学院开发的 Data-gov Wiki 可以根据关联数据原则,将美国的政府数据开放门户网站 Data.gov 中的数据集转换为 RDF 格式,并通过 HTTP 来传递,最终以关联数据的形式发布和呈现[168];英国政府管理和发布的关联数据主要包括统计数据与地理空间数据。在国内一些发展相对较快的城市,如北京、上海、浙江、武汉、青岛等地区也都相继建立并开放了各自的政府数据及网站。这也意味着开放政府数据已成为政府的一项重要工作。

3) 关联数据技术在企业中的应用

具有前瞻性的公司和企业正在使用语义技术来管理他们的企业信息。无论内部还是外部,各种来源的可用性、语义标准和框架的成熟度以及形成大量数据的大数据技术的出现促使公司将企业内部信息系统从传统的公司仓库转变为语义业务数据中心。例如,企业现在有超过 30 000 个提供产品和服务的组合,不可能使用简单的 XML 元素来描述复杂的组件。显然需要为数据集提供明确的定义或简要说明,以便于数据层的集成。也就是说,从传统企业信息管理向关联开放数据兼容范式的转变是企业发展趋势的一个方向。

一些大型机构,如 Google、英国广播公司(British Broadcasting Corporation,BBC)、雷诺等企业均参与到关联数据的应用之中:Google 支持使用微数据、微格式、结构化标记 RDF 等来丰富其网页摘要,从而将一些有用的信息第一时间传递给搜索引擎,方便用户检索和使用信息;BBC 利用关联数据技术,建立企业先进的语义媒体库,它给每个节目都创建了专属的网页和静态地址,使得每个知识单元都有各自的结构化描述和永久地址,使得人们可以利用网站来进行节目推广,并对节目的发布、推送、组织和存档进行有效管理。同时,BBC以同样的方法建立了 40 多万位艺术家的信息,60 多万个播出节目,700 多万个音轨,以及 3 万多个 Labels 的完整资料,将位于互联网上位置不同但主题相同或相似的数据进行相互链接,从而达到利用开放数据链接云中的其他数据对内容进行扩充的目的,方便人们搜索使用,为企业的进步与发展奠定了良好的基础[169]。雷诺则是利用关联数据技术解决企业异构资源整合的问题,它将企业的数据仓储以关联数据的形式来发布,通过采用 RDF 数据模型简化了企业各异构系统之间的交流和整合[170]。

因此,在企业中采用关联数据技术的好处是多维度的:解决业务中的数据异构性和集成问题;在企业内部和跨企业建立价值链;数据意义可以搜索相关信息;增加现有数据的价值,并使用双重和预测分析技术创造新的见解;链接数据是一种附加技术,意味着不需要改变现有的基础设施和模型;通过成为 LOD 技术的早期适配器获得竞争优势等。

5.3.6　关联数据技术述评

综上所述,随着关联数据技术的飞速发展与应用的普及,通过将不同领域、不同形态的数字图书馆中的知识资源创建与发布为关联数据,让数字图书馆中的各种资源建立关联,从而为不同类型、不同语言、不同粒度的数据资源的研究提供了一种新途径。因此,关联数据在知识服务中所起到的作用也显得相当重要,其主要优势体现在以下几个方面。

(1) 作为关联数据发布的所有数据集共享统一的数据模型——RDF 语句数据模型。使用这种数据模型,所有信息都由主体、谓词和客体组成的三元组表示。主体、谓词或客体位置中使用的元素主要是全局唯一的标识符(URI)。可以在对象位置使用文字,即类型化的数据值。

(2) URI 不仅用于识别实体(因为它们可以以与 URL 相同的方式使用),还可以定位和检索在 Web 上描述与表示这些实体的资源。

(3) 当 RDF 三元组包含来自不同命名空间的 URI 时,该三元组基本上建立了由主体识别的实体(并使用命名空间 A 在源数据集中描述)与由对象标识的实体(使用命名空间 B 在目标数据集中描述)之间的联系。通过这种类型的 RDF 链接,数据之间可以实现有效的相互关联。

(4) 由于所有关联数据源可以共享用于表示知识的 RDF 数据模型,因此比较易于实现不同关联数据集的句法和简单语义集成。而且通过采用模式和实例匹配技术可以实现更高级别的语义集成,并通过映射等技术将 RDF 词汇和本体对齐再次发布关联匹配。

(5)发布和更新关联数据相对简单。另外,一旦关联数据源被更新,它是直接访问和使用更新的数据源,不需要耗时去修剪、提取、转换和加载。

通过上述分析,不难看出关联数据使得知识的表达和组织从以文献为单元的物理层次上升到以知识为单元的认知层次,从单纯的低层次的语法处理转变为高层次的语义处理,从而为数字图书馆提供多粒度集成知识服务提供了良好的技术支撑。

第6章 数字图书馆多粒度关联数据创建与发布研究

多粒度关联数据创建与发布是实现数字图书馆多粒度集成知识服务的基础，为实现数字图书馆多粒度关联数据的创建与发布，本书在对文献逻辑结构进行深入分析的基础上，提出了数字图书馆多粒度关联数据的创建与发布方法，以实现数字图书馆知识资源的深度揭示与多粒度关联组织。

6.1 数字图书馆多粒度关联数据创建与发布框架

数字图书馆知识组织的单位可以基于各种知识粒度，如以文献为单位（通常借助学科体系分类法、主题法等组织系统进行组织）、以页为单位（通常通过构建倒排文档的方式，实现对页面的组织）等。知识组织粒度的大小直接决定了知识服务的效果和效率。这是由于，一方面，知识组织的粒度在一定程度上决定着知识的可集成程度，知识组织的粒度越细，越能揭示出知识之间的各种隐性关联，关联集成的程度越高；另一方面，知识组织的粒度也决定着知识服务的针对性或个性化水平，知识组织的粒度越细，越能满足越来越细分的特定用户的个性化需求。

当前，大多数数字图书馆知识组织的粒度通常是以文献或页面为单位进行组织的，这种知识组织方式是建立在知识的物理载体单位的基础之上的，知识组织的粒度较粗，虽然能够在一定程度上满足用户对粗粒度知识的需求（如满足用户系统了解某方面知识内容的需求），但是在很多情况下，用户通常只是想获得某个概念、方法、事实、数据等细粒度的知识，因此这种以文献或页面为单位的粗粒度知识组织方式就会导致知识服务的过载问题，用户不得不从文献中自行寻找自己所需的知识内容，无形中增加了用户的认知负担和成本。

事实上，从文献的创作过程来看，文献创作者通常会围绕某个中心主题展开论述。为揭示核心主题，文献创作者大多会将核心主题细分为多个子主题详细论述，直至细分到能够充分阐明其中心主题为止。每个主题都可以被看作一个知识粒度，主题越概括，对应的知识粒度越大，主题越细分，对应的知识粒度越小。文献主题的逻辑关系决定了文献中知识粒度的结构特征，使得知识呈现出一种多粒度的层级结构。

基于上述分析，本书指出可以依据文献所论述主题的逻辑结构对文献所载荷的知识内容进行多粒度层级分割与组织，以为多粒度集成知识服务奠定基础。该知识组织方式的基本流程可以概括为：首先，依据文献主题的逻辑结构对文献中包含的知识内容进行多粒度层级分割；然后，依据文献主题以及主题之间的语义关系对多粒度层级分割结果进行语义揭示，构建文献知识内容的多粒度层级语义模式；最后，基于该多粒度层级语义模式，借助关联数据技术，依据关联数据创建与发布的原则，实现数字图书馆馆藏资源的多粒度层级组织与关联发布。

依据上述数字图书馆内馆藏资源的多粒度知识组织方式的基本流程，本书搭建了一个面向数字图书馆馆藏资源知识内容的多粒度关联数据创建与发布框架（图6-1），该模型主要包括三个功能模块：馆藏资源多粒度层级主题分割模块、馆藏资源多粒度语义标注模块、基于D2R的多粒度关联数据创建与发布模块。

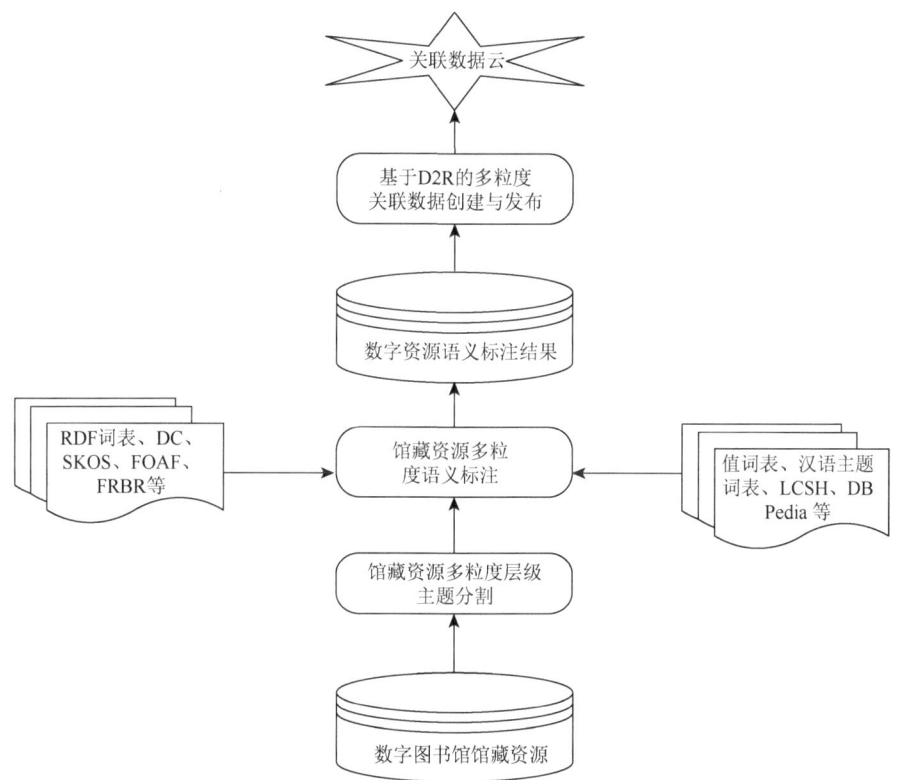

图6-1　数字图书馆馆藏资源多粒度关联数据创建与发布框架

SKOS（simple knowledge organization system，简单知识组织系统）、FOAF（friend of a friend，朋友的朋友）、FRBR（functional requirements for bibliographic records，书目记录的功能需求）、LCSH（library of congress subject headings，美国国会图书馆标题表）

1）馆藏资源多粒度层级主题分割

馆藏资源多粒度层级主题分割的主要任务是依据文献论述的主题对文献知识内容进行多粒度层级分割，其结果是生成一棵多粒度层级分割树。具体来说，本书依据数字图书馆馆藏资源的结构化程度,首先对文献进行了划分,主要划分为两类:非结构化文献和结构化文献。非结构化文献是指没有篇章结构的文献,结构化文献是指具有篇章结构的文献,与结构化文献相对应。而后,基于对文献的划分,本书提出两种馆藏资源多粒度层级主题分割方法:非结构化馆藏资源的多粒度层级主题分割方法(multi-granularity hierarchical topic-based segmentation method of unstructured, digital library resources,MHTSUDLR)和结构化馆藏资源的多粒度层级主题分割方法(multi-granularity hierarchical topic-based segmentation method of stuctured, digital library resources,MHTSSDLR),以实现数字图书馆馆藏资源的多粒度层级分割。

2)馆藏资源多粒度语义标注

馆藏资源多粒度语义标注的主要任务是依据文献主题及其逻辑关系对文献知识内容分割结果进行多粒度层级语义标注,其结果是生成描述文献知识内容语义结构的多粒度层级语义模式。为实现馆藏资源的多粒度语义标注,本书提出基于知识元的细粒度文本语义标注和基于本体的粗粒度文本语义标注。从本质上讲,基于知识元的细粒度文本语义标注主要是基于知识元描述框架为细粒度文本添加规范化知识表示的过程。具体来说,主要包括句子分割、分词/词性标注、依存句法分析、指代消解和知识元抽取、基于树匹配的知识元语义标注等几个步骤。而基于本体的粗粒度文本语义标注方式则是在领域本体的指导下为文献中各粒度层次上的知识内容添加规范化知识标识的过程。具体来说,馆藏资源多粒度语义标注包括领域本体选择或构建、主题关键词抽取、主题关系抽取、主题及关系标注等步骤。

3)基于 D2R 的多粒度关联数据创建与发布

基于 D2R 的多粒度关联数据创建与发布的主要任务是依据关联数据创建与发布的基本原则,基于文献的多粒度层级语义模式,对数字图书馆馆藏资源进行多粒度的关联数据创建和发布,其结果是生成数字资源多粒度关联数据,实现对数字图书馆馆藏资源的多粒度层级组织。基于 D2R 的多粒度关联数据创建与发布的具体步骤主要包括基于语义标注的数字馆藏资源库的创建、基于 D2RQ 的语义映射和基于 D2R 的多粒度关联数据发布等步骤。

基于数字图书馆馆藏资源多粒度关联数据创建与发布框架,本书将详细论述三个功能模块:数字图书馆馆藏资源多粒度层级主题分割模块、数字图书馆馆藏资源多粒度语义标注模块和基于 D2R 的多粒度关联数据创建与发布模块。

6.2 数字图书馆馆藏资源多粒度层级主题分割

6.2.1 非结构化馆藏资源的多粒度层级主题分割

非结构化馆藏资源由于缺乏篇章结构显示地揭示文献主题的逻辑关系,因此对

MHTSUDLR 相对较为困难。然而，与非结构化的网络资源相比，数字图书馆的非结构化馆藏资源通常具有比较严谨的隐性逻辑结构。而且，这种隐性的逻辑结构与由篇章结构显性揭示出的逻辑结构一致，均体现出层级体系的结构特征。基于上述分析，本书提出面向数字图书馆的 MHTSUDLR。主题分割在本质上来讲就是依据文献论述的主题对文献知识内容进行分割的方法[171]。主题分割方法为数字图书馆馆藏资源的多粒度层级主题分割提供了思路，然而，通过对主题分割研究现状的分析发现，当前的主题分割方法主要是解决文献的线性分割问题[172-177]，这就无法有效解决具有层次主题结构特征的数字图书馆馆藏资源的主题分割问题，为解决这一问题，在本书提出的 MHTSUDLR 中，对一般主题分割方法进行了改进，采用自顶向下的策略，依据主题对文献进行逐级二分。具体来说，首先，将待分割的整篇文献视为一个主题，而后对该主题进行逐级二分，直至文献中所有的子主题均被识别出来为止，最终生成文献的一棵主题分割树。借助该主题分割树可以实现对数字图书馆非结构化馆藏资源的多粒度层级组织，从而为数字图书馆多粒度集成知识服务奠定基础。

具体来说，数字图书馆 MHTSUDLR 框架如图 6-2 所示。从图 6-2 可以看出，MHTSUDLR 主要包括几个基本步骤：文档解析、文本预处理、语义向量构建、基于最优分割的文本预分割和基于 AIC（Akaike's information criterion，AIC）的最佳分割点识别。

（1）文档解析。其主要任务是对数字图书馆馆藏资源中各种格式类型（如可移植文档格式（portable document format，PDF）、CAJ（China academic journals）等）的非结构化文献资源进行解析，去除文献的格式信息，将其转化为没有任何文本修饰的纯文本文档。

（2）文本预处理。其主要任务是将文献处理成由实际意义的语词表示的形式。具体包括分句、分词、去除停用词等步骤。分句主要是将文献依据句子标识符（如句号、分号、问号等）分割成一条条语句；分词就是在分句的基础上将每个句子分割成一个个词条；去除停用词的作用就是将分词结构中不具有实际意义的词，如代词、虚词等剔除，最终将文献处理成词袋的形式。

（3）语义向量构建。其主要任务是将标识语句的词向量转化映射到低维的语义空间。构建语句的语义向量的目的：一方面在于降低词向量的维度，从而在一定程度上避免数据稀疏的问题；另一方面在于克服同义词、近义词、同形异义词等的影响，从而提高基于词向量的语句相似度计算的准确性和效率。

（4）基于最优分割的文本预分割。其主要是在保证文献中语句之间的邻接关系的基础上，首先依据分割函数识别可能的分割点，然后借助最小误差函数随分割个数变化的趋势图，从可能的分割点中优选出候选的分割点，从而生成文献的几种可能的分割方案，以为最佳分割点的识别奠定基础。

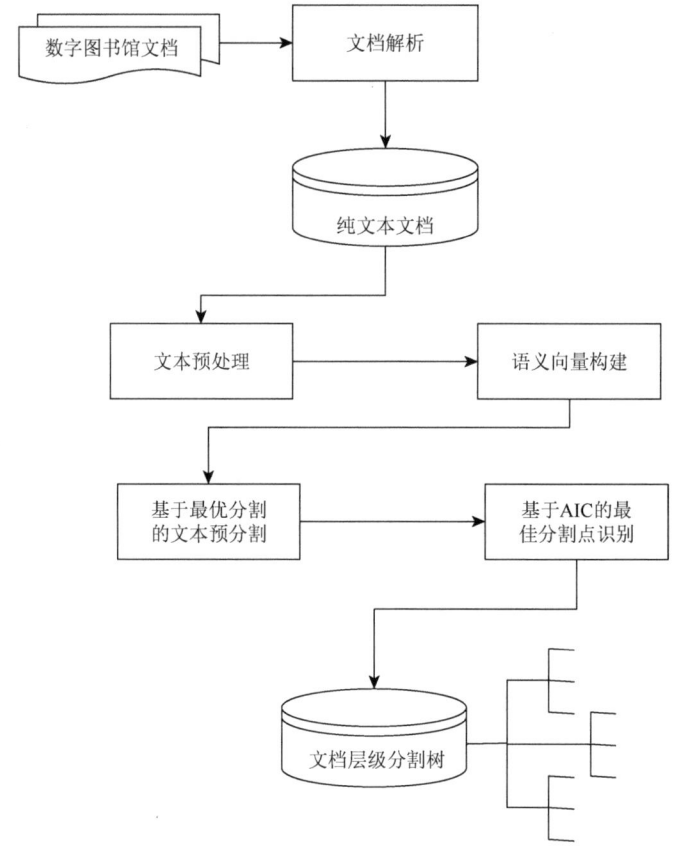

图 6-2 MHTSUDLR 框架

（5）基于 AIC 的最佳分割点识别。其主要任务是实现从候选的分割点中识别出最佳的主题分割。在识别最佳分割点时，要求每个分割内部的语句的相关度要高，而不同分割之间的语句的相关度要尽可能低。这实际上是一个具有负相关关系的多目标问题，本书为解决这一问题提出借助 AIC 准则来达到最佳分割点识别的目的，最终确定文本主题分割的个数，生成一棵有机的包含多种粒度的层级分割树。

由于在 MHTSUDLR 框架中实现文档解析与文本预处理的技术已经比较成熟，实现起来相对也比较容易，相关的技术介绍也比较多，因此，这里就不再详细赘述。下面，本书将具体论述语义向量构建、基于最优分割的文本预分割和基于 AIC 的最佳分割点识别三个核心功能模块的实现过程。

1. 语义向量构建

在对文献依据主题进行分割时，分割的最小单位可以是章节、段落和单个语句等多种粒度。然而，通过分析发现，无论单独的章节还是单个段落都可能论述多个子主题，因此，以章节和段落为最小单位进行文献主题分割，粒度太粗，为尽可能全面地识别出文献中所论述的主题，本书选择语句作为文献主题分割的最小粒度单位，以实现文献的多粒度主题分割。当前在基于语句对文献进行主题分割时，通常使用向量空间模型表示句子，即将句子转化为一个词向量来表示。然而，用向量空间模型表示语句存在两方面的问题：首先，与文献相比，单个语句包含的语词数量将更少，这就意味着用来描述语句的词向量会存在严重的数据稀疏问题；其次，基于向量空间模型计算语句的相似度时，简单的字符匹配无法克服同义词、近义词、同形异义词的影响。为解决这个问题，本书采用潜在语义分析将语句的词向量转化为语义向量，从而达到降低向量维度、去除噪声、尽可能避免句子向量的数据稀疏的目的。具体来说，面向语句的语义向量构建的详细过程如下。

1）数据准备

依据句子标识符（如句号、问号、感叹号、分号等）将文献分割成句子集合，并将分句的结果表示为 $D=\{s_1, s_2, \cdots, s_m\}$，式中，$D$ 表示一篇文献，s_i 表示文献 D 中的第 i 个语句。接着，对每个语句进行分词，并去除没有实际意义的代词、疑问词、虚词等停用词，生成词汇集合 $W=\{w_1, w_2, \cdots, w_n\}$，式中，$W$ 用来表示词汇集合，w_i 表示词汇集合中第 i 个词汇。

2）构建词句矩阵

基于分句和分词结果，构建词句矩阵 A：$n\times m$。在矩阵 A 中，元素 A_{ij} 表示第 i 个语汇 w_i 在第 j 个句子 s_j 中的 tf.isf 值。与 tf.idf 的思想类似，tf.isf 是对 tf.idf 在句子级别上的扩展。tf.isf 值可以较好地反映语词在句子中的重要性程度。具体来讲，tf.isf 值的计算公式如式（6-1）所示：

$$\text{tf.isf}(w) = \frac{\text{stf}(w)}{s(t)} \times \ln\frac{N_s}{\text{sf}(w)} \tag{6-1}$$

其中，stf(w)表示词频，即词语在语句中出现的频次；s(t)表示语句中出现的所有词语的个数；N_s 表示文献 D 中包含的语句的个数；sf(w)表示文献 D 中包含语词 w 的句子的个数。

3）奇异值分解

将词句矩阵 A 进行 SVD，使得分解的结果如式（6-2）所示：

$$A = U\Sigma V^{\text{T}} \tag{6-2}$$

其中，矩阵 U 中每一列为 AA^{T} 的特征向量；矩阵 V 中每一列为 $A^{\text{T}}A$ 的特征向量；Σ 是一条对角线上的值为 AA^{T} 的所有特征根的对角矩阵，且在该矩阵中特征根是以降序的形式排列的。

4）构建语义向量

首先，选取通过奇异值分解得到的矩阵 U 的前 k 列，舍弃矩阵 U 中特征值较小的特征向量，构建新矩阵 B_k：$n \times k$，在矩阵 B_k 中，每一行代表一个词的语义向量空间。而后，基于矩阵 B_k 计算得到表征每个语句的语义向量，具体的计算方法如式（6-3）所示：

$$s_i = \sum_{j=1}^{p} \text{tf.isf}(w_{ij}) \times B_j \tag{6-3}$$

其中，p 表示在第 i 个语句 s_i 中包含的语词的总个数；w_{ij} 表示第 i 个句子中第 j 个词；B_j 表示第 j 个词的语义向量。

2. 基于最优分割的文本预分割

在对文献进行主题分割时，一方面要使得每个分割内的所有语句高度相关，不同分割之间的语句相关度尽可能低，另一方面要保证语句在文献中的前后邻接关系不能改变。为此，本书采用最优分割（即有序分割）的方法来解决文献主题分割中遇到的上述两个方面的问题。需要指出的是，由于借助最优分割方法只能识别出文献中所有可能的分割方案，本书将基于最优分割的文本分割称为预分割，为此，基于最优分割的方法对文献进行预分割，接下来仍需要进一步从这些候选分割方案中优选出最佳分割方案。基于最优分割的文本预分割的具体过程如下。

1）计算分割直径

假设某一待分割的文献 $D=\{s_1, s_2, \cdots, s_n\}$ 包含 n 个语句，s_i 表示文献 D 中的第 i 个语句。由于在对文献进行主题分割时需要保持语句之间的邻接关系，因此，文献主题分割所有结果中的任何一个分割均可以用 $\{s_i, s_{i+1}, \cdots, s_{i+k}\}$ 来表示，其中 $1 \leq i < n$，$k \geq 1$，$i+k \leq n$。接下来，从文献主题分割结果中取出一个分割 $\{s_i, s_{i+1}, \cdots, s_j\}$，其中 $1 \leq i < j < n$，那么该分割的均值向量 s_{ij} 可通过式（6-4）计算得到。

$$s_{ij} = \frac{1}{j-i+1} \sum_{l=i}^{j} s_l \tag{6-4}$$

基于均值向量，该分割的直径 $D(i,j)$ 可以借助式（6-5）来计算得到。

$$D(i,j) = \sum_{l=i}^{j} (s_l - s_{ij})^\text{T} (s_l - s_{ij}) \tag{6-5}$$

2）计算分割函数

分割函数的功能是通过计算最小分割误差的方式来识别文献中的分割点，即确定分割的标准或依据。具体来说，本书拟将式（6-6）作为分割函数来识别主题分割的分割点。现假设有 n 个语句，将这 n 个语句进行有序二分的结果形式可以表示为 $P(n,2)$：$\{i_1, i_1+1, \cdots, i_2-1\}, \{i_2, i_2+1, \cdots, n\}$。具体来说，本书定义的二分法的分割函数见式（6-6）：

$$e[P(n,2)] = D(i_1, i_2-1) + D(i_2, n) \tag{6-6}$$

其中，i_1 表示在第一个分割中的第一个句子；i_1+1 表示第一个分割中的第二个句子，以此类推。i_2 表示第 2 个分割中的第一个句子；i_2+1 表示第 2 个分割中的第 2 个句子，以此类推。从分割函数（6-6）不难看出，$e[P(n,2)]$ 的值越小，表示两个分割的离差平方和越小，分割越合理。

3）确定候选分割点

通过上述分割过程不难看出，在文献主题分割个数 K 确定的情况下，借助逐级二分的方式获得文献的一个最优分割相对比较容易。然而，问题在于事先并不知道文献中包含多少子主题，也就是说分割个数 K 的值是一个未知数。但为了尽可能接近最优分割，可以通过绘制趋势图的方式识别出几个最可能的 K 值。具体过程如下。

（1）计算最小误差。目的是借助最小误差函数识别出误差最小的分割。这就需要确定最小误差函数，这里所说的最小误差是指通过分割函数所识别的所有可能分割点中直径之和的最小值，即所有分割的离差平方和的最小值。通过上述分析，本书将最小误差函数确定为

$$L[P(n,K)] = \sum_{t=1}^{K} D(i_t, i_{t+1}-1) \tag{6-7}$$

其中，K 表示标识文献主题分割的个数；n 表示待分割的文献中包含的所有句子的个数。

（2）确定候选主题分割个数。借助式（6-7）所示的最小误差函数，计算 $K=1$, $2, \cdots, m$ 时的最小误差值，从而可以得到 $\{(1, L[P(n,K)]), (2, L[P(n,2)]), \cdots, (m, L[P(n,m)])\}$，其中点 $(1, L[P(n,1)])$ 表示当文献主题分割的个数为 1 时的最小误差值，其他各点的含义以此类推。接下来，在直角坐标系中描述这些点，进而可以绘制出最小误差函数 $L[P(n,K)]$ 随分割个数 K 的变化趋势图。通常来说，在该趋势图中，拐弯处的几个 K 值为较好的分割个数的取值。也就是说，通过该趋势图可以识别出几个最可能分割个数 K 的值，即候选主题分割的个数。

3. 基于 AIC 的最佳分割点识别

候选主题分割个数 K 的确定只是提供了几个最可能的分割方案，接下来仍需进一步解决如何从候选分割方案中识别出最佳分割方案的问题。通过分析发现，在识别最佳分割点时，需要同时满足每个分割内部的语句要高度相关，而不同分割之间的语句的相关度要尽可能低的条件。这实际上是一个具有负相关关系的多目标问题[178]，本书为解决这一问题提出借助 AIC 准则来达到最佳分割点识别的目的，最终确定文本主题分割的个数，生成一棵有机的包含多种粒度的层级分割树。具体来说，基于 AIC 的最佳分割点识别的步骤如下。

AIC 准则如式（6-8）所示。首先依据该准则计算在候选分割个数 K 取不同值时的 AIC 值。AIC 的取值越小意味着对应的候选分割个数 K 值所确定的文献主题分割个数越好，也就是说，与最小的 AIC 值相对应的候选分割个数 K 为最佳的分割个数。

$$\text{AIC} = -2\ln(\text{模型的极大似然函数}) + (\text{模型的独立参数个数}) \quad (6\text{-}8)$$

对于 n 个语句 $\{s_i | i = 1, 2, \cdots, n\}$，可以确定 K 个分割，对应的中心为 $\{C_m = s_{ij} | m = 1, 2, \cdots, K\}$，每个分割的直径为 $\{C_m | m = 1, 2, \cdots, K\}$，各分割包含的句子数为 $\{Q(m) | m = 1, 2, \cdots, K\}$，则每个分割内部的直径分布密度为

$$f(D_m) = \frac{Q(m)/n}{(D_{\max} - D_{\min})/K} = \frac{K}{n} \frac{Q(m)}{D_{\max} - D_{\min}}, \quad m = 1, 2, \cdots, K \quad (6\text{-}9)$$

其中，$D_{\max} = \max\{D_m | m = 1, 2, \cdots, K\}$；$D_{\min} = \min\{D_m | m = 1, 2, \cdots, K\}$。

因此，在以中心 $\{C_m = s_{ij} | m = 1, 2, \cdots, K\}$ 为参数的条件下，根据对数极大似然估计原理，待分割文本所包含语句 $\{s_i | i = 1, 2, \cdots, n\}$ 的各分割内直径 $\{D_m | m = 1, 2, \cdots, K\}$ 的极大似然估计函数 L 的对数极大似然估计函数 l 见式（6-10）：

$$l(D | C_1, C_2, \cdots, C_K) = \ln L(D_m | C_1, C_2, \cdots, C_K) - K \ln \frac{n}{K} - \sum_{m=1}^{K} \ln \frac{D_{\max} - D_{\min}}{Q(m)} \quad (6\text{-}10)$$

依据 AIC 准则，将式（6-10）代入式（6-8）中得 AIC 的计算公式（6-11）。

$$\text{AIC} = -2\left[-K \ln \frac{n}{K} - \sum_{m=1}^{K} \ln \frac{D_{\max} - D_{\min}}{Q(m)} \right] + 2K = 2\sum_{m=1}^{K} \ln \frac{D_{\max} - D_{\min}}{Q(m)} + 2K\left(1 + \ln \frac{n}{K}\right) \quad (6\text{-}11)$$

4. 分割方法

语义向量构建、基于最优分割的文本预分割和基于 AIC 的最佳分割点识别的研究为文献多粒度层级主题分割奠定了基础。其中，句子语义向量的构建为文献多粒度层级主题分割奠定了充分的数据基础；基于最优分割的文本预分割为句子相关性的计算和分割提供了方法基础；而基于 AIC 的最佳分割点识别为最佳分割方案的识别提供了判断根据。基于上述研究，本书提出了 MHTSUDLR，如算法 6-1 所示。

算法 6-1　MHTSUDLR

输入：n 个待分割的语句

输出：一棵以单个语句为叶节点的分割树

1. 依据语义向量构建步骤，将文档中待分割小节的 n 个语句分别转化为 K 维语义向量；

2. 识别待分割的 $m(m \leq n)$ 个语句的所有可能的二分点 $i(i<m)$，并依据类的直径计算公式（6-5）分别计算二分点 i 两侧的两个类的直径 $D(1, i)$ 和 $D(i+1, m)$；

3. 依据分类函数计算所有可能的 $e[P(m, 2)]$ 的值 $\{D(1, 1)+D(2, m), D(1, 2)+D(3, m), \cdots, D(1, i)+D(i+1, m)\}$；

4. 依据计算得到的所有 $e[P(m, 2)]$ 的值，求出最小分类误差 $\min[e(P(m, 2))]$；

5. 确定分割点，分类误差最小的分割点 i 即所求的二分点；

6. 对新生成的两个分割（设为分割 G_1、G_2）分别重复步骤 2~5 进行试分割，依据式（6-7）分别计算所有分割的最小误差 $L[P(n, K)]$（K 为通过逐级细分生成的所有的分割个数），若对 G_1 进行二分的最小误差小于 G_2，则对 G_1 进行二分，G_2 不变，以此类推继续对生成的所有类进行二分，直到只包含一个语句为止；

7. 在直角坐标系中进行描点，绘制出最小误差函数 $L[P(n, K)]$ 随 K 的变化趋势图，找出趋势图中的拐点及其附近的几个 K 值，即候选主题分割的个数；

8. 依据式（6-11）分别计算在不同的候选主题分割个数 K 值时的 AIC 值，与最小 AIC 值对应的 K 值即最佳的分割个数，进而确定最终的文本分割点。

从算法 6-1 的流程不难看出，MHTSUDLR 具有以下几方面的优势。

（1）提高分割的精度。MHTSUDLR 基于语义向量的构建将高维的句子向量映射到一个低维的语义空间，其优势在于：一方面使得文献主题分割时句子相似度的计算在语义级进行；另一方面可以有效地消除噪声对句子相似度计算的影响，并解决数据稀疏问题。从而在很大程度上保证了 MHTSUDLR 的精准性。

（2）保证分割的最优化。在对文献进行多粒度层级主题分割时，每一次二分均是基于最小分类误差的，这样做的好处是可以在一定程度上保证通过 MHTSUDLR 得到的文献主题层次分割是对文献主题的一种最优分割。

（3）降低时间复杂度。本书提出的 MHTSUDLR，在对文献进行主题分割时为保证每个分割中句子之间的邻接关系，在聚类时只需要计算相邻两个语句之间的相似度即可，而不需要像一般的聚类方法那样，每次都需要计算所有语句之间的相似度，因此，这就使得进行文献多粒度层级主题分割时计算的时间复杂度由 $O(N^2)$ 降低到 $O(N)$，从而极大提高计算的效率。

5. 实验及结果分析

1）测试集及测试标准

数字图书馆的馆藏资源类型多样、篇幅长短不一、结构化程度参差不齐，出版类型包含期刊论文、学位论文、会议论文、图书、报纸等。内容主题涉及哲学、人文社会科学、自然科学、工程技术等多个学科领域。为在一定程度上保证实验测试集合的代表性，本书依据馆藏资源的篇幅和主题特征将其分为三种类别：第一类为篇幅较短的期刊和会议论文，这类文献通常具有清晰的主题结构，而且主题之间的逻辑关系较为简单；第二类是篇幅较长的学位论文和图书，这类文献主题结构清晰，但主题之间的逻辑关系复杂、庞大；第三类是篇幅较短的报纸，这类文献的主题结构相对模糊，主题之间的关系通常呈线性。

在第一类中采用简单随机不放回抽样的方法从中抽取6篇论文作为第一组测试数据集；在第二类中采用简单随机抽样抽取图书1本和学位论文1篇作为第二组测试数据集；在第三类中采用简单随机抽样抽取7份报纸作为第三组测试数据集。

获得用于测试的数据集之后，本书采取人工标注的方式，依据文献的主题将文献进行主题分割以作为实验的对照组，即测试标准。但是需要指出的是由于人具有主观性，为提高人工进行主题分割的客观性，本书邀请了5位专家分别对三组测试数据中的文献进行主题分割。对于每篇文献来说，如果5位专家中有3位专家在相同位置设置了分割点，该分割点就被认为是标准分割点，其他情况则进行讨论来决定最佳分割点。通过上述方式最终生成的标准文献分割统计数据详见表6-1。

表6-1　标准分割统计数据一

组号	文本数	句子数	主题数	分割单元平均长度
No.1	6	825	136	6
No.2	2	3674	365	10
No.3	7	539	94	6

2）评价方法

为了较为全面地评价MHTSUDLR的性能，本书拟从主题分割的精准性和接近性两个方面对其进行评价。主题分割精准性的评价指标包括正确率、召回率和F值。接近性的评价拟采用WindowDiff指标。之所以从精准性和接近性两个方面对MHTSUDLR进行评价，是由于精准性评价指标无法区分非常接近正确分割点的错误分割和非常远离正确分割点的错误分割。而接近性评价指标WindowDiff就很好地弥补了精准性评价指标正确率、召回率和F值的上述缺陷。MHTSUDLR的精准性和接近性评价的过程如下。

（1）精准性评价方法。

精准性评价主要是用来检测本书提出的MHTSUDLR识别的分割（实验系统的分割）与标准分割之间在分割点上的一致程度。实验系统的分割与标准分割匹配的结果有四种，如图6-3所示。其中，实验系统识别的分割与标准分割相匹配的分割点用TP（true positives）来表示；未在标准分割点中存在的实验系统中识别的分割点用FP（false positives）来表示；在标准分割中存在的未被实验系统识别的分割点用FN（false negatives）表示；而既不是实验系统识别的分割点也不是标准分割点的用TN（true negatives）表示。

		标准分割	
		分割点	非分割点
实验系统分割	分割点	TP	FP
	非分割点	FN	TN

图 6-3 实验系统分割与标准分割匹配结果

依据实验系统分割与标准分割的匹配结果，精准性评价指标的正确率可以用式（6-12）来表示，召回率可以用式（6-13）来表示，F 值可以使用式（6-14）来表示。从式（6-12）可以看出，正确率 P 是指实验系统识别出的与标准分割相匹配的分割点数量占实验系统识别出来的所有分割点数量的百分比；召回率 R 是指实验系统识别出的与标准分割相匹配的分割点数量占标准分割点的数量比率；F 值是综合考虑正确率 P 和召回率 R 的结果。

$$P = \frac{TP}{TP + FP} \quad (6\text{-}12)$$

$$R = \frac{TP}{TP + FN} \quad (6\text{-}13)$$

$$F = \frac{2PR}{P + R} \quad (6\text{-}14)$$

（2）接近性评价方法。

通过对精准性评价指标的分析可知，无论正确率、召回率还是 F 值，均是对实验系统分割与标准分割的完全一致性的评价。然而，事实上，即便是错误分割，也有好坏之分，例如，离正确分割点近的错误分割要比离正确分割点远的分割好得多。因此，在对实验系统分割进行评价时，也需要对其接近性程度进行评价。为此，本书采用 WindowDiff 来评价 MHTSUDLR 的性能。WindowDiff 的计算公式如式（6-15）所示：

$$\text{WindowDiff}(ref, hyp) = \frac{1}{N-k} \sum_{i=1}^{N-k} (|b(ref_i, ref_{i+k}) - b(hyp_i, hyp_{i+k})| > 0) \quad (6\text{-}15)$$

其中，$b(ref_i, ref_{i+k})$ 表示一个指示函数，其取值方式是当且仅当在标准分割中语句 ref_i 和语句 ref_{i+k} 在同一个分割中时 $b(ref_i, ref_{i+k})$ 的取值为 1，否则取值为 0；与 $b(ref_i, ref_{i+k})$ 相似，$b(hyp_i, hyp_{i+k})$ 的取值方式是：当且仅当在实验系统分割中语句 hyp_i 和语句 hyp_{i+k} 在同一个分割中时，$b(hyp_i, hyp_{i+k})$ 的取值为 1，否则取值为 0；N 表示待分割文献中包含的所有句子的数量；k 表示标准分割中所有分割长度的平均值的 1/2。

3）基线系统

本书选取的基线系统有两个：TT 和 C99。两者都是比较经典的文献主题分割方法。其中，TT 是由 Hearst 提出的一种主题分割方法，该方法的核心思想是通过计算相邻文本块之间相似度的方式实现文献的主题分割。选用 TT 作为本书基线系统的原因在于该方法在进行文献主题分割时是基于局部信息的，而本书提出的 MHTSUDLR 则是基于全局信息的主题分割方法，因此，通过将基线系统 TT 与本书提出的 MHTSUDLR 的分割结果的对比，可以在一定程度上达到对本书提出的 MHTSUDLR 进行评价的目的。而 C99 是由 Choi 提出的另一种比较具有代表性的主题分割方法。该方法的核心思想是：基于排序矩阵自顶向下逐级实现文献的主题分割。然而，需要指出的是排序矩阵的构建是建立在相似矩阵的基础之上的。在本书中之所以选择 C99 作为基线系统，是由于 C99 的文献主题分割方法与本书提出的 MHTSUDLR 非常相似，都是采用自顶向下的策略基于全局信息进行文献的主题分割。因此，通过将 C99 与本书提出的 MHTSUDLR 的对比分析，可以达到对分割策略之外的性能进行评价的目的。

4）结果分析

本书首先依据 MHTSUDLR 的流程对测试数据集中的三组文献数据进行主题分割；然后基于基线系统 TT 和 C99 对测试数据集中的三组文献数据进行主题分割；最后将实验系统的主题分割结果与基线系统 TT 和 C99 的分割结果进行对比，进而达到对 MHTSUDLR 性能进行评价的目的。三种主题分割方法在接近性评价指标 WindowDiff 和精准性评价指标正确率 P、召回率 R 和 F 值上的实验结果如表 6-2 所示。

表 6-2　实验结果一

方法	WindowDiff				P 值				R 值				F 值			
	No.1	No.2	No.3	平均值	No.1	No.2	No.3	平均值	No.1	No.2	No.3	平均值	No.1	No.2	No.3	平均值
MHTSUDLR	0.31	0.34	0.32	0.32	0.55	0.47	0.52	0.51	0.53	0.48	0.50	0.50	0.54	0.47	0.51	0.51
TT	0.36	0.39	0.34	0.36	0.50	0.42	0.49	0.47	0.48	0.43	0.46	0.46	0.49	0.42	0.48	0.46
C99	0.34	0.37	0.35	0.35	0.52	0.45	0.48	0.48	0.51	0.44	0.47	0.47	0.51	0.44	0.47	0.48

（1）MHTSUDLR 与 TT 的比较分析。

从精准性评价指标来看，不仅 MHTSUDLR 的 P 值平均值大于 TT 的 P 值平均值（P 值平均值：0.51＞0.47），而且 MHTSUDLR 的 R 值平均值也大于 TT 的 R 值平均值（R 值平均值：0.50＞0.46），从而使得 MHTSUDLR 的 F 值平均值大于

TT 的 F 值平均值（F 值平均值：0.51＞0.46）。由于精准性评价指标越大意味着识别出的正确分割点越多，由此可见，与 TT 相比，MHTSUDLR 在精准性评价中取得了更好的效果。从接近性评价指标来看，本书提出的 MHTSUDLR 的 WindowDiff 的平均值为 0.32 小于 TT 的 WindowDiff 平均值 0.36。由于通常来说 WindowDiff 的值越小说明越接近正确的标准分割，由此可见，本书提出的 MHTSUDLR 比 TT 更接近正确分割，说明，MHTSUDLR 在接近性评价中具有一定的优越性。综上分析可知，本书提出的 MHTSUDLR 无论在精准性评价指标还是在接近性评价指标上都取得了较好的表现，这在一定程度上说明了 MHTSUDLR 的优越性。原因在于 TT 无论在基于相邻文本块的相似度计算确定主题边界的过程中，还是在基于 cutoff 函数确定文献主题分割个数中，都采取的局部最优化方法，这就导致 TT 很难达到全局最优。然而，本书提出的 MHTSUDLR 则是建立在全局评价函数的基础之上的，因此，能够在一定程度上实现文献主题分割的全局最优，从而取得比 TT 更优的文献主题分割效果。

（2）MHTSUDLR 与 C99 的比较分析。

从精准性评价指标来看，无论 MHTSUDLR 的 P 值平均值、R 平均值还是 F 平均值均大于 C99 的对应值（即 P 值平均值 0.51＞0.48、R 值平均值 0.50＞0.47、F 值平均值 0.51＞0.48），这说明 MHTSUDLR 在精准性评价指标上表现出更优的性能。从接近性评价指标来看，MHTSUDLR 的 WindowDiff 平均值要小于 C99 的对应值（即 0.32＜0.35），这说明 MHTSUDLR 在接近性评价指标上也表现出较好的优势。综上分析，不难发现，与 C99 相比，MHTSUDLR 具有一定的优越性。这是由于：一方面，本书提出的 MHTSUDLR 比 C99 考虑了更多可能影响分割效果的因素，如基于 LSA 的语义向量的构建等；另一方面，C99 的分裂终止条件，即阈值 $\mu+c\times\sqrt{v}$ 的确定存在一定的主观性，这是因为 c 值依据的是人的主观经验，没有明确的理论依据和原则。然而，需要指出的是，虽然 MHTSUDLR 优于 C99，但其比较优势并不像与 TT 相比时那么明显。这是因为 MHTSUDLR 和 C99 在进行主题分割时均采用了自顶向下的分裂式聚类的主题分割策略，这种主题分割策略能够在一定程度上充分利用全局信息，从而弥补 TT 的不足，在一定程度上实现文献主题分割的全局最优化。

6.2.2 结构化馆藏资源的多粒度层级主题分割

与网络资源相比，数字图书馆中的馆藏资源具有较高的质量。这是由于数字图书馆中的信息资源内容质量较高，大都经过人们反复论证、检验、审查和修正等加工处理。依据数字图书馆馆藏资源的结构化程度，本书将其划分为两种类型：

结构化数字馆藏资源和非结构化数字馆藏资源。这里所说的结构化数字馆藏资源是指具有较为严谨的篇章结构的数字馆藏资源。这种组织结构本身反映了信息资源内容的逻辑关系,揭示了信息资源论述的主题以及各主题之间、主题与子主题之间的各种关联。为此,在对数字图书馆中的馆藏资源进行文本分割时,不仅要借助馆藏资源内容本身所包含的主题线索(如关键词重复、词汇链等),更应该充分利用馆藏资源的篇章结构所提供的相关信息。这是因为馆藏资源的篇章结构是文献创作者为了提高文献的易用性,依据文献内容之间的逻辑关系对文献进行的人为分割,因此,可以认为文献的篇章结构为进行文献的主题分割提供了较为科学的依据。而且,不同的篇章代表不同的分割层次,共同构成了一个层次结构的分割体系。然而需要指出的是,以篇章结构对文本进行的分割是一种粗分割,因为即便作为篇章结构中最小单位的小节内通常还会包括多个子主题,需要做进一步分割。

基于上述分析,在总体上,本书拟采取自上而下的策略,首先依据文献的篇章结构对文献进行粗分割,而后借助分裂聚类分析的方法对文献进行细粒度层级主题分割,最终实现数字图书馆馆藏资源的多粒度层级主题分割,以构建一棵文献层级主题分割树。该树结构的突出优势是:可以实现数字图书馆馆藏资源的多粒度揭示与组织,进而满足数字图书馆用户多粒度的知识需求,实现检索即所得,降低用户认知负担与成本,提高数字图书馆用户的满意度。具体来说,MHTSSDLR框架如图 6-4 所示。从图 6-4 可以看出,该层级主题分割框架主要包含三个核心功能模块:文档解析器、基于篇章结构的粗分割和基于有序聚类的细分割。

接下来,本书将详细论述三个核心功能模块的实现过程。

1. 文档解析器

数字图书馆的结构化馆藏资源存在多种格式的文件类型,如 PDF、CAJ 等,并且这些文档类型重在描述文献的打印或显示格式,并没有描述文献内容的数据结构特征。因此,在对这些不同格式类型的结构化馆藏资源进行主题分割之前,就有必须要将它们进行转化,基于上述分析,本书拟将数字图书馆中不同格式类型的结构化数字馆藏资源统一转化为逻辑结构类型,以便于后面的文本抽取与分割。由于 PDF 是当前数字图书馆馆藏资源的主流文档格式类型,为此,本书将主要论述 PDF 文档的解析过程。PDF 文档结构体现出一种树结构,如图 6-5 所示。具体来说,PDF 文档树的根节点(Catalog)是文档的根对象,在根节点之下有四棵子树:页面树(Pages tree)、书签树(Outline tree)、线索树(Threads tree)和名字树(Name tree)。页面树的叶节点由页面(Page)构成。每个页面包含内容(即文本内容 Contents)、注释(Annotations)与缩略图(Thumbnail)的引用。书签树的每个叶节点均是一个书签（bookmark），每一个书签都与特定的文献内容相对应，可以借助书签访问文献的内容。

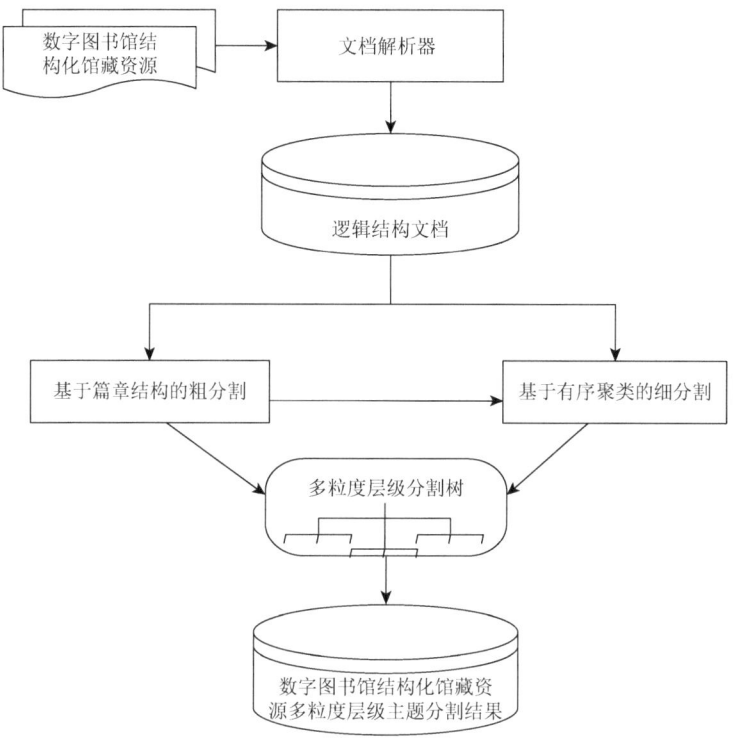

图 6-4　MHTSSDLR 框架

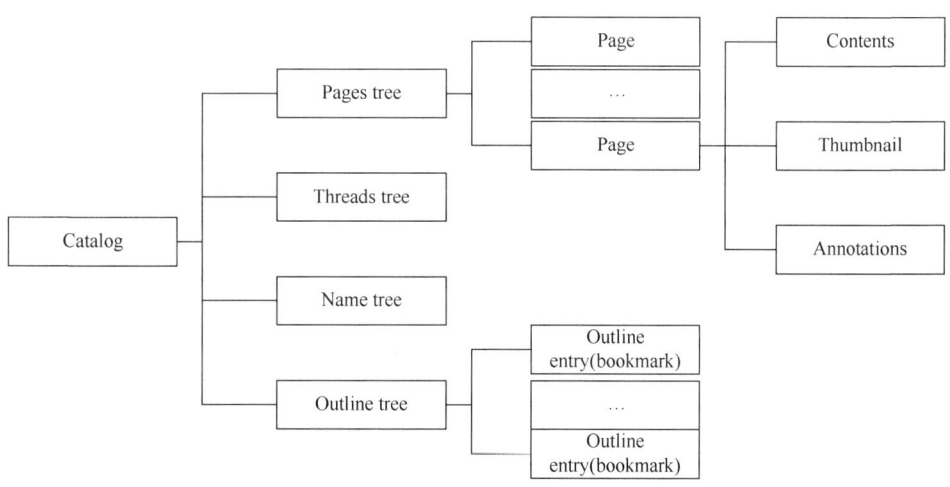

图 6-5　PDF 文档结构

通过上述分析，不难发现 PDF 文件格式的重点在于描述文献的显示或打印格式，并没有揭示文献内容的主题结构。为此，在对文献进行主题分割之前，需要将 PDF 类型的文档转化为逻辑结构文档的格式。PDF 文档解析流程如图 6-6 所示。

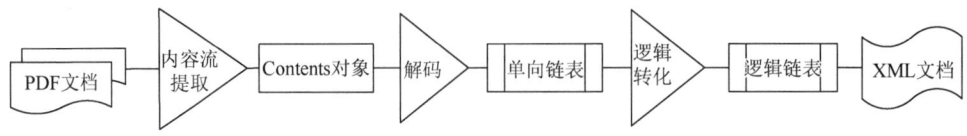

图 6-6　PDF 文档解析流程

从图 6-6 可以看从，从 PDF 格式类型的文档到逻辑结构文档的转化过程主要包括内容流提取、解码和逻辑转化三个步骤。内容流提取的主要功能是从 PDF 的页节点对象中提取各页面的内容；解码的功能主要是依据解码名对 Contents 对象中的内容流进行解码，并用指针链接起来，组成描述 PDF 文档物理结构的单向链表，如图 6-7 所示；逻辑转化主要是将不具有任何语义信息的单向链表转化为按照人们阅读习惯组织的逻辑结构，如图 6-8 所示，该逻辑结构通常可以采用 XML 文档进行存储。

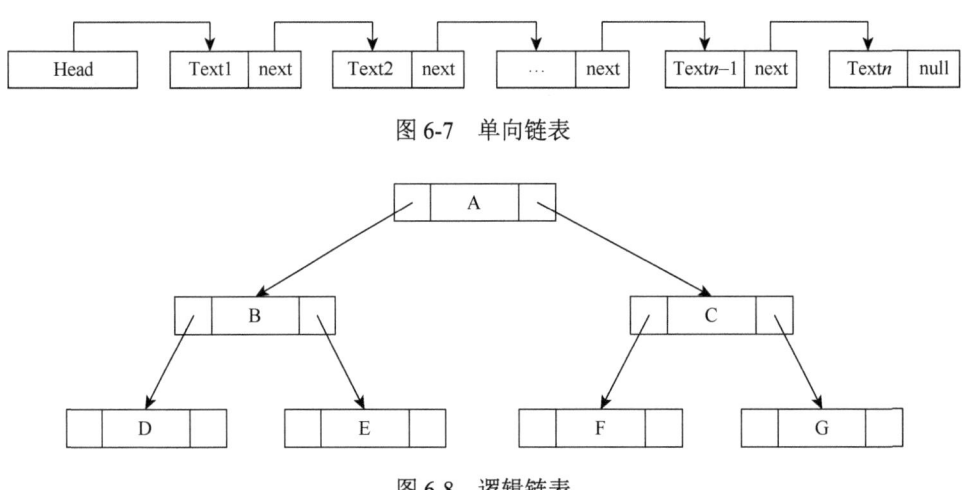

图 6-7　单向链表

图 6-8　逻辑链表

具体来说，PDF 文档解析的算法流程见算法 6-2。

算法 6-2　PDF 文档解析的算法

输入：PDF 文档
输出：描述 PDF 文档逻辑结构的 XML 文档

1. 从 PDF 文件的文件尾读取交叉引用表的地址和 Catalog 根节点；
2. 从 Catalog 根节点查找页面树节点；
3. 遍历页面树节点中的页对象 Page，提取页节点中的 Contents 对象中的内容；
4. 对 Contents 对象内容流进行解码，生成用指针链接的描述 PDF 文档物理结构的单向链表；
5. 对单向链表进行聚类等逻辑转化操作，生成符合人们阅读习惯的逻辑链表；
6. 生成记录了从 PDF 文档中提取的内容信息和描述信息资源的格式信息的 XML 文档。

2. 基于篇章结构的粗分割

数字图书馆的馆藏资源如期刊论文、电子图书等大都经过人为的加工处理，具有清晰的篇章结构。篇章结构通常表示文章内容的编排次序，是文献作者依据所论述的主题之间的逻辑关系对文献内容进行的条理编排。这种编排实际上是对文献进行的一种主题分割，只是这种分割通常是以节为最小分割单元的，粒度较粗，因此，其可以看作对文献的一种粗分割。在对数字图书馆的结构化馆藏数字资源进行主题分割时，文献的篇章结构无疑可以作为文献主题分割中粗分割的重要依据。基于上述分析，本书提出基于篇章结构的粗分割的方法。具体来说，基于篇章结构的粗分割的算法流程如算法 6-3 所示。

算法 6-3　基于篇章结构的粗分割

输入：描述 PDF 文档逻辑结构的 XML 文档

输出：PDF 文档章节粗分割树

1. 从 PDF 文件的文件尾读取交叉引用表的地址和 Catalog 根节点；
2. 从 Catalog 根节点查找目录树 Outline tree；
3. 遍历 OutlineTree 中的 bookmark 节点，依据 bookmark 节点在 Outline tree 中的深度确定 PDF 文档分割中章节的层次结构；
4. 从 bookmark 的文本内容中提取章节的主题信息；
5. 依据 bookmark 所指向的文档中的位置信息确定章节分割点；
6. 依据上面抽取的信息生成 PDF 文档章节粗分割树。

由于在对 PDF 类型的文档进行解析时，已经将 PDF 类型的文档解析为描述 PDF 文档内容格式和篇章结构的 XML 文档，因此，基于篇章结构的文献主题粗分割的流程就转变成从描述 PDF 逻辑结构的 XML 文档抽取出相应章节的过程。

3. 基于有序聚类的细分割

通过基于篇章结构的粗分割，生成的是一棵以小节为叶节点的文献主题分割树，而每个小节可能又由一个或多个段落组成，论述多个子主题，因此，在对文献进行章节粗分割之后，还需要继续基于粗分割的结果进行主题细分。由于小节可以被视作非结构化的文本内容，本书为解决面向小节的细粒度主题分割问题，提出基于有序聚类的细分割方法，该方法以基于篇章结构的章节粗分割生成的主题分割树的叶节点（即小节）为根节点继续进行主题细分割。在总体上，基于有序分裂聚类的细分割采取自上而下的逐级二分的策略，首先将待分割小节包含的所有语句视为一个类，而后对该类进行逐级二分，直到所有的类中只包含一个主题为止。该分割策略和具体实现过程与 MHTSUDLR 相同，这里不再赘述。

4. 实验及结果分析

1）测试集

为对 MHTSSDLR 进行性能评价，本书构建了两组包含结构化馆藏资源的测试数据集。第一组测试数据集包含 20 篇期刊论文。这 20 篇期刊论文均是采取简单随机抽样的方式从 Springer 期刊论文数据中检索得到的，该期刊论文数据库中包含超过 2500 种英文期刊。第二组测试数据集的数据包含 2 本电子书，也是借助简单随机抽样的方式从 Springer 图书数据库检索得到的，该图书数据库包含超过 200 000 本可以在线获取的图书。两个测试数据集的具体信息如表 6-3 所示。

表 6-3　测试数据集特征

测试集	文献	句子	平均句子数	文献类型	结构类型
No.1	20	7346	367/文献	期刊论文	结构化
No.2	2（21 章）	7948	379/章	图书	结构化

需要指出的是，为了评价 MHTSSDLR 的优势，本书在借助基线系统对文献进行主题分割时，移除了结构化馆藏资源的篇章结构信息，在此基础上创建了两个与结构化馆藏资源相对应的非结构化的测试数据集，以作为基线系统的输入。

2）标准分割

当检验一个文本分割系统的性能时，首先需要解决的一个问题就是标准分割的创建问题。为解决这一问题，本书采取人工标注的方式，依据文献的主题将文献进行主题分割以作为实验的对照组，即测试标准。但是需要指出的是，由于人具有主观性，为提高人工进行主题分割的客观性，本书邀请了 5 位文献主题领域相关的专家分别对三组测试数据中的文献进行主题分割。对于每篇文献来说，如果 5 位专家中有 3 位专家在相同位置设置了分割点，该分割点就被认为是标准分割点，其他情况则进行讨论来决定最佳分割点。通过上述方式最终生成的标准文献分割统计数据详见表 6-4。

表 6-4 标准分割统计数据二

测试集	文献	句子	平均句子数	分割点数	分割平均长度
No.1	20	7346	367/文献	1224	6 个句子
No.2	2（21 章）	7948	379/章	994	8 个句子

3）评价指标

与 MHTSUDLR 实验过程中使用的评价指标相同，在对 MHTSSDLR 进行评价时也采用了主题分割精准性的评价指标：正确率、召回率、F 值和接近性评价指标 WindowDiff。这些指标的具体内涵已经在前面详细论述，因此在这里就不再赘述。

4）评价方法

MHTSSDLR 的评价同样包含两个部分：精准性评价和接近性评价。精准性评价主要是借助正确率、召回率和 F 值等指标检测本书提出的 MHTSSDLR 识别的分割（即实验系统分割）与标准分割之间在分割点上的一致程度。接近性评价主要采用 WindowDiff 指标来评价 MHTSSDLR 识别的分割点接近标准分割点的程度。

5）实验结果分析

本书的实验系统为 MHTSSDLR，基线系统选择是 TT[179]文本分割系统与 C99[180]文本分割系统。首先，借助实验系统对两组包含结构化馆藏资源的测试数据集进行主题分割；然后，借助两个基线系统 TT 和 C99 分别对包含非结构化馆藏资源的测试数据集进行主题分割。通过对实验系统与基线系统的主题分割结果及标准分割进行对比，计算精准性评价指标和接近性评价指标的值，具体实验结果如表 6-5 所示。

表 6-5 实验结果二

系统	WindowDiff			P 值			R 值			F 值		
	No.1	No.2	平均值	No.1	No.2	平均值	No.1	No.2	平均值	No.1	No.2	平均值
MHTSSDLR	0.29	0.31	0.30	0.63	0.59	0.61	0.54	0.52	0.53	0.58	0.55	0.56
TT	0.36	0.42	0.39	0.54	0.46	0.50	0.48	0.44	0.46	0.51	0.45	0.48
C99	0.32	0.38	0.35	0.58	0.54	0.56	0.52	0.44	0.48	0.55	0.49	0.52

从表 6-5 的实验结果不难看出，MHTSSDLR 无论对于第一组测试数据集（20篇期刊论文）还是对于第二组测试数据集（2 本电子书）来说，在精准性评价指标和接近性评价指标上都优于 TT 和 C99 两个经典的文本主题分割方法。从接近性评价指标 WindowDiff 来看，实验系统 MHTSSDLR 的 WindowDiff 平均值要比

基线系统 C99 的 WindowDiff 平均值低（即 0.30＜0.35）。从精准性评价指标来看，实验系统 MHTSSDLR 的 P 值平均值比基线系统 C99 的 P 值平均值高（即 0.61＞0.56），实验系统 MHTSSDLR 的 R 值平均值比基线系统 C99 的 R 值平均值高（即 0.53＞0.48），实验系统 MHTSSDLR 的 F 值平均值比基线系统 C99 的 F 值平均值高（即 0.56＞0.52）。与 TT 和 C99 基线系统相比，实验系统 MHTSSDLR 取得比较优势的原因在于以下几个方面。

首先，实验系统 MHTSSDLR 在对文献进行主题分割时采用了分裂聚类的方法，该方法要优于 TT 在文献主题分割时所采用的滑动窗口的方法。这是因为最优的滑动窗口大小难以确定，如果滑动窗口太短可能导致将本来属于同一分割的文本分割开来，而如果滑动窗口太大可能会将一些本来不相关的词语包括进来，从而导致错误分割的产生。

其次，与基线系统 C99 相似，实验系统 MHTSSDLR 在对文献进行主题分割时采用了自顶向下分割策略，可以达到全局最优，然而基线系统 TT 的文本主题分割算法则是基于局部最优的策略，这就很难达到全局最优化的目的。

然后，在进行文献主题分割时，基线系统 TT 和 C99 基于相似矩阵计算语句的相似度，而实验系统 MHTSSDLR 则是基于语义向量进行语句相似度计算。基于相似矩阵计算语句相似度的方法存在一定的局限性，它除了存在数据稀疏等问题外，还将严重受到同义词、近义词和同形异义词的影响，使得语句相似度计算的精确性大大降低，而语义向量则可以很好地解决相似矩阵存在的上述问题，它可以将语义信息集成到语句的相似度计算之中，从而大大提高文献主题分割的准确性。

最后，与基线系统 TT 和 C99 相比，实验系统 MHTSSDLR 在对长文献进行主题分割时具有更大的优势。这是由于在长文献中，句子的差异性更大，句子结构也更为复杂，这些都给基于文本链的主题分割方法 TT 和 C99 带来不小的困难，使得它们的主题分割效果随着文本长度的增加而不断下降。而实验系统 MHTSSDLR 由于在对长文献进行主题分割时充分利用了文献的篇章结构，事实上，篇章结构本身是对文献的一种主题粗分割，从而将文献主题的细分割的范围限定在一个较小的文本片段内，从而规避了文献篇幅增加对主题分割的影响，进而在一定程度上提高了主题分割的准确性。

6.3　数字图书馆馆藏资源多粒度语义标注

6.3.1　数字图书馆馆藏资源多粒度层级组织模型

对数字图书馆馆藏资源进行多粒度语义标注的目的在于实现对数字图书馆

藏资源的多粒度层级组织。数字图书馆馆藏资源多粒度层级组织模型采用自底向上的策略首先对细粒度的文本进行语义标注，而后依据细粒度文本的层级包含关系对粗粒度的文本进行语义标注，如图6-9所示。从图6-9可以看出，数字图书馆馆藏资源的多粒度层级主题分割为数字图书馆馆藏资源多粒度层级组织提供了物质基础，它将一篇文献依据其论述的主题分割成多个文本片段。每个文本片段只论述一个最小的子主题，其通常可以视作最细粒度的知识载体。为实现对该细粒度的文本片段的组织，本书提出基于知识元的细粒度文本语义标注方式，抽取出文本片段中包含的知识元，依据知识元的描述框架进行基于知识元的语义标注，从而实现对文献的细粒度组织，这将大大缩小知识组织的粒度。此外，不同的细粒度的文本片段依据各自所论述主题之间的逻辑关系，可以进一步关联组合成更粗粒度的知识片段，该粗粒度的文本片段论述了一个更为泛指的主题，其通常可以作为粗粒度的知识载体。为解决粗粒度文本片段的语义标注问题，本书提出基于本体概念的粗粒度文本语义标注方法，该方法基于细粒度文本语义标注的结果，依据概念的层级关系对通过多粒度层级主题分割得到的文献层级分割树中的粗粒度的文本片段（非叶子节点的文本片段）进行语义标注，从而实现对文献知识内容的粗粒度组织。通过上述两个步骤最终实现对文献的多粒度层级组织。接下来，本书将依据数字图书馆馆藏资源多粒度层级组织模型，详细论述数字图书馆馆藏资源多粒度语义标注的基本流程。

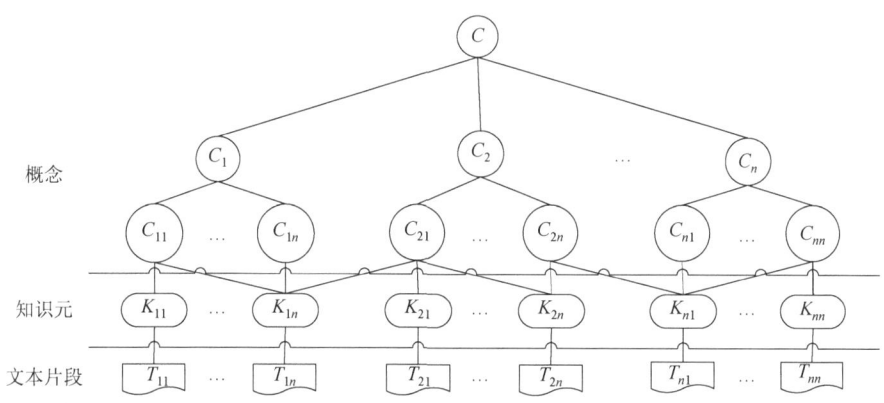

图6-9 数字馆藏资源的多粒度层级组织模型

6.3.2 基于知识元的细粒度文本语义标注

在文献的多粒度层级分割树中，每个叶节点都论述了一个最小的子主题，可以构成一个最基本的知识单元，即知识元。依据知识元论述的主题内容的不同，可以将知识元划分为概念知识元、方法知识元、事实知识元、数值知识元等多种类型。尽管各种类型的知识元论述的主题内容不尽相同，在内容描述上存在一定的差异，但作为知识元，它们又具有共同的属性，为达到对不同类型的知识元进行统一描述的目的，本书在进行知识元语义标引时，无论什么类型的知识元均采用了统一的知识元结构模型，因此，知识元语义标引过程就转化为依据知识元结构模型从叶节点文本片段的内容中分别提取叶节点中论述的实体名称、实体属性、属性值、实体操作、实体方法及关系等的过程。基于知识元的细粒度文本语义标注如图 6-10 所示，主要包括句子分割、分词/词性标注、依存句法分析、指代消解和知识元抽取、基于树匹配的知识元语义标注等几个步骤。

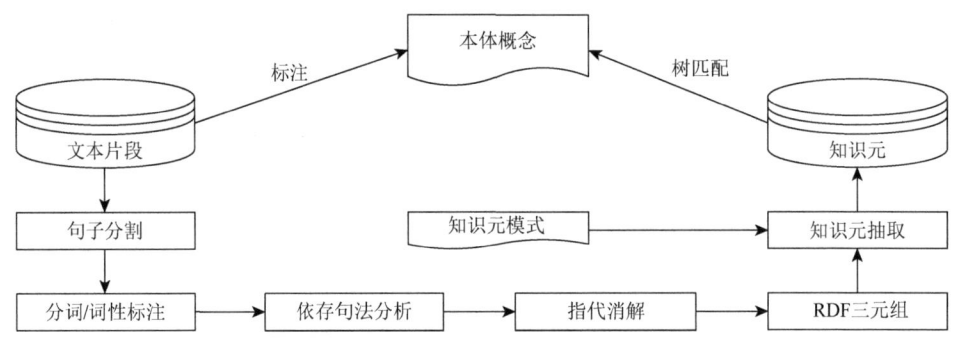

图 6-10　基于知识元的细粒度文本语义标注

1. 句子分割

句子分割的主要功能是将文本片段划分为句子的集合。具体来说，主要是依据句子标识符（如"。""！""；""？"等）识别出句子的分割点，而后依据句子的分割点识别出文本片段包含的所有句子。句子是能够完整表达一个知识内容的最小单位，因此，句子分割是实现知识元抽取的关键。

2. 分词/词性标注

本书在对文献进行中文分词和词性标注时采用了 Stanford Segmenter 中文分词器，该系统的主要功能包括中文分词、词性标注等。选择该分词系统的一个重要原因在于 Stanford Segmenter 中文分词器支持用户自己定义的词典，可以将自定义的词语集成到分词系统中，从而提高分词的灵活性和准确性。这是因为，数字图书馆的馆藏资源如期刊论文、学位论文、电子书等大都包含了大量的专业知识，使用的词语通常是专业性较强的长词，这些词通常是未登录词，因此，在对数字图书馆的馆藏资源进行分词时，自定义一个专业词表是非常有必要的。本书定义了一个收录大量专业词汇、短语和搭配词的领域词典，以适应数字图书馆馆藏资源分词的需要，并将自定义的词典集成到 Stanford Segmenter 中文分词器中，从而大大提高分词的准确性。分词之后，就是去除没有实在意义的停用词，并依据上下文语法关系确定词性并加以标注，为每个词语选择一个合适的词性，如名词、动词、形式词或其他词性，分词/词性标注的示例结果如图 6-11 所示。

```
深圳/NR是/VC美丽/JJ的/DEG海滨/NN城市/NN,/PU
它/PN是/VC中国/NR重要/JJ的/DEG经济/NN特区/NN之一/NN,/PU
是/VC中国/NR经济/NN发展/NN的DEG龙头/NN。/PU
```

图 6-11　分词/词性标注的示例结果

3. 依存句法分析

依存句法分析的主要功能是在分词和词性标注的基础上，通过分析语言成分之间的依存关系来挖掘其句法结构，并将句子从序列形式转化为树状结构，构建句子对应的依存句法树，揭示句子内部词语之间的搭配或修饰关系。本书借助 Stanford Parser 对语句进行依存句法分析，生成依存句法树，依存句法分析树如图 6-12 所示。Stanford Parser 是基于 Java 的开源自然语言处理（natural language processing，NLP）工具，支持中文的依存句法分析。基于依存句法树对语句中词语之间的关系进行分析，识别语句中主语、谓语、宾语、修饰语等以及它们之间的依存关系。依存关系分析的示例结果如图 6-13 所示。

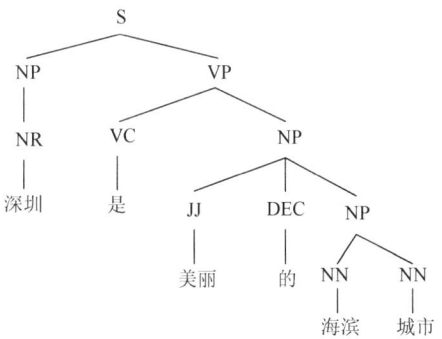

图 6-12　依存句法分析树

4. 指代消解

指代是自然语言中用于简化表示的非常普遍的语言现象。指代消解的主要功能是确定句子中的代词指向哪个名词短语，其是语篇理解的基础和关键。为能较

```
asubj(城市-6, 深圳-1)
cop(城市-6, 是-2)
amod(城市-6, 美丽-3)
case(美丽-3, 的-4)
compound: nn(城市-6, 海滨-5)
root(RooT-0, 城市-6)
```

图 6-13 依存关系的示例结果

为全面地抽取与实体相关的信息，需要对文本片段中的指代现象进行消解。具体来说，基于依存句法分析指代消解包含以下几个步骤：命名实体识别、特征向量构建、决策树构建和基于决策树方法的指代消解等。命名实体识别主要是识别文献中具有特定含义的实体，如人名、地名、机构名、专有名词等。特征向量构建主要是识别名词短语的类别属性、缩略匹配属性、一致性属性、性别属性、单复数属性和距离属性等。决策树构建主要是借助 C5.0 算法并基于训练集生成一棵用于进行指代消解的决策树，如图 6-14 所示。依据该指代消解决策树解决文献中指代消解的问题。

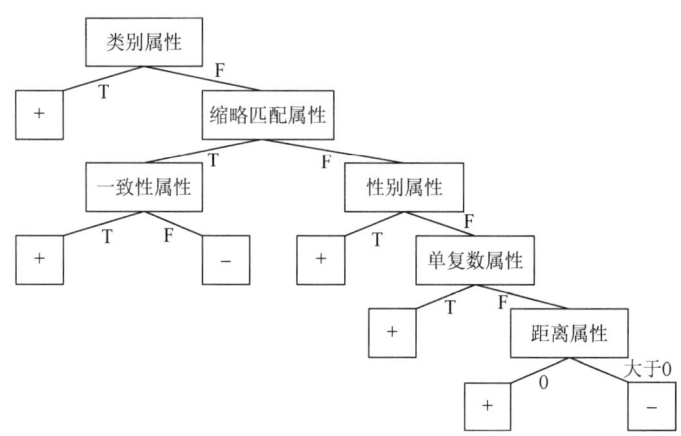

图 6-14 指代消解决策树

5. 知识元抽取

知识元抽取的主要功能是基于语词之间的依存关系，依据知识元模型从文本片段中抽取出知识元。知识元揭示了知识的主题内容和知识之间的关联，因此可以达到对细粒度的文本片段进行语义标引的目的。本书在进行知识元标注时，均采用了统一的知识元结构模型，即知识元：{领域，ID（identity document），名称，内容，关联，时间，出处}。

领域：是指知识元所属的知识类别，具体来说，主要是依据学科体系标准对知识元所在的知识领域进行标注。之所以要对知识元所属的知识领域进行标注，是由于相同的知识内容在不同的领域可能有不同的名称，而且相同的名称在不同的领域也可能指代不同的知识内容。

ID：用来唯一标识知识元的标号，本书采用URI作为知识元ID，以便于人们通过URI迅速定位和访问到该知识元。

名称：知识元的标题，用来揭示知识元主题内容的主题词，是对知识元所包含的知识内容的一种高度概括。

内容：对知识元的内容进行具体描述的文本片段，使人们可以直接获得知识内容本身。

关联：知识元的逻辑联系，包括等同关系、属分关系、整部关系，以及其他各种逻辑关系等。知识元之间的关联是实现多粒度集成知识服务的关键。

时间：知识元所属文献的出版日期。对知识元的时间进行标注的目的在于对知识元进行回溯检索，以及帮助用户了解知识元的时效性等。

出处：知识元的来源，借助出处可以查找知识元的来源文献，方便获取有关知识元的更加完善的知识。

该模型定义了知识元中可能包含的基本元素，同时也决定了知识元的描述架构。由知识元的描述框架可以看出，知识元不仅揭示了细粒度的文本片段的外部属性特征，如领域、ID、时间、出处等，而且揭示了文本片段的知识内容，如主题名称、内容、关联等。由此可见，通过对细粒度文本片段的知识元的抽取达到了主题概念与资源实例（即文本片段）之间关联的目的，接下来，为有效实现对细粒度文本片段中知识内容的语义标注，需要将知识元名称（即主题）、关联等与本体进行映射，最终达到对细粒度文本语义标注的目的。

6. 基于树匹配的知识元语义标注

语义标注在本质上是建立本体概念与知识资源实例之间联系的过程，主要任务是通过计算本体概念与知识资源实例之间的相似度来实现知识资源实例按本体的分类体系进行归类。在本书中，基于树匹配的知识元语义标注的目的是建立知识元与本体概念树之间的映射关系。由描述知识元的结构模型可以看出，知识元作为无法再分割的最小知识单元，揭示和描述了知识实体的领域、ID、名称、内容、关联、时间、出处等，由此可见，知识元本身可以看作一棵以知识实体为根节点的树结构。而本体概念树中每一个概念的内涵均可以用以该概念为根节点的一棵子树来表达。

由此可见，无论本体概念还是知识元均体现出树结构，为此，在对知识元进行语义标注时，本书提出基于树匹配的方法实现知识元到本体概念树中概念的映射，从而达到语义标注的目的，见图 6-15。从图 6-15 可以看出，基于树匹配的语义标注主要包括本体概念树的子树分割、子树与知识元匹配两个阶段。

1）本体概念树的子树分割

子树分割即识别出本体概念树中所有子树的过程。具体来说，采取深度优先策略，首先抽取本体概念树中的一个概念，作为子树的根节点，而后抽取该概念拥有的所有子概念，作为该子树的分支节点，直到叶节点为止，所有这些节点共同构成本体概念树的一棵子树。从子树分割的上述流程可以看出，本体概念树中有多少个节点就有多少棵子树，最大的一棵子树是其本身，最小的子树是单独一个叶节点。图 6-15 中的子树如表 6-6 所示。

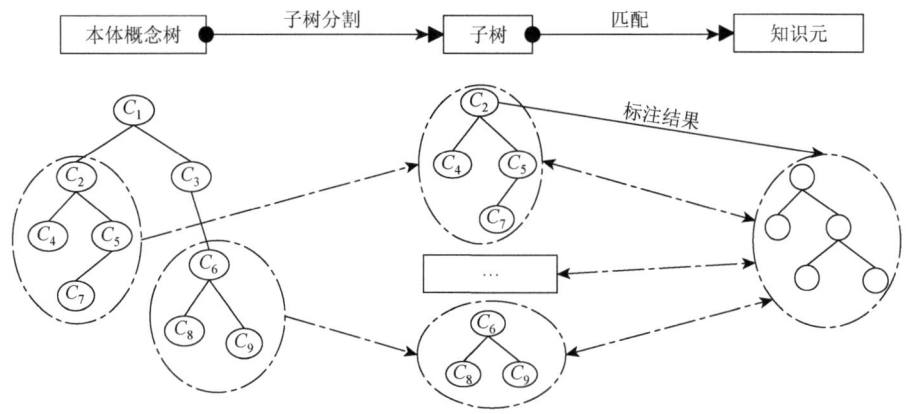

图 6-15　基于树匹配的知识元语义标注

表 6-6　子树

编号	根节点	子节点	子树
子树 1	C_1	C_2, C_3, C_4, C_5, C_6, C_7, C_8, C_9	(C_1, C_2, C_3, C_4, C_5, C_6, C_7, C_8, C_9)
子树 2	C_2	C_4, C_5, C_7	(C_2, C_4, C_5, C_7)
子树 3	C_3	C_6, C_8, C_9	(C_3, C_6, C_8, C_9)
子树 4	C_4	C_4	(C_4)
子树 5	C_5	C_7	(C_5, C_7)
子树 6	C_6	C_8, C_9	(C_6, C_8, C_9)
子树 7	C_7	C_7	(C_7)
子树 8	C_8	C_8	(C_8)
子树 9	C_9	C_9	(C_9)

2）子树与知识元匹配

在进行本体概念树的子树与知识元的匹配时，由于无论本体概念子树还是知识元，它们均是以根节点为中心，不同的根节点对应不同的子节点集合，这也就意味着，如果两棵树的根节点不匹配，那么两棵树的其他节点的相似度也会非常低，因此，在进行子树与知识元的匹配之前，首先通过根节点匹配来过滤掉一些不太可能的匹配树将会大大提高匹配的效率。而且在进行本体概念子树与知识元匹配时，除了要计算节点之间的相似性，还要考虑节点之间语义关系的相似性，为此，本书提出一种基于路径的匹配方法。路径是由从根节点通往叶节点的一条完全路径上的所有节点组成的，路径的相似度由路径上节点的相似度决定，并且各节点对于路径相似度的贡献不一样，本书认为越靠近底层的节点贡献度越大，这是因为在本体概念网络中，越是靠近底层的概念越专指，表达的含义越明确。

具体来说，设 $s=([p_1,w_1],[p_2,w_2],[p_3,w_3],\cdots,[p_m,w_m])$ 为具有 m 个节点的路径，s_1、s_2 为两条路径，则路径 s_1、s_2 之间的匹配度的计算方法见式（6-16）：

$$R(s_1,s_2)=\frac{\sum_{l\in s_1\cap s_2}^{k}(w(p_{1l})+w(p_{2l}))}{\sum_{i=1}^{n}w(p_{1i})+\sum_{j=1}^{m}w(p_{2j})} \quad (6\text{-}16)$$

其中，p_i 为路径 s 中从根节点开始第 i 个节点；w_i 为该节点的权重；k 为路径 s_1、s_2 中相匹配的节点个数。

设 T_1、T_2 为两棵待匹配的子树，通过式（6-17）可以得到子树 T_1 与 T_2 中相匹配的路径，设相匹配的路径数为 q，则子树相似度的计算见式（6-17）：

$$R(T_1,T_2)=\frac{\sum_{l=T_1\cap T_2}^{q}R(s_{1i},s_{2j})}{\max(T_1,T_2)} \quad (6\text{-}17)$$

其中，$\max(T_1,T_2)$ 表示子树 T_1、T_2 中最大路径数量。

通过本体概念子树与知识元的匹配，可以得到与知识元最匹配的本体概念，最终实现基于知识元的细粒度文本的语义标注。

6.3.3 基于本体的粗粒度文本语义标注

数字图书馆馆藏资源的多粒度层级主题分割将一篇文献依据主题进行了分割，生成了一棵文献层级分割树。基于知识元的细粒度文本语义标注实现了文献层级分割树中叶节点，即最细粒度的主题分割片段的语义标注。接下来，本书将进一步论述文献层级分割树中除叶节点之外的分支节点的语义标注问题,进而提出基于本体概念的粗粒度文本语义标注方法。该方法主要包括粗粒度文本主题关键词的抽取、粗粒度文本主题关键词之间关系的抽取和粗粒度文本主题词及关系的标注三个主要环节。本书将详细论述各部分的具体实现过程。

1. 粗粒度文本主题关键词的抽取

粗粒度文本主要包括文献层级分割树中各层级分支节点对应的文本片段和根节点对应的文本片段。因此,粗粒度文本主题关键词的抽取也主要涉及分支节点主题关键词的抽取和根节点主题关键词的抽取,接下来将详细论述粗粒度文本主题关键词的抽取过程。

1) 分支节点主题关键词抽取

文献层级分割树的内部分支节点作为根节点与叶节点之间的中间节点,构成了整个文献的架构,这些分支节点论述的主题揭示了文献主题展开的脉络,起到承接和关联文献主题结构的作用。分支节点的这一特征决定了用于揭示分支节点的主题关键词不仅要能够揭示分支节点对应的文本片段论述的主题,更重要的是该主题关键词要起到联通文献论述的主题、搭建文献主题架构的作用,使得文献主题架构结构严谨。在文献层级分割树中,分支节点又可以划分为多个层级,因此,对于分支节点主题关键词的抽取可以逐级逐层展开。需要指出的是,尽管不同层级的分支节点对应的文本片段粒度大小不同,但不同层级的分支节点具有上述的共同特征,因此,分支节点主题关键词抽取的方法也基本相同,为此,接下来,本书将以第 i 层的分支节点为例,论述主题关键词的抽取过程。

通过上述分析可知,作为揭示分支节点主题的关键词,一方面要具有一定的主题揭示作用,另一方面该关键词要具有一定的连通性,即对文献主题架构的贡献度要高。鉴于分支节点主题关键词的上述特征,分支节点主题关键词的抽取过程可以分为以下三个步骤。

首先,最能揭示分支节点主题的关键词通常具有在该分支节点对应的文本片段中出现的次数较多,而在其他分支节点对应的文本片段中出现的次数较少的特征。基于分支节点主题关键词的这一特征,本书提出使用 tf.isf(式(6-18))计算分支节点文本片段中各关键词的主题标识意义。与常用的关键词提出方法 tf.idf 相类似,tf.isf 是将 tf.idf 关键词提取的思想在分支节点对应的文本片段上的扩展,tf.isf 的值可以反映出关键词对于每个分支节点主题揭示的相对重要性程度。

$$\text{tf.isf}(w)_i = \frac{\text{btf}(w)_i}{b(t)_i} \times \ln \frac{N_i}{\text{bf}(w)_i} \quad (6\text{-}18)$$

其中,$\text{btf}(w)_i$ 表示词语 w 在该分支节点中出现的频次,该值与 tf.isf 的值正相关;$b(t)_i$ 表示该分支节点中包含的所有关键词的总个数,该值与 tf.isf 的值负相关;N_i

表示第 i 层中拥有的分支节点的个数,该值与 tf.isf 的值正相关;bf$(w)_i$ 表示第 i 层中出现词语 w 的分支节点的个数,该值与 tf.isf 的值负相关。

其次,在分支节点对应的文本片段中,不同的关键词对文献主题架构的贡献程度不完全相同,一般来说,最具有连通性的,对文献主题架构贡献度较高的关键词通常是与其他关键词共现程度最高的词。基于上述分析,本书指出关键词对于文献主题架构连通性的贡献度可以借助式(6-19)来计算。

$$CD(w) = L(G) - L(G_w) \qquad (6\text{-}19)$$

其中,G 表示关键词的共现网络;G_w 表示去掉关键词 w 之后的关键词共现网络;$L(G)$ 表示关键词共现网络 G 的连通度;$L(G_w)$ 表示去掉关键词 w 之后的共现网络的连通度。关键词共现网络连通度的计算方法如算法 6-4 所示。

算法 6-4　关键词共现网络连通度算法

---

1. 构建共词矩阵 $C=(c_{ij})_{n\times n}$,若关键词 v_i 与 v_j 在同一语句中共现,则 $c_{ij}=1$,否则 $c_{ij}=0$;
2. 置关键词共现网络 G 的初始连通度为零,即 $L(G)=0$;
3. 若关键词共现网络 G 为连通图,转步骤 4;若 G 不连通则转步骤 6;
4. 计算关键词影响度 $E=\left(\dfrac{1}{d_1},\dfrac{1}{d_2},\cdots,\dfrac{1}{d_n}\right)$ 和网络影响度 $P=E\times C$,其中 d_i 表示顶点 v_i 的度数;
5. 找出 P 中最大值对应的顶点 v_i,从图 G 中去掉该节点以及与它相连的边,此时的共现网络仍记为 G,置 $L(G)=L(G)+1$,转步骤 3;
6. $L(G)$ 即共现网络 G 的连通度。

最后,由于在分支节点对应的文本片段中,最能代表分支节点主题的关键词是具有较高主题揭示意义和较高连通性贡献度的关键词,因此在最终选取分支节点主题关键词时需要综合考虑两方面的特征。具体来说,分支节点中所有关键词的主题重要性程度 $Q(w)$ 可以采用式(6-20)来计算。在式(6-20)中 tf.isf$(w)_i$ 的值代表关键词对分支节点主题的标识度,CD(w) 的值代表关键词对文献主题架构连通性的贡献程度。从式(6-20)不难看出,在分支节点对应的文本片段中 $Q(w)$ 的值越大的关键词,在分支节点中越重要,越能揭示分支节点对应的文本片段的主题,因此,可以选作分支节点的主题关键词,进而实现分支节点主题关键词的抽取。

$$Q(w) = \text{tf.isf}(w)_i \times CD(w) \qquad (6\text{-}20)$$

2)根节点主题关键词抽取

文献层级分割树的根节点对应的是整篇文献,因此,根节点主题关键词要能揭示整篇文献的主题。由于根节点的主题是整篇文献的核心,其他分支节点和叶子节点的主题作为其子主题均是在根节点主题的基础上展开论述的,因此,在整篇文献中最能揭示其主题的关键词应该具有以下两方面的特征：首先，作为根节点的主题关键词与分支节点和叶子节点的主题关键词要有较高的共现度；其次，分支节点和叶子节点的主题关键词之间的关联大都是通过根节点关键词建立的，也就是说，揭示根节点主题的关键词要具有较高的中介性。为了能够依据根节点主题关键词的上述特征从文献中抽取揭示整篇文献主题的关键词，本书构建了关键词共现网络，并将根节点主题关键词的上述两个方面的特征具体化为关键词共现网络中的点度中心度和中间中心度。点度中心度主要是用来考察根节点主题关键词与其他关键词的共现度；中间中心度主要用来衡量根节点主题关键词的中介性。只有点度中心度和中间中心度均较高的关键词才可能作为揭示根节点主题的关键词。通过上述分析可知，根节点主题关键词的抽取过程就转化为计算关键词共现网络点度中心度和中间中心度的过程。具体来说，根节点主题关键词的抽取过程如下。

首先，计算关键词共现网络中每个关键词的点度中心度，其计算方法如式（6-21）所示：

$$C_d(w_i) = \sum_{j=1}^{n} x_{ij}(i \neq j)/(n-1) \tag{6-21}$$

其中，n 表示关键词共现网络中包含的关键词的个数；x_{ij} 表示与关键词 w_i 存在共现关系的主题关键词的个数。

然后，计算关键词共现网络中每个关键词的中间中心度，其计算方法如式（6-22）所示：

$$C_m(w_i) = \sum_{i}^{n}\sum_{k}^{n} \frac{g_{jk}(w_i)}{g_{jk}} \tag{6-22}$$

其中，n 表示关键词共现网络中包含的关键词的个数；g_{jk} 表示关键词共现网络的任意两个关键词之间的最短路径中经过主题关键词 w_j 和主题关键词 w_k 的数目；$g_{jk}(w_i)$ 表示在主题关键词 w_j 与主题关键词 w_k 所有最短路径中经过关键词 w_i 的最短路径数。

最后，计算关键词共现网络中每个节点的点度中心度与中间中心度的综合值 $R(w_i)$，其计算方法如式（6-23）所示。关键词的 $R(w_i)$ 值越大，越有可能成为揭示根节点主题的关键词。从而完成根节点主题关键词的抽取工作。

$$R(w_i) = C_d(w_i)C_m(w_i) \tag{6-23}$$

2. 粗粒度文本主题关键词之间关系的抽取

完成根节点主题关键词的抽取和分支节点主题关键词的抽取之后，就需要进一步揭示主题关键词之间的语义关系。具体来说，本书将主题关键词之间的语义关系划分为两种类型：分类关系和非分类关系。

1）分类关系抽取

主题关键词之间的分类关系是指主题概念之间的属分关系。在文献层级分割树中，越粗粒度的主题分割片段论述的主题越概括，对应的主题概念也越泛指，与之相反，越细粒度的主题分割片段论述的主题越具体，对应的主题概念也越专指。也就是说，主题分割片段粒度的大小与主题概念的泛化或专指程度相互对应。较泛指的主题概念通常与粗粒度的主题分割片段相对应，较专指的主题概念通常与细粒度的主题分割片段相对应。从上述分析可以发现，文献层级分割树所揭示的不同主题分割片段之间的隶属关系是与揭示它们主题的关键词之间的属分关系相对应的，因此，主题关键词之间的分类关系的抽取可以依据层级分割树所揭示的层级隶属关系来实现。

2）非分类关系抽取

非分类关系包含除属分关系之外的任何语义关系，类型多样，与分类关系的抽取相比，实现起来也较为困难。分类关系蕴藏在文献层级分割树的结构框架之中，而非分类关系则蕴含在文献的语句之中。文献中的每一条语句是由特定含义的词语依据特定的语法排列组合而成的。而且，语词在句子中扮演的角色也不相同，这些具有不同语义角色的语词具有不同的依存关系，通过对语词之间依存关系的分析可以达到语义关系抽取的目的。在上述分析的基础上，本书提出基于依存句法分析的非分类关系抽取的方法。该方法的基本步骤包括：首先识别包含主题关键词的语句，并对句子进行依存句法分析，识别主题关键词之间的各种关系；然后，统计主题关键词之间不同类型的语义关系出现的频次，当频次超过一定阈值时，该关系被识别为主题关键词之间的语义关系，完成非分类关系的抽取。非分类关系抽取的具体算法如算法 6-5 所示。

算法 6-5 非分类关系抽取算法

1. 句子分割，基于启发式方法，以句子标识符"。/；/! /? "等为依据进行句子分割；
2. 句子过滤，以抽取的主题关键词为依据，筛选出包含两个或两个以上主题关键词的语句；
3. 分词与词性标注，借助 Stanford Segmenter 将句子分割成词的序列并判定每个词的词性；
4. 依存句法分析，借助 Stanford Parser 对语句进行依存句法分析，生成依存句法树；
5. 句子骨架抽取，基于依存句法树，抽取中心词以及与其存在主谓依存关系和动宾依存关系的主语与宾语，生成形如<主体, 谓词, 客体>的三元组句子骨架；
6. 语义关系抽取，统计句子骨架，抽取出现频次超过一定阈值的三元组，实现语义关系抽取。

3. 粗粒度文本主题词及关系的标注

通过对粗粒度文本主题关键词以及主题关键词之间语义关系的抽取，实现了文献语义内容的抽取，构建了一个由关键词组成的语义网络，覆盖整个文献的所有内容。接下来，为实现对粗粒度文本的语义标注，需要将关键词网络与本体网络进行映射，在本体网络中找出与主题关键词和主题关键词之间关系相对应的本体概念以及本体概念之间的语义关系，从而实现对粗粒度文本的语义标注。这就需要将关键词网络与本体网络进行匹配，然而，在匹配映射的过程中经常会出现一个关键词与多个本体概念或者多个本体概念与一个关键词相映射的情况，为解决这一问题，提高匹配的准确性，本书通过研究发现：文献作为一篇主题明确、结构严谨的论述，通常会围绕一个核心主题展开论述，分支主题都是对核心主题的进一步阐述和分析，这也就意味着作为揭示文献主题以及主题之间语义关系的关键词在语义上是紧密联系的，为此，在将文献主题关键词网络与本体网络相映射时，本体网络中与之相匹配的本体概念应该相对集中，而且密切相关。基于上述分析，为提高匹配映射的准确率，本书提出基于三元组的文献主题关键词网络与本体网络匹配的方法。主题及关系标注如图 6-16 所示。

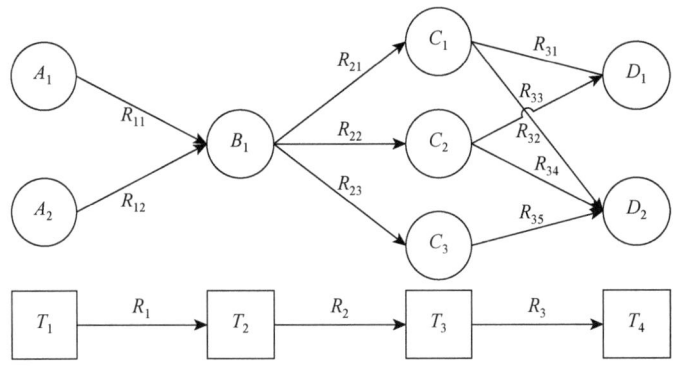

图 6-16　主题及关系标注

基于三元组的文献主题关键词网络与本体网络匹配的方法具体来说主要包含以下几个步骤。

首先，进行主题关键词与本体概念的匹配。假设通过相似度计算，与主题关键词 T_1 相似度较高的本体概念有 2 个，分别为 A_1、A_2，与主题关键词 T_2 相似度较高的本体概念有 1 个，即 B_1，与主题关键词 T_3 相似度较高的本体概念有 3 个，分别为 C_1、C_2、C_3；与主题关键词 T_4 相似度较高的本体概念有 2 个，分别为 D_1、D_2。

然后，以与主题关键词相似度较高的本体概念为节点，以本体概念间的关联为边构建三元组，作为候选三元组集合。例如，与主题关键词三元组<T_1, R_1, T_2>相对应的本体概念三元组有 2 个，分别为<A_2, R_{12}, B_1>和<A_1, R_{11}, B_1>，与主题关键词三元组<T_2, R_2, T_3>相对应的本体概念三元组有 3 个，分别为<B_1, R_{21}, C_1>、

<B_1, R_{22}, C_2>和<B_1, R_{23}, C_3>,与主题关键词三元组<T_3, R_3, T_4>相对应的本体概念三元组有 5 个,分别为<C_2, R_{33}, D_1>、<C_1, R_{31}, D_1>、<C_2, R_{33}, D_1>、<C_2, R_{34}, D_2>和<C_3, R_{35}, D_2>。

最后,计算主题关键词三元组与本体概念三元组集合中所有候选三元组的相似度,假设通过相似度计算三元组<T_1, R_1, T_2>与本体概念网络中的三元组<A_2, R_{12}, B_1>的相似度大于其与三元组<A_1, R_{11}, B_1>的相似度,那么,则认为与主题概念三元组<T_1, R_1, T_2>相匹配的本体概念三元组为<A_2, R_{12}, B_1>;同理,通过计算可以发现与主题概念三元组<T_2, R_2, T_3>相似度最大的本体概念三元组为<B_1, R_{22}, C_2>;与三元组<T_3, R_3, T_4>相似度最大的本体概念三元组为<C_2, R_{33}, D_1>。基于上述计算,可以找到一个与主题关键词网络<$T_1, R_1, T_2, R_2, T_3, R_3, T_4$>最相似的本体概念网络为<$A_2, R_{12}, B_1, R_{22}, C_2, R_{33}, D_1$>。最终实现基于本体概念的粗粒度本体语义标注。

从基于三元组的匹配过程可以看出,三元组为语词的匹配提供了充分的上下文语境信息,对于确定语词的含义来说起到了重要的作用,从而可以在一定程度上提高匹配的准确性。主题及关系标注算法如算法 6-6 所示。

算法 6-6 主题及关系标注算法

1. 以主题关键词树的根节点为主体,以根节点的子节点为客体,以根节点与子节点之间的关系为谓词构建形如<主体,谓词,客体>的三元组;

2. 基于名称相似度计算公式,计算主体与本体概念的相似度,设与主体匹配的本体概念列表为 $(a_1, a_2, \cdots, a_n)$,对应的相似度值为 $(s_1, s_2, \cdots, s_n)$;

3. 基于名称相似度计算公式,计算客体与本体概念的相似度,设与客体匹配的本体概念列表为 $(b_1, b_2, \cdots, b_m)$,对应的相似度值为 $(p_1, p_2, \cdots, p_m)$;

4. 基于名称相似度计算公式,计算谓词与本体概念属性的相似度,设与谓词对应的本体概念属性为 $(c_1, c_2, \cdots, c_t)$,对应的相似度值为 $(q_1, q_2, \cdots, q_t)$;

5. 在本体网络中抽取存在依存关系且使得 $s_i+p_j+q_l$ 最大的本体概念、本体概念属性及本体概念属性值,设 <a_i, q_l, p_j>为匹配结果;

6. 接着以 p_j 为主体,以 p_j 的子节点为客体,以两者之间的关系为谓词,构建新的三元组,重复步骤 3~步骤 5,直到匹配到叶节点为止。

需要指出的是在进行相似度计算时,为较为全面地评价相似度,本书从词形与词义两个层次来衡量相似度。具体来说,词形的相似度主要是借助编辑距离来实现的,编辑距离的计算如式(6-24)所示:

$$\text{sim}_x(k_i, o_j) = \left(\max\left(|k_i|, |o_j|\right) - \sum_k \text{oper}_k \right) / \max\left(|k_i|, |o_j|\right) \quad (6\text{-}24)$$

其中,$|k_i|$表示字符串 k_i 的长度;$|o_j|$表示字符串 o_j 的长度;$\max(|k_i|, |o_j|)$表示字符串

k_i 和 o_j 长度的最大值；oper_k 表示一次操作，可以是插入、删除、替换及相似字符调换等操作。

而词义相似度($\text{sim}_y(k_i, o_j)$)的计算，则可以通过计算两个词语在 WordNet 中的最短路径来实现，具体计算方法如式（6-25）所示：

$$\text{sim}_y(k_i, o_j) = 2\log(p(s)) / \big(\log(p(s_i)) + \log(p(s_j))\big) \quad (6\text{-}25)$$

其中，$p(s)$表示 WordNet 中词义节点 s 及其子节点包含的所有单词在整个词典中所占的百分比；$k_i \in s_i$，$o_j \in s_j$，s 表示 s_i 和 s_j 的公共祖先节点。

词形相似度和词义相似度分别从不同的角度对两个语词的相似程度进行了衡量，接下来，便可以综合两个相似度的计算结果，最终得到两个语词的综合相似度值。具体计算方法如式（6-26）所示：

$$\text{sim}_z(k_i, o_j) = \alpha \cdot \text{sim}_x(k_i, o_j) + \beta \cdot \text{sim}_y(k_i, o_j) \quad (6\text{-}26)$$

其中，α 表示词形相似度的权重；β 表示词义相似度的权重。

6.4 基于 D2R 的多粒度关联数据创建与发布

6.4.1 数字图书馆多粒度关联数据创建

通过语义标注达到了将非结构化的数字馆藏资源结构化的目的，这些结构化的数据是实现关联数据创建的基础。有了这些数据，数字图书馆馆藏资源的多粒度关联数据创建就变得较为简单。总的来说，主要是依据关联数据的基本原则，对语义标注的结果进行关联数据化。需要指出的是在将数字图书馆的馆藏资源以关联数据的形式进行发布时，需要遵循一些基本原则：

（1）所有以关联数据形式发布的资源要使用 URI 加以标识；
（2）使用 HTTP URI 以便人们能够随时访问到这些资源；
（3）人们能够借助这些标识获取所需要的资源；
（4）尽可能多地向人们提供相关联的 URI，使得人们能够借此发现更多的资源。

基于关联数据创建与发布的上述四个基本原则，本书提出了面向数字图书馆馆藏资源的多粒度关联数据创建与发布流程（图 6-17），包括知识模型构建、知识实体命名、知识实体 RDF 化、知识实体关联化等几个步骤。

图 6-17　数字图书馆馆藏资源关联数据创建与发布流程

1)知识模型构建

知识模型构建的主要任务是选择或设计 RDF 的词表,定义知识实体之间的语义关联,实现知识实体关联结构的形式化和规范化。在知识模型构建时,本书选取的实体主要包括出版物、文献、人、分支文本片段、叶节点文本片段。为描述这些实体以及实体之间关系,本书构建了一个领域本体,本体概念在尽可能复用 DC、DC-TERMS、OWL(web ontology language)、PRISM(partnership for research integrity in science and medicine)、中国分类主题一体化词表等的元数据的基础上,还构建了自建词表以揭示通用词表未能揭示的主题概念及它们之间的关系。实体关联模型如图 6-18 所示。

2)知识实体命名

知识实体命名的主要任务是为数字图书馆馆藏资源中每个知识实体赋予一个 URI,用来唯一地标识该知识实体,以便人们检索知识实体。知识实体命名规则如下:<baseURI>/<knowledgeEntityTypeName>/<knowledgeEntityID>。其中,<baseURI>为 URI 的基地址;<knowledgeEntityTypeName>对应于知识实体的载体类型,包括文献(article)、分支节点片段(limbText)和叶节点文本片段(leafText);<knowledgeEntityID>对应于知识实体的 ID。因此,如果假设基地址<baseURI>为 http://www.digitallibrary,知识实体类型<knowledgeEntityTypeName>为 leafText,知识实体的 ID 为 123654,那么该知识实体的 URI 可以定义为如下形式:http://www.digitallibrary/leafText/123654。通过知识实体命名可以使得每个知识实体具有一个网上可访问的名称。

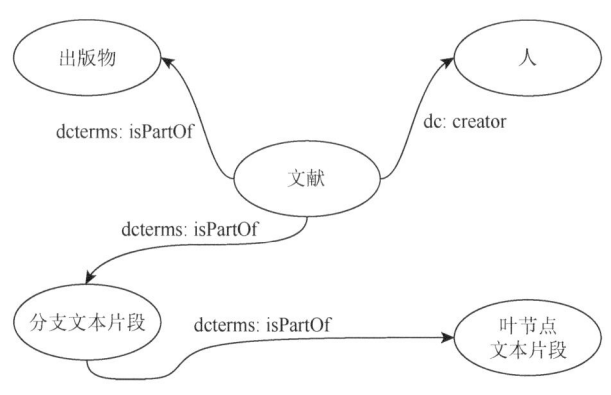

图 6-18　实体关联模型

3)知识实体 RDF 化

知识实体 RDF 化的主要任务是借助 RDF 对知识实体进行描述,达到知识实体 RDF 化的目的。接下来,将以叶节点文本片段知识实体为例论述知识实体 RDF 化的方式(该知识实体描述的 RDF 图如图 6-19 所示)。叶节点文本片段是最细粒度的知识实体，在对该知识实体进行语义标引时，本书采用了基于知识元的语义标注方法，在该方法中为对细粒度的知识实体进行语义标注，定义了描述知识元的结构模型，即知识元：{领域，ID，名称，内容，关联，时间，出处}。该结构模型揭示了叶节点文本片段这一知识实体的外部形式信息，如时间（dc: date）、ID（dc: identifier）、领域（prism: academicField）、出处（dc: source）等，以及内部语义信息，如名称（dc: subject）、内容（dc: description）、关联（dc: relation）等。知识实体RDF化的重要意义在于使得计算机程序能够理解对知识实体的描述。

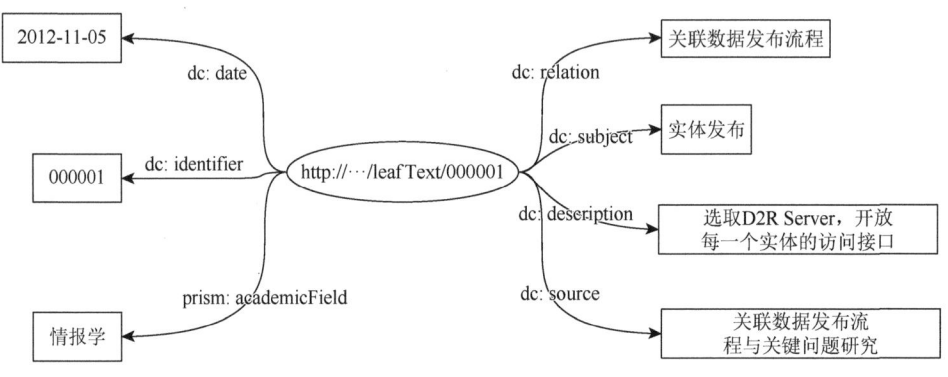

图6-19　知识实体描述的RDF图

4）知识实体关联化

知识实体关联化的主要任务是依据实体关联模型所揭示的知识实体之间的语义关系，实现知识实体之间的关联化。在对数字图书馆馆藏资源进行多粒度层级组织中，知识实体主要包括人、出版物、文献、分支文本片段、叶节点文本片段。其中，人和出版社可以称作知识的外部实体；而文献、分支文本片段和叶节点文本片段则被称作知识的内部实体；知识的外部实体的主要作用是便于人们查找知识内部实体的来源和出处。知识的内部实体中不同层级的知识实体之间的关联主要体现为由文献主题分割生成的层级分割树所决定的属分关系（即determs: isPartOf）。同一层级的知识实体之间的关联则体现为多种语义关系，如等同关系（owl: sameAs），以及其他各种类型的语义关系，如图6-20所示。知识实体关联化的意义在于便于人们通过一个知识实体查找到相关知识实体。

6.4.2　数字图书馆多粒度关联数据发布

关联数据的发布方式有多种。依据资源的内容特征，关联数据发布的途径大致可以划分为三种类型[181]：面向小规模数据的静态RDF文件的发布方式、面向大规模数据的RDF库的发布方式、面向大规模频繁更新数据的D2R发布方式。

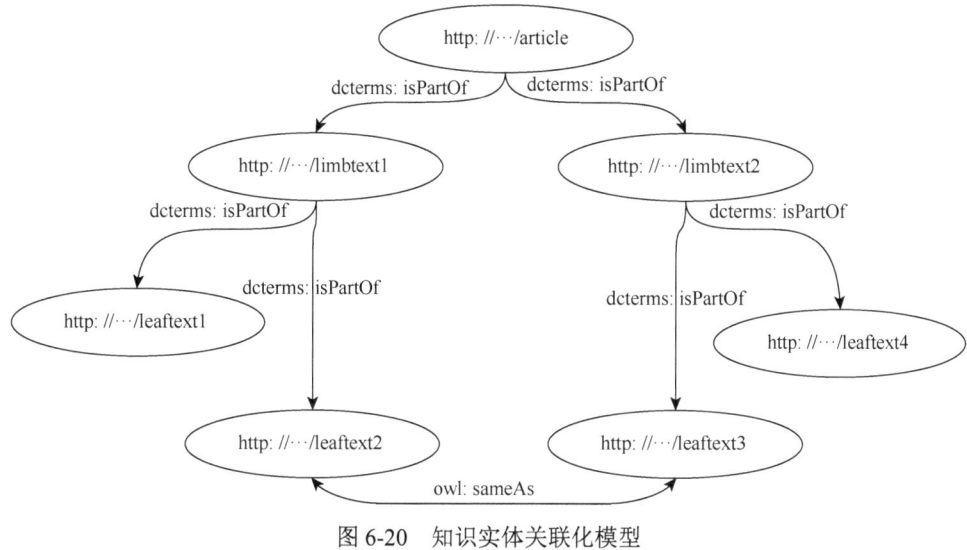

图 6-20　知识实体关联化模型

数字图书馆作为人类知识的宝藏，存储着海量的知识资源，而且随着科技的发展，不断有新的知识被数字图书馆收集、组织和管理。针对数字图书馆馆藏资源的上述特征，本书选择基于 D2R 的关联数据发布方式实现数字图书馆馆藏资源的多粒度发布。基于 D2R 的多粒度关联数据发布流程如图 6-21 所示。

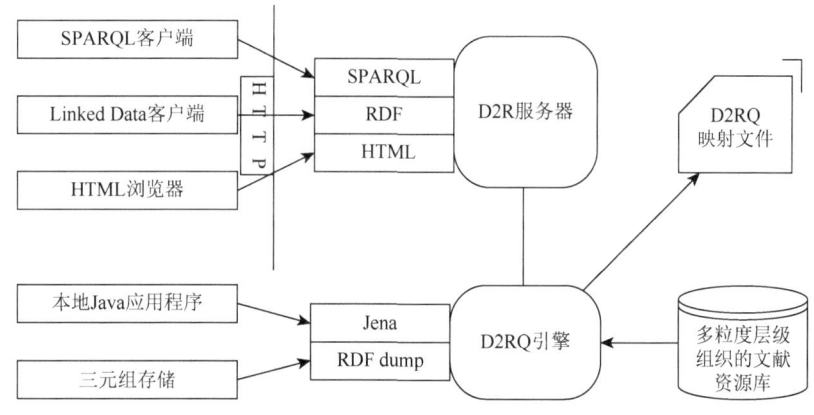

图 6-21　基于 D2R 的多粒度关联数据发布流程

从图 6-21 可以看出，基于 D2R 的关联数据发布的基本流程包括三个基本步骤：数字图书馆多粒度层级组织的文献资源库构建、基于 D2RQ 的语义映射和基于 D2R 的关联数据发布。

1）数字图书馆多粒度层级组织的文献资源库构建

通过数字图书馆馆藏资源的多粒度层级分割实现了数字图书馆馆藏资源的多粒度层级划分，生成了一棵多粒度层级分割树；通过数字图书馆馆藏资源多粒度语义标注实现了数字图书馆馆藏资源的多粒度语义标注，生成了一个用于描述数字图书馆多粒度馆藏资源的主题概念以及馆藏资源之间语义关系的本体。数字图书馆馆藏资源的多粒度层级分割和数字图书馆馆藏资源多粒度语义标注为数字图书馆多粒度层级组织的文献资源库构建奠定了基础，接下来，将依据揭示馆藏资源主题概念以及概念之间关系的本体构建文献资源库的实体关系模式，将本体概念映射到文献资源库的相关实体，本体概念的属性对应于实体的属性，本体概念之间的语义关系对应于实体之间的关系，从而实现文献资源库中数据表、表间关系的设计，而后依据本体与文献资源库实体关系模式的对应关系对数字图书馆馆藏资源多粒度层级主题分割结果进行存储，最终实现数字图书馆多粒度层级组织的文献资源库的构建。

2）基于 D2RQ 的语义映射

数字图书馆多粒度层级组织的文献资源库构建之后，需要将文献资源库中的所有数据映射成 RDF 的格式。这一步骤主要是通过借助 D2RQ 引擎中的 D2RQ 映射文件来自动实现，生成一个映射文件。这个映射文件主要是基于表与表之间的外键生成的，由于外键仅仅揭示了知识实体的部分语义关系（主要是属分关系，即 determs: isPartOf），因此，为了揭示知识实体之间的其他复杂语义关系，需要依据 D2R 服务器映射语义的语法规则，对映射文件进行相应的修改和调整。

3）基于 D2R 的关联数据发布

在进行关联数据发布时，在生成数据到 RDF 的映射文件之后，就需要依据在关联数据创建时定义的 URI 命名规则为关联数据中每一个知识实体进行命名，使得每一个实体都具有唯一的标识符。而后，便可以借助 D2R 服务器开放关联数据的访问接口，最终实现基于 D2R 的关联数据发布，从而使得人们可以通过网页访问知识实体。需要指出的是，基于 D2R 的关联数据发布只是将数字图书馆的馆藏资源以关联数据的形式使用户可获取，更重要的还在于将数字图书馆馆藏资源内部知识实体之间、内部知识实体与外部知识资源之间建立语义关联，从而使得数字图书馆用户能够通过关联数据获取更多的数字图书馆内外的所有相关知识资源。

第 7 章　数字图书馆多粒度关联数据的关联方法研究

数字图书馆多粒度关联数据的创建与发布为数字图书馆多粒度集成知识服务奠定了基础。然而，如果不将数字图书馆之间的关联数据集以及外部其他数据集进行关联，就会形成一个个数据孤岛，难以充分发挥数字图书馆关联数据的优势和功能来实现数字图书馆多粒度集成知识服务。为了提高数字图书馆馆藏资源的可发现性、可扩展性和可集成性，促进数字馆藏资源的标识控制与内容表达，帮助数字图书馆用户扩大知识获取的范围，实现集成知识服务，就需要尽可能地建立这些关联数据集之间的链接，实现数字图书馆关联数据与其他关联数据集合的关联，构建数字图书馆多粒度关联数据云，在开放数据的同时开放各种服务功能，充分发挥数字图书馆数字资源高可靠性、高质量等优势，提高数字资源的开放程度，改进知识服务模式，拉近与网络用户的距离，这对于提高数字图书馆在社会信息基础结构中的地位，使其成为整个社会的知识中枢来说，具有重要的意义。

7.1　数字图书馆多粒度关联数据的关联发现模型

数字图书馆多粒度关联数据的关联是实现多粒度集成知识服务的途径，当前有关关联数据互联的研究主要集中在：关联数据互联方法和关联发现框架两个方面。依据关联数据互联的方法，人们也开发了一些自动或半自动的关联发现框架，比较流行的框架有 Silk[182]、R2R[155]、LIMES（link discovery framework for metric spaces）[183]、KnoFuss（knowledge fusion of semantic web）[184]、RDF-AI（architecture for RDF datasets matching）[185]、LinQuer（Linkage Query）[186]等关联发现框架。这些关联数据互联方法和关联发现框架，在一定程度上解决了关联数据的关联问题。然而，由于在关联数据中实体之间的链接关系反映的是客观世界中更为灵活多样的复杂关系，不仅链接类型多样，既包括语义层面概念术语间的关联，又包括实体对象层面资源间的关联；而且链接方式灵活，具有主观性，链接内容复杂。关联数据链接关系的上述特性使得建立关联数据之间的链接关系也较为复杂，直接导致当前已有的关联数据互联方法难以有效实现关联数据的关联。此外，现有的基于文本映射、基于图相似映射和基于规则等关联方法大都仅考虑了实例层的关联，直接导致当前已有的关联数据互联方法难以有效实现关联数据的等同关联（owl: sameAs 关联）。而且当前的关联数据关联方法大多用来挖掘等同关系，尚无法有效解决关联方式单一（只通过 owl: sameAs 实现）的问题。为解决上述问题，进一步提高关联数据关联的有效性，本书在充分分析数字图书馆多粒度关联数据自身特征的基础上，提出了数字图书馆多粒度关联数据的关联发现模型，如图 7-1 所示。

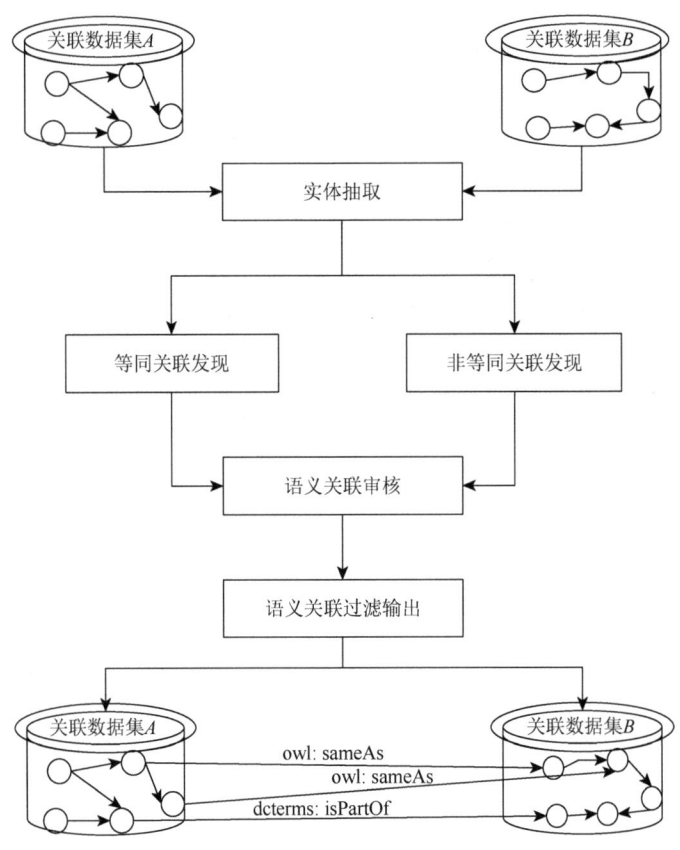

图 7-1　数字图书馆多粒度关联数据的关联发现模型

从图 7-1 所示的数字图书馆多粒度关联数据的关联发现模型可以看出，数字图书馆多粒度关联数据的关联发现主要包含两个功能模块，即等同关联发现模块和非等同关联发现模块，以实现数字图书馆多粒度关联数据的自动关联。为了实现等同关联和非等同关联发现，本书提出基于概念匹配的数字图书馆关联数据的等同关系发现方法和基于推导传递的数字图书馆关联数据的非等同关系发现方法。基于概念匹配的数字图书馆关联数据的等同关系发现方法通过综合关联数据中实体概念的外延和内涵的匹配结果，计算关联数据中实体概念的相关度，从而达到识别关键数据中具有等同关系（owl: sameAs）的实体概念的目的。

基于推导传递的数字图书馆关联数据的非等同关系发现方法能充分挖掘关联数据中类和实例的相关关系，发现隐性关联，识别除等同关系（owl: sameAs）以外更丰富的实体之间的关联类型并计算它们的关联强度，从而解决关联数据关联方式单一问题。接下来，本书将分别详细论述基于概念匹配的数字图书馆关联数据的等同关系发现方法和基于推导传递的数字图书馆关联数据的非等同关系发现方法的实现过程。

7.2 基于概念匹配的数字图书馆关联数据的等同关系发现

为实现数字图书馆关联数据的等同关系发现，提高数字图书馆关联数据关联的有效性，本书在充分分析关联数据自身特征的基础上，依据实体的概念匹配模型，提出了一种基于概念匹配的数字图书馆关联数据的等同关系发现方法。该方法通过综合关联数据中实体概念的外延和内涵的匹配结果，计算关联数据中实体概念的相关度，识别数字图书馆关键数据中具有等同关系的实体概念，建立它们之间的等同关系，最终实现数字图书馆关联数据的关联。此外，为检验方法的科学性，本书进行了实证检验，通过对实验结果的分析发现，该方法在一定程度上提高了数字图书馆关联数据等同关系发现的准确性。

7.2.1 数字图书馆关联数据中实体概念的匹配模型

在关联数据中，每一个实体都是通过 RDF 三元组声明来描述其具有的各种属性，以及与其他实体之间的关联的。关联数据关联的主要任务就是识别不同关联数据集中的相同实体，并建立它们之间的 RDF 类型的关联。而实体之间是否具有等同关系，则需要通过对描述实体含义的概念进行比较。描述实体的概念主要包括内涵和外延两个部分。概念的内涵主要用于揭示实体所拥有的特有属性，即说明该实体是什么样的（质）。概念的外延是指概念所反映的实体对象的范围，即回答具有概念所反映的属性的这类实体都有哪些（量）。

在逻辑学中，概念间的关系主要是从概念的外延这个角度考虑的，具体来说，根据两个概念外延间有无重合部分，以及重合部分的多少，将两个概念之间的关系划分为四种类型：全同关系（外延完全重合）、包含关系（一个概念的全部外延与另一个概念的部分外延重合）、交叉关系（一个概念的外延与另一个概念的外延部分重合）和全异关系（两个概念的外延没有任何重合的关系）。在概念外延完备的情况下，这种基于概念外延判断概念间关系的方法是科学的、合理的，但在对关联数据中的实体概念进行比较时，却存在一定的问题，这是因为不同的关联数据集合，其建设目的不同，往往会依据建设的目标列举实体概念的部分相关外延，也就是说，在关联数据中实体概念外延通常是不完备的，这也就意味着即便是相同的实体概念，在关联数据中，其外延也有可能是重合、相交或互异的等，这就导致仅从关联数据实体概念的外延来判断两个概念间是否具有等同关系会存在偏差。为提高关联数据中实体概念间等同关系识别的准确性，需要在对外延进行比较匹配的基础上，对实体概念的内涵做进一步分析。

实体概念的内涵包括性质属性（如颜色、重量等）和关系属性（如领导、对立等）两个方面。性质属性又包括本质属性和非本质属性，关系属性又可划分为分类关系和非分类关系两种类型。在关联数据中，由于不同的关联数据集合往往从不同的角度、不同的方面反映同一实体，即实体概念的属性具有选择性和不完备性，因此，在不同的关联数据集合中描述同一实体的概念所使用的性质属性和关系属性也可能不尽相同。这也就导致在对实体概念进行比较时，如果严格按照相同实体概念必须具有完全相同的属性，而不对概念的属性加以区分，就很难识别出具有等同关系的实体，因此，在进行关联数据实体之间的等同关系发现时，应该抓住实体概念的本质属性或重要关系属性等，这是因为这些属性决定了实体的本质内涵。由此可见，由于不同的属性对于实体对象来说具有不同的重要性程度，因此，在对实体对象的概念内涵进行比较匹配时，需要进一步区分属性的相对重要性程度。

通过上述分析可知，在判断关联数据中两个实体是否具有等同关系时，不能仅考虑实体概念的外延，更不能只考虑实体概念的内涵，而应该在综合考虑描述实体概念的外延和内涵的同时，考虑它们对于表达实体含义的相对重要性程度。基于上述分析，本书提出了数字图书馆关联数据中实体概念的匹配模型（图7-2），以为数字图书馆关联数据的等同关联发现提供理论支撑。

从实体的概念匹配模型（图7-2）可知，判断关联数据中两个实体是否具有等同关系，要从概念的外延和内涵两个方面进行比较。对实体概念外延的比较主要是概念实例的匹配，通过比较可以得出实体概念间的四种关系类型：全同关系、包含关系、交叉关系和全异关系。这四种关系类型分别揭示了实体之间不同的相关性程度。由于实体概念外延的匹配不能确切揭示实体的等同关系，需要对实体概念的内涵进行进一步比较。对实体概念内涵的比较主要是对实体概念的属性进行比较，具体包括性质属性和关系属性两个部分，性质属性可进一步划分为本质属性和非本质属性；而关系属性可以划分为分类关系和非分类关系，它们对于表达实体概念的内涵具有不同的重要性，在实体的概念描述模型中体现为权重的不同。最后，综合实体概念外延和内涵的比较匹配的结果，如果相似度超过预先设定的阈值则说明实体之间具有等同关系，否则，说明实体之间不具有等同关系。从上述匹配过程可以看出，实体的概念匹配模型是一种基于语境的映射方式，是

第 7 章　数字图书馆多粒度关联数据的关联方法研究

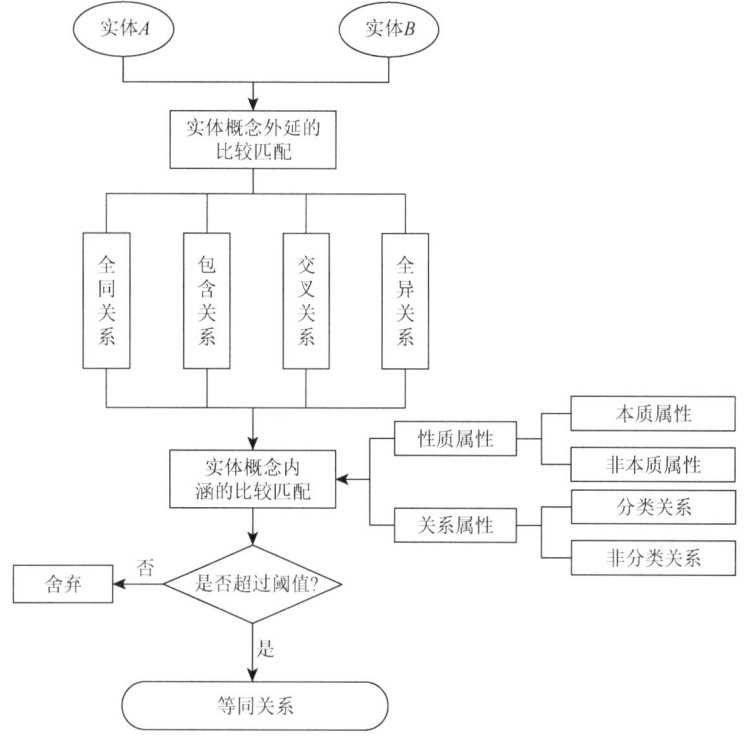

图 7-2　实体概念的匹配模型

将待匹配的实体置身于该实体所处的语境下进行的全面比较，因此，依据该模型能够得出实体的最佳匹配映射结果。

7.2.2　数字图书馆关联数据中实体概念的匹配方法

依据实体概念的匹配模型，本书提出了一种数字图书馆关联数据中实体概念的匹配方法（图 7-3）。该方法的基本流程包括实体抽取、实体概念外延比较、实体概念内涵比较、比较结果聚合、等同关系过滤输出等步骤。实体抽取的主要任务是从关联数据集中抽取出待比较的实体，构成实体对；实体概念外延比较的主要任务是对实体对的概念外延进行比较，得出实体概念外延的重合度；实体概念内涵比较的主要任务是对实体对的概念内涵进行比较，得出实体概念内涵的相似度；比较结果聚合的主要任务是将实体概念外延的重合度与实体概念内涵的相似度进行综合，最终得出实体概念的相似度；等同关系过滤输出的主要任务是依据一定的标准，过滤掉相似度较低的实体概念对，输出高度相似的实体概念对，并建立它们之间的等同关系。

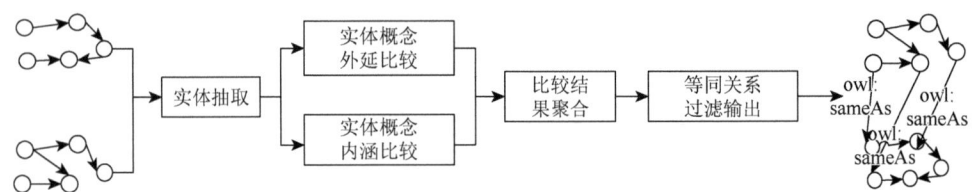

图 7-3 数字图书馆关联数据中实体概念的匹配方法

1. 实体抽取

关联数据采用 RDF 数据模型来描述每一个实体,RDF 提供了一个以图形为基础的数据模型,RDF 通过一系列三元组来实现对资源的描述,因此,一个描述资源的关联数据集合的所有三元组共同构成了一个 RDF 图。实体抽取的主要任务是抽取待比较关联数据集合中各个关联数据实体。具体来说,首先,采取广度优先的策略遍历 RDF 图,对图中的每一个实体进行遍历,对于每一个被遍历的实体,为其生成一个或多个陈述,其中被遍历的实体可以是三元组的主体节点,也可以是三元组的客体节点,而链接主体节点与客体节点的弧则是三元组的谓词;其次,将待匹配的 RDF 图分解为三元组陈述后,分别将它们存储在不同的数组中;最后,生成三元组匹配对,将 RDF 图中的每一个三元组与另一个待比较的 RDF 图中的三元组一一组成三元组匹配对。

2. 实体概念外延比较

实体概念外延比较主要是通过实体概念的实例集合的运算来分析实体概念的相关性。假设实体概念 c_1 的实例集合 A 为 $\{a_1, a_2, \cdots, a_n\}$,实体概念 c_2 的实例集合 B 为 $\{b_1, b_2, \cdots, b_m\}$,则通过实体概念实例集合的运算可以得出实体概念之间的如下几种相关关系:全同关系($A \cap B = A = B$),包含关系($A \cap B = A$),交叉关系($A \cap B \neq \varnothing \neq A \neq B$)和全异关系($A \cap B = \varnothing$)。实体概念 c_1 和实体概念 c_2 的实例的四种相关关系的相似度($s_{wy}(c_1, c_2)$)计算方法如式(7-1)所示:

$$s_{wy}(c_1,c_2) = \begin{cases} 1, & A \cap B = A = B \\ \dfrac{|A|}{|B|}, & A \cap B = A \\ \dfrac{|A \cap B|}{|A \cup B|}, & A \cap B \neq \varnothing \neq A \neq B \\ 0, & A \cap B = \varnothing \end{cases} \quad (7\text{-}1)$$

从式(7-1)可以看出,全同关系的相似度最高,相似度值为 1,全异关系的相似度最低,相似度值为 0,包含关系和交叉关系的相似度值介于 0 和 1 之间。

3. 实体概念内涵比较

实体概念的内涵包括性质属性和关系属性两个方面，因此，实体概念内涵的比较也就可以划分为两个部分：性质属性的比较和关系属性的比较。

1）性质属性的比较

（1）性质属性权重计算。

依据对关联数据模型的分析可知，性质属性 p 在区分实体中发挥的作用越大，该属性包含的信息量越大，越能消除实体概念内涵的不确定性，即在表达实体概念含义时发挥的作用越大，因此，应具有较大的权值。例如，图书的分类号这一属性在区分两本书是否为同一本书时所起的作用要大于图书的其他属性，这是因为每一本书都具有唯一的分类号，不同的书必然具有不同的分类号，相同的书必然具有相同分类号，因此与图书的其他属性相比，分类号包含的信息量较大，权值也应该较大。从概率论的角度描述属性的这一特征为：在属性相同的情况下，属性值不同的概率越大，该属性包含的信息量越大，其权值也就越大。从另一个角度来说，权值较大的概念属性，其属性值相同的概率会非常小，如果这个小概率的事件发生了，更能说明具有该属性的实体为同一实体。例如，分类号具有唯一标识一本书的作用，两本书具有相同分类号的概率会非常小，如果这一小概率事件"两本书具有同一分类号"发生了，那么这两本书就极有可能是同一本书。依据上述分析，给出如下定义。

定义 7-1 在属性相同的情况下，其属性值不同的概率越大，则该属性的权值越大。

用概率模型表示为：假设待比较的属性为 p_i 和 p_j，对应的属性值分别为 v_{pi} 和 v_{pj}，则上述定义可以表示为式（7-2）。当 $p_i = p_j$ 时，$w_p = p(v_{pi} \neq v_{pj} | p_i = p_j)$ 的值越大，相同属性 p_i、p_j 的权重 w_p 就越大，即

$$w_p = p(v_{pi} \neq v_{pj} | p_i = p_j) \tag{7-2}$$

假设关联数据 D 中所有实体的属性组成的集合为 $\{p_i | i=1,2,\cdots,n\}$，其中，n 表示属性的个数。属性集合中与属性 p_i 具有等同关系的属性的集合为 $\{p_j | j=1,2,\cdots,m\}$，m 表示与属性 p_i 具有等同关系的属性的个数，其对应的属性值集合为 $\{v_{pj} | j=1,2,\cdots,m\}$。在属性值集合中具有等同关系的属性值的集合为 $\{v_{pa} | a=1,2,\cdots,k\}$。如果将 $p_i = p_j$ 作为事件 A，将 $v_{pi} \neq v_{pj}$ 作为事件 B，依据条件概率的计算方法，可以将式（7-2）的计算转化为

$$w_p = p(B|A) = \frac{p(AB)}{p(A)} = \frac{C_k^2 / C_n^2}{C_m^2 / C_n^2} = \frac{C_k^2}{C_m^2} = \frac{k(k-1)}{m(m-1)} \tag{7-3}$$

（2）性质属性值的相似度计算。

在关联数据中，根据性质属性取值类型的不同，可以将性质属性值分为两大类：URI 型属性值和文本型属性值。

URI 型属性值的相似度计算的基本流程是：首先比较两个 URI 是否完全相同，如果相同，则该属性值的相似度为 1；否则，提取 URI 所标识的文本内容，这样 URI 型属性值的相似度计算就转化为文本型属性值的相似度计算。

文本型属性值依据其字符串特点可以划分为数值型字符串和文本型字符串两种类型，文本类型不同，其相似度的计算方法也有区别。

①数值型字符串的相似度计算。

数值型字符串的相似度主要是由数值的差异决定的，数值的差异越大，数值型字符串的相似度越小，两者成反比，属性 p 的数值型字符串 x 和 y 的相似度 $s_p(x,y)$ 计算方法见式（7-4）：

$$s_p(x,y) = 1 - \frac{|x-y|}{\max(x,y)} \tag{7-4}$$

②文本型字符串的相似度计算。

语境是明确字符串含义的重要资源，在缺乏语境的情况下，由于受同义词、同型异义词等的影响，很难确切判断一个字符串的含义，为此，在对文本型字符串的相似度进行计算时，本书引入了语义词典 WordNet 作为计算文本型字符串相似度的语境。WordNet 作为一个一般意义上的词汇本体，是基于认知显著的基本原则构建的。WordNet 根据词条的意义将它们进行分组，具有不同语义的词条依据"is-a"关系构建成一棵语义关系树。在该语义关系树中，较为抽象的字符串拥有较多的下位词，而且越抽象的字符串在语料库中出现的概率越大，因此，传递的信息量也将小于其下位概念。也就是说，如果一个字符串有较多的下位词，该字符串越抽象，包含的信息量越小。此外，两个字符串之间的语义相关性取决于它们之间共享的信息量，在语义关系树中，这个共享的信息量可以用这两个字符串的最近公共祖先节点(LCS(x, y))的信息量来衡量，因此，如果两个字符串具有相同的祖先，而且该祖先节点拥有的信息量较大，说明它们具有较多的共享信息，即它们之间具有较高的相似度。属性 p 的文本型字符串 x 和 y 的相似度 $s_p(x,y)$ 计算方法见式（7-5）：

$$s_p(x,y) = \frac{2/C(x,y)}{\text{IC}(x) + \text{IC}(y)} \tag{7-5}$$

$$\text{IC}(x,y) = \text{IC}(\text{LCS}(x,y)) \tag{7-6}$$

$$\text{IC}(x) = 1 - \frac{\log(\text{hypo}(x)+1)}{\log(\max(\text{root}))} \tag{7-7}$$

其中，LCS(x,y)表示在 WordNet 中与字符串 x 和字符串 y 距离最近的公共祖先节点；hypo(x)表示字符串 x 所拥有的下位词的个数；max(root)表示根节点所拥有的下位词的个数。

③性质属性的相似度。

概念往往拥有多个性质属性，而两个概念性质属性的相似度（$s_{xz}(c_1,c_2)$）主要取决于两者所拥有的相同的性质属性的个数，相同的性质属性越多，性质属性的权重越大，属性值越相似，两个概念性质属性的相似度也越大。具体来说，两个概念 c_1 和 c_2 性质属性相似度的计算见式（7-8）：

$$s_{xz}(c_1,c_2) = \sum_{i=1}^{p} w_p s_p(x,y) \qquad (7\text{-}8)$$

其中，p 表示概念 c_1 和 c_2 拥有的相同的性质属性的个数。

2）关系属性的比较

关系属性揭示了实体概念之间的关联，在关联数据中，该关联通常使用 RDF 陈述来表达，由此可见，关系属性的比较可以转为 RDF 图的匹配问题。为了便于匹配，需要将 RDF 图进一步分解为陈述的集合，每一个陈述由主体、谓词和客体三部分构成。由于关联数据中的关系属性具有方向性，因此，在对实体概念的关系属性进行比较时，需要考虑该实体概念是关系属性的主体还是客体，如果是主体，则称该 RDF 描述的关系为出度关系，反之，如果是客体，则称该 RDF 描述的关系为入度关系。对于两个 RDF 陈述，在出度关系中，如果关系属性（即谓词）相同，并且客体也相似，那么两个主体节点相似；同理，在入度关系中，如果关系属性（即谓词）相同，并且主体也相似，那么两个客体节点也相似。

当实体概念在 DRF 陈述中充当关系属性的主体时，如图 7-4 所示，以实体概念 c_1 为主体的陈述有(c_1,r_1,b_1)、(c_1,r_2,b_2)，以实体概念 c_2 为主体的陈述有(c_2,r_1,d_1)、(c_2,r_2,d_2)，其中(c_1,r_1,b_1)与(c_2,r_1,d_1)具有相同的关系属性 r_1，(c_1,r_2,b_2)与(c_2,r_2,d_2)具有相同的关系属性 r_2，因此，如果 b_1 与 d_1 相似，b_2 与 d_2 相似，那么实体概念 c_1 与实体概念 c_2 相似。实体概念 c_1 与实体概念 c_2 的相似度 $s(c_1,c_2)$由 b_1 与 d_1 的相似度、b_2 与 d_2 的相似度共同决定，实体概念 c_1 与实体概念 c_2 的相似度可以由式（7-9）计算。

$$s_O(c_1,c_2) = \frac{c}{|O(c_1)||O(c_2)|} \sum_{i=1}^{|O(c_1)|} \sum_{j=1}^{|O(c_2)|} s(O_i(c_1),O_j(c_2))r_i = r_j \qquad (7\text{-}9)$$

其中，$|O(c_1)|$和$|O(c_2)|$分别表示以实体概念 c_1 和实体概念 c_2 为主体的客体的个数（即实体概念的出度数）；$O_i(c_1)$和 $O_j(c_2)$分别表示实体概念 c_1 与实体概念 c_2 的关系属性 r_i 和 r_j 相等时对应的客体；$s(O_i(c_1),O_j(c_2))$表示两客体的相似度；c 为退变系数。

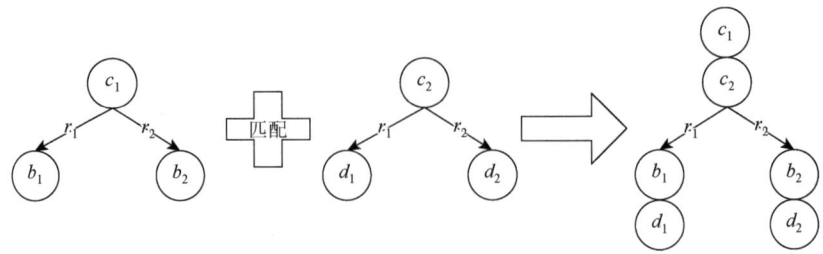

图 7-4 关系属性的比较

同理,当实体概念在 DRF 陈述中充当关系属性的客体时,实体概念 c_1 与实体概念 c_2 的相似度可以由式(7-10)计算。

$$s_I(c_1,c_2) = \frac{c}{|O(c_1)\|I(c_2)|} \sum_{i=1}^{|I(c_1)|} \sum_{j=1}^{|I(c_2)|} s(I_i(c_1),I_j(c_2))r_i = r_j \quad (7\text{-}10)$$

其中,$|I(c_1)|$ 和 $|I(c_2)|$ 分别表示以实体概念 c_1 与实体概念 c_2 为客体的主体的个数(即实体概念的入度数);$I_i(c_1)$ 和 $I_j(c_2)$ 分别表示实体概念 c_1 与实体概念 c_2 的关系属性 r_i 和 r_j 相等时对应的主体。

实体概念 c_1 和实体概念 c_2 关系属性的相似度由实体概念出度关系和入度关系共同决定,等于两者之和,具体来说,其计算公式为

$$s_{gx}(c_1,c_2) = s_O(c_1,c_2) + s_I(c_1,c_2) \quad (7\text{-}11)$$

4. 比较结果聚合

实体概念外延的比较和实体概念内涵的比较从不同的方面分析了实体概念之间的相似度。接下来,为最终计算实体概念之间的相似度,需要对比较的结果进行聚合,具体的聚合过程如式(7-12)所示:

$$s_I(c_1,c_2) = \alpha s_{wy}(c_1,c_2) + \beta(s_{xz}(c_1,c_2) + s_{gx}(c_1,c_2)) \quad (7\text{-}12)$$

其中,α 和 β 分别表示实体概念的外延和实体概念的内涵在计算实体概念相似度时的相对重要性程度,$\alpha + \beta = 1$。

5. 等同关系过滤输出

通过对概念外延和内涵的综合比较,最终得到待比较关联数据集合中实体概念之间的相关性程度,当实体概念的相关性程度低于阈值时,则过滤掉这些非等同关系。当实体概念的相关性程度超过一定的阈值时,意味着实体概念之间存在等同关系(owl: sameAs),从而达到在不同的关联数据集合中识别实体之间等同关联的目的。

7.2.3　实验及结果分析

为验证本书提出的基于概念匹配的数字图书馆关联数据的等同关系发现方法的有效性，本书采用 MySQL 数据库对关联数据中的 RDF 三元组进行存储，基于 MyEclipse Java 编辑工具，使用 Jena API 对关联数据进行分析，以实现不同关联数据集中实体概念之间相关性的计算，并分别与 Tversky[187]的方法、Rada 等[188]的方法和 Resnik[189]的方法进行比较。之所以与上述三种方法进行比较，是因为依据应用领域和知识表示模型结构的不同，当前实体相似性计算的方法主要可以分为三类：基于属性的方法（如 Tversky 的方法）、基于关系路径的方法（如 Rada 等的方法）和基于信息量的方法（如 Resnik 的方法）。而上述三种方法则分别是这三类方法的典型代表，因此，通过与这三种方法的比较更能较为全面地揭示出本书提出的基于概念匹配的数字图书馆关联数据的等同关系发现方法的比较优势或缺陷。

1. 实验数据集

本书借助 SPARQL 从 DBpedia 中提取了来自不同的关联数据集合的有关"奥斯卡金像奖"的相关信息作为数据集进行实验验证。DBpedia 作为关联数据的中枢，是目前最大的关联数据集合之一，可以方便地链接到其他开放关联数据集，具有跨领域、多语言、动态更新等特征[190]。之所以选取"奥斯卡金像奖"历届获奖信息作为数据集，主要是由于：首先，自 20 世纪 30 年代起，"奥斯卡金像奖"就开始颁发最佳影片和最佳导演奖以及其他奖项，作为对世界电影界有重大影响的奖项，大家比较熟悉；其次，DBpedia 中具有大量的有关"奥斯卡金像奖"的相关信息和知识，具有一定的数据规模，而且这些信息和知识已经以关联数据的形式被发布到网络上。

2. 实验步骤

首先，为达到实验目的，本书从不同的关联数据集合中有目的地抽取了有关"奥斯卡金像奖"的 5 个实体：Lewis Milestone[a]、Lewis Milestone[b]、Sam Wood、Victor Fleming 和 *Gone with the Wind*。为便于叙述，这五个实体分别被标记为 A、B、C、D、E，需要指出的是，实体 A 与实体 B 为来自不同关联数据集合的相同实体，并且具有相同的实体名，为加以区别，本书分别用小写上标字母 a、b 加以标识，而实体 C、D 分别为电影实体 E 的导演。在实体抽取的过程中，主要抽取与每一个实体直接相关的信息，这些信息既包括实体的外延，也包括实体的内涵，构建实体 RDF 图（实体 A 的抽取结果摘要见表 7-1）。其次，以数据集合为实验数据，依据式（7-3）计算 5 个实体所有属性的权重。接着，通过对不同实体概念的实例集合之间的比较分析，计算实体概念外延的相似度。然后，通过对不同实体概念性质属性的比较和关系属性的比较，计算实体概念内涵的相似度。最后，将实体概念外延的相似度与实体概念内涵的相似度进行聚合，得到实体概念之间的相似度值，当实体概念之间的相关性程度超过一定阈值时，则在它们之间建立等同关系。

表 7-1 实体 Lewis Milestone[a]

属性		Type（类型）	Made（制作）	Is director of（是⋯的导演）	Label（实体标识）	⋯
属性值		Person（人）	Ocean's Eleven《十一罗汉》	The Kid Brother《小兄弟》	Lewis Milestone（刘易斯·迈尔斯通）	⋯
		Director（导演）	Edge of Darkness《黑暗边缘》	Rain《雨》		
		⋯	⋯	⋯		⋯

3. 实验结果分析

为检验本书提出的基于概念匹配的数字图书馆关联数据的等同关系发现方法的有效性，本书又以上述 5 个实体为实验对象，分别使用 Tversky 的方法、Rada 等的方法和 Resnik 的方法计算 5 个实体之间的相似度，具体实验结果如表 7-2 所示。需要指出的是，为了便于将 Resnik 的方法的实验结果与其他方法的实验结果进行比较，对 Resnik 的方法的计算结果进行了归一化处理，即将 Resnik 的计算结果除以实验数据集合所有节点中信息量最大的值。

表 7-2 实验结果一

实体对	Tversky 的方法	Rada 等的方法	Resnik 的方法	基于概念匹配的方法
(A, B)	0.52	0.48	0.56	0.91
(A, C)	0.12	0.42	0.46	0.48
(A, D)	0.20	0.46	0.42	0.64
(A, E)	0.00	0.35	0.32	0.33
(B, C)	0.16	0.39	0.38	0.46
(B, D)	0.18	0.44	0.41	0.53
(B, E)	0.00	0.40	0.45	0.55
(C, D)	0.46	0.55	0.58	0.63
(C, E)	0.16	0.92	0.51	0.57
(D, E)	0.14	0.92	0.52	0.56

通过对表 7-2 实验结果的分析可以得出以下结论。

(1)与 Tversky 的方法相比,基于概念匹配的数字图书馆关联数据的等同关系发现方法更能全面地揭示实体之间的相关关系。这是因为 Tversky 的方法在计算实体之间的相似性时仅仅考虑了实体的属性信息,没有考虑属性对于实体的相对重要性程度,而基于概念匹配的数字图书馆关联数据的等同关系发现方法则充分考虑了属性对于实体的权重,因此,更加符合实际情况。例如,由于实体 C 和 D 是实体 E 的导演,因此实体对 (C,E)、(D,E) 应该具有较强的相关性,而在 Tversky 的方法中 (C,E) 和 (D,E) 的相似度值却比较低,分别为 0.16 和 0.14,这显然不太合理,究其原因在于 Tversky 的方法只考虑了实体的属性信息。

(2)与 Rada 等的方法相比,基于概念匹配的数字图书馆关联数据的等同关系发现方法更能准确地揭示实体之间的相关关系。这是由于 Rada 等的方法通过计算两个实体概念之间的最短路径来分析它们之间的相关性,仅仅考虑了最短路径上的实体链接关系,没有考虑实体之间的其他信息,因此,使用这种方法计算实体之间的相关性,明显会丢失很多信息,具有一定的片面性,准确性较低。例如,实体 A 和 B 虽然是同一实体,但由于缺乏直接链接关系,因此相似度值仅为 0.48。而实体 C 和 D 虽然与实体 E 不是同一实体,但由于实体 C 和 D 分别是实体 E 的导演,具有直接链接关系,因此,相似度较高,均为 0.92。

(3)Resnik 的方法与基于概念匹配的数字图书馆关联数据的等同关系发现方法的计算结果较为接近,但计算的相似度结果偏小。这是因为 Resnik 的方法通过计算两个实体概念的最近公共祖先节点包含的信息量来分析两个实体概念的相关性,该方法虽然综合了链接关系和信息量来计算节点之间的相关关系,但该方法没有考虑实体概念的属性信息,因此,也不能很好地反映实体概念之间的相似性。

通过上述分析表明,本书提出的基于概念匹配的数字图书馆关联数据的等同关系发现方法更能充分揭示实体概念之间的相关关系,反映实体概念之间相关关系的真实情况,正确识别出了具有等同关系的实体 A 和 B,其相似度值为 0.91。其缺点是计算的复杂度较高。

7.3 基于推导传递的数字图书馆关联数据的非等同关系发现

数字图书馆关联数据集中实体之间的关联类型多种多样,然而,当前大都是基于等同关系建立不同关联数据集中实体之间的链接关系,有关非等同关系却少有人研究,造成不同数字图书馆关联数据集中实体之间的关系未被充分发掘,然而,正是这些存在于不同关联数据集合之间的非等同关系包含大量的隐性知识,存在较高的价值。可是由于不同关联数据集合中各实体之间的非等同关系往往比较复杂,因此,自动建立不同关联数据集合中实体之间的非等同关系就变得越来越困难。为在一定程度上解决这一问题，实现基于非等同关系的不同关联数据集合中各实体之间关联数据的自动创建，本书提出推导传递法[191]，具体来说主要是利用第三方数据关联传递来实现不同关联数据集合中实体之间非等同关系的创建问题。该方法的主要优势在于：能够发现除等同关系（sameAs）之外的更加丰富的实体之间的语义关联关系，从而为数字图书馆多粒度集成知识服务提供桥梁。

7.3.1 数字图书馆关联数据的非等同关系发现模型

非等同关系包含多种类型，如属分关系、整部关系、位置关系、血缘关系、业缘关系等，如何发现分布在不同数字图书馆关联数据集合中的这些非等同关系，建立关联数据实体之间的非等同关系是数字图书馆实现多粒度集成知识服务的关键。然而，关联数据实体之间的非等同关系特别复杂，不仅不同的关联数据实体对之间的关系类型不同，而且即便同一个关联数据实体对之间也存在多种关系类型，而且这些关联关系还会随着情景的改变不断发生变化。例如，同一关联数据实体对（A，B），A 是 B 的父亲，两者之间是父子关系，而在学校时，A 又是 B 的任课老师，两者之间是师生关系。由此可见，实现数字图书馆关联数据集合中实体之间非等同关系发现非常困难。

为解决关联数据集合中关联数据实体之间的非等同关系发现问题，本书通过研究发现，任意两个关联数据实体之间只要存在联系，不管是已经被人们揭示出来但在关联数据中尚未建立联系的显性关联，还是尚未被人们发现和揭示出来的隐性关联，它们都必然直接或间接地释放出一些关联信息，如"共现"。如果两个关联数据实体高频共同出现在一篇文章、一段话或一句话中，那么两个关联数据实体将在很大程度上存在关联。为此，人们就可以利用这些信息挖掘它们之间的真实关联。具体来说，主要是利用一阶关联分析、二阶关联分析[192]和三阶关联分析[193]的方式来挖掘关联数据实体之间的非等同关系。一阶关联分析的基本思想是：通过对两个关联数据实体直接共现关系的分析来挖掘非等同关系的方法。一阶关联分析主要用于关联数据实体之间显性关联的挖掘。二阶关联分析的基本思想是：若关联数据实体 M（起始实体）与关联数据实体 P（中间实体）共现（在 M 关联数据集合中），关联数据实体 P 又与关联数据实体 N 共现（在 P 关联数据集合中），则关联数据实体 M 与关联数据实体 N 相关。三阶关联分析的基本思想是：若关联数据实体 M（起始实体）与关联数据实体 P（中间实体）共现（在 M 关联数据集合中），关联数据实体 P 与关联数据实体 Q（中间实体）共现（在 P 关联数据集合中），关联数据实体 Q 与关联数据实体 N 共现（在 Q 关联数据集合中），则关联数据实体 M 与关联数据实体 N 相关。二阶关联分析和三阶关联分析主要用于隐性关联发现。从二阶关联分析与三阶关联分析的基本思想可以看出，隐性关联发现主要借助中间关联数据集合，利用中间关联数据集合中的信息，进行有价值的非等同关系挖掘，发现尚未被发现的关联或复现被人们主观去除、故意隐藏或弱化的特殊关联[194]。基于上述关联发现的基本思想，本书提出了数字图书馆关联数据非等同关系发现模型（图 7-5），以为数字图书馆关联数据的非等同关系发现提供理论支撑。

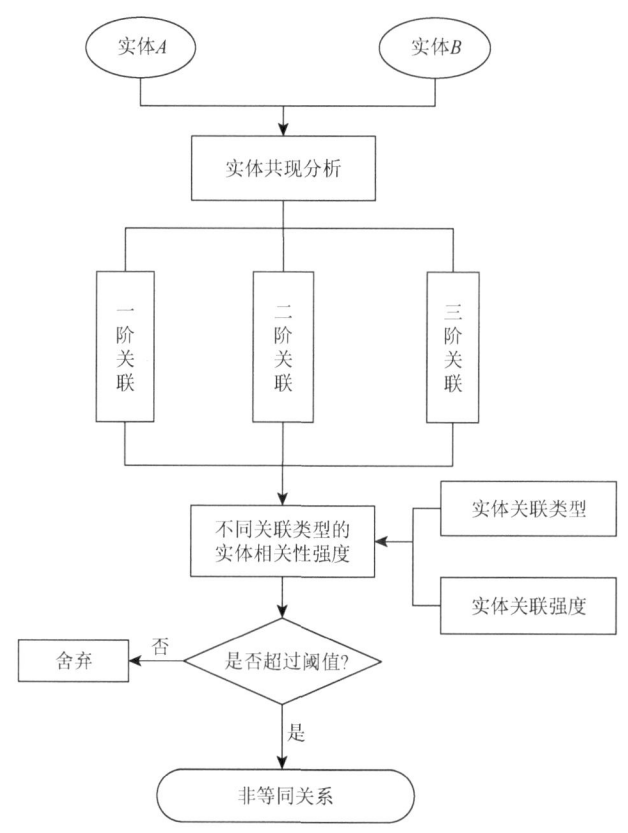

图 7-5 数字图书馆关联数据的非等同关系发现模型

从图 7-5 所示的数字图书馆关联数据非等同关系发现模型可以看出，判断关联数据中两个实体是否存在某种非等同关系，首先，要从关联数据实体的一阶关联、二阶关联和三阶关联进行分析，分析它们之间的直接共现关系和间接共现关系，识别出它们之间的共现关系类型；然后，借助等价系数分别计算一阶关联、二阶关联和三阶关联的相关性系数，一般来说，共现的频次越多，等价系数的值越大，关联数据实体之间的关联程度越高；最后，依据分析与计算结果挖掘出关联数据实体之间最可能的关联类型以及它们之间的关联强度,最终实现关联数据实体之间非等同关系的发现。从上述过程可以看出,借助数字图书馆关联数据非等同关系发现模型不仅可以识别出关联数据实体之间显性的非等同关系,而且能够挖掘出关联数据实体之间的潜在的各种类型的非等同关系,因此,具有更大的意义和价值。

7.3.2 数字图书馆关联数据的非等同关系发现方法

基于数字图书馆关联数据非等同关系发现模型,本书提出基于多阶关联发现的数字图书馆关联数据的非等同关系发现方法来解决数字图书馆关联数据的非等同关系发现问题。从图 7-6 可以看出,数字图书馆关联数据的非等同关系发现方法主要包括实体抽取、多阶关联发现、关联强度计算和非等同关系输出等步骤。

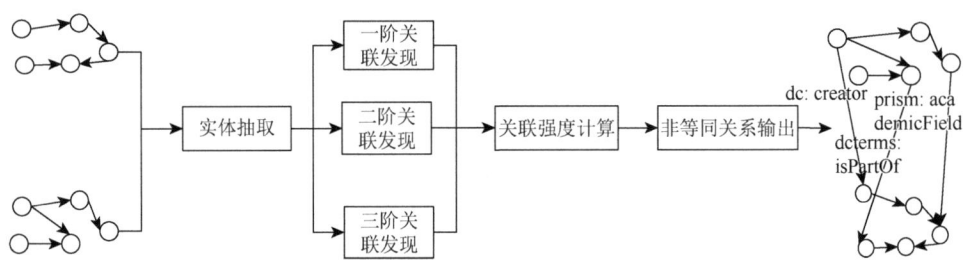

图 7-6　数字图书馆关联数据的非等同关系发现方法

（1）实体抽取。实体抽取的主要功能是从不同的关联数据集合中抽取出可能存在联系的关联数据实体。关联数据通常采用 RDF 数据模型来描述每一个实体,RDF 提供了一个以图形为基础的数据模型,RDF 通过一系列三元组来实现对资源的描述,因此,一个描述资源的关联数据集合的所有三元组共同构成了一个 RDF 图。实体抽取的主要任务是抽取待比较关联数据集合中各个关联数据实体。具体来说,首先,采取广度优先的策略遍历 RDF 图,对图中的每一个实体进行遍历；其次,对于每一个被遍历的实体,为其生成一个或多个陈述,其中被遍历的实体可以是三元组的主体节点,也可以是三元组的客体节点,而链接主体节点与客体节点的弧则是三元组的谓词；最后,将不同关联数据集合中的 RDF 图分解为三元组陈述后,分别将它们存储在不同的数据库中。

（2）多阶关联发现。其主要功能是挖掘不同的关联数据实体之间可能存在的显性的或潜在的各种非等同关联关系。多阶关联发现主要包括一阶关联发现、二阶关联发现和三阶关联发现。其中，一阶关联发现主要是通过统计两个关联数据实体在不同的 RDF 三元组中共现的频次来挖掘关联数据实体之间的非等同关系。二阶关联发现主要是借助一个中介关联数据实体来挖掘其他两个关联数据实体之间非等同关系的方法；三阶关联发现则是借助两个中介关联数据实体来挖掘其他两个关联数据实体之间关联的方法。

（3）关联强度计算。其主要功能是基于关联数据实体之间的共现关系，计算任意两个关联数据实体之间的相关强度。具体来说，首先借助等价系数计算两个实体之间的一阶等价系数、二阶等价系数和三阶等价系统，然后综合三个等价系数最终计算得到两个关联数据实体之间的关联强度。

（4）非等同关系输出。通过不同关联数据实体之间多阶关联的发现，最终得到不同关联数据集合中关联数据实体之间的关联关系以及与之相对应的关联强度，当两个关联数据实体的相关性程度低于阈值时，过滤掉这些非等同关系。当两个关联数据实体的相关性程度超过一定的阈值时，在关联数据实体之间建立这些非等同关系，进而实现数字图书馆关联数据的非等同关系发现。

上面简要介绍了数字图书馆关联数据的非等同关系发现方法，包含基本步骤以及各基本步骤需要完成的基本任务。接下来，本书将详细论述多阶关联发现、关联强度计算和非等同关系输出等步骤的具体实现过程。

1. 关联数据实体之间非等同关系的多阶关联发现

关联数据实体之间非等同关系的多阶关联发现的主要作用是识别不同的关联数据实体之间的非等同关系类型。具体来说，主要包括关联数据实体之间的显性非等同关系发现和隐性非等同关系发现。关联数据实体之间的显性非等同关系发现主要是借助一阶关联发现的基本思想来实现的，而关联数据实体之间的隐性非等同关系发现则主要是借助二阶关联发现和三阶关联发现的基本思想来实现的。多阶关联发现的具体实现过程如下。

1) 一阶关联发现

一阶关联发现的思想来源于共词分析。共词分析的基本假设是词汇在同一篇文献中共同出现的次数越多，说明词汇之间的关系越紧密。本书正是借助了共词分析的基本思想来对关联数据实体之间的非等同关系进行识别的。一阶关联发现不同于共词分析的地方在于共现统计的单位不再是文献，而是 RDF 三元组。也就是说，在一阶关联发现中，如果两个关联数据实体在不同的 RDF 三元组中（而不是文献中）共同出现的频率越高，说明这两个关联数据实体的关联越密切。从一阶关联发现的思路可以看出，其本质上是将共词分析的单位细粒度化，从以文献为单位转变为以 RDF 三元组为单位进行共现分析，这样有利于发现更多非等同关系。

一阶关联发现的基本流程是：首先，任取两个关联数据实体，组成关联数据实体对；其次，将关联数据实体对在开放关联数据云 LOD 中借助 SPARQL 这一关联数据检索工具进行共现检索，使得关联数据实体对中的实体同时出现在 RDF 三元组的主体或客体中；然后，从检索出来的包含关联数据实体对的 RDF 三元中，依据 RDF 中的谓词识别出关联数据实体对之间的所有关系类型；最后，分别统计各种关系类型中 RDF 三元组的频次，以为优选出高频的关系类型作为关联实体对之间的语义关系类型奠定基础。选择 LOD 作为关联数据实体对共现统计的数据源的原因是：一方面，LOD 是开放的；另一方面，LOD 覆盖领域非常广泛，包含地理信息、人口信息、科学出版物、音乐等领域。

2）二阶和三阶关联发现

二阶和三阶关联发现是对一阶关联发现的扩展。二阶关联发现需要借助一个中间关联数据实体来发现两个关联数据实体对之间的非等同关系。而三阶关联发现则需要借助两个中间关联数据实体来发现两个关联数据实体对之间的非等同关系。二阶和三阶关联发现方法是隐性关联发现的重要方法。隐性关联是指原本存在的然而尚未被发现的联系。

基于上述分析，本书设计了如图 7-7 所示的二阶和三阶关联发现模型。假设 A、B、C、D 分别为四个关联数据实体，其中，A 为起始关联数据实体，C 为目标关联数据实体，B 和 D 均为中间关联数据实体。通过二阶和三阶关联发现模型可以挖掘出起始关联数据实体 A 和目标关联数据实体 C 之间的隐性关联。具体流程包括以下几个步骤：首先，以关联数据实体 A 为起始检索点，在开放关联数据云 LOD 中借助 SPARQL 这一关联数据检索工具进行检索，发现所有与关联数据实体 A 相关联的中间关联数据实体 B。其次，将中间关联数据实体 B 和目标关联数据实体 C 组成实体对进行共现检索，如果检索结果不为空，则记录关联数据实体 B 和 C 之间的关联类型并统计共现频次；如果检索结果为空，说明关联数据实体 B 和 C 之间不存在关联，则返回，继续以中间关联数据实体 B 为起始实体，发现所有与关联数据实体 B 存在关联的中间关联数据实体 D。然后，将中间关联数据实体 D 和目标关联数据实体 C 组成实体对进行共现检索，若检索结果不为空，则记录关联数据实体 D 和 C 之间的关联类型并统计共现频次；若检索结果为空，则说明关联数据实体 D 和 C 之间不存在关联，终止整个循环。最后，依据二阶和三阶关联发现的结果，构建起始关联数据实体 A 和目标关联数据实体 C 之间的 RDF 链，并借助相关推理规则或公理分析出关联数据实体 A 和 C 之间的关联类型。

2. 关联数据实体之间非等同关联强度计算

通过一阶关联发现识别出关联数据实体之间的各种类型的显性非等同关系，

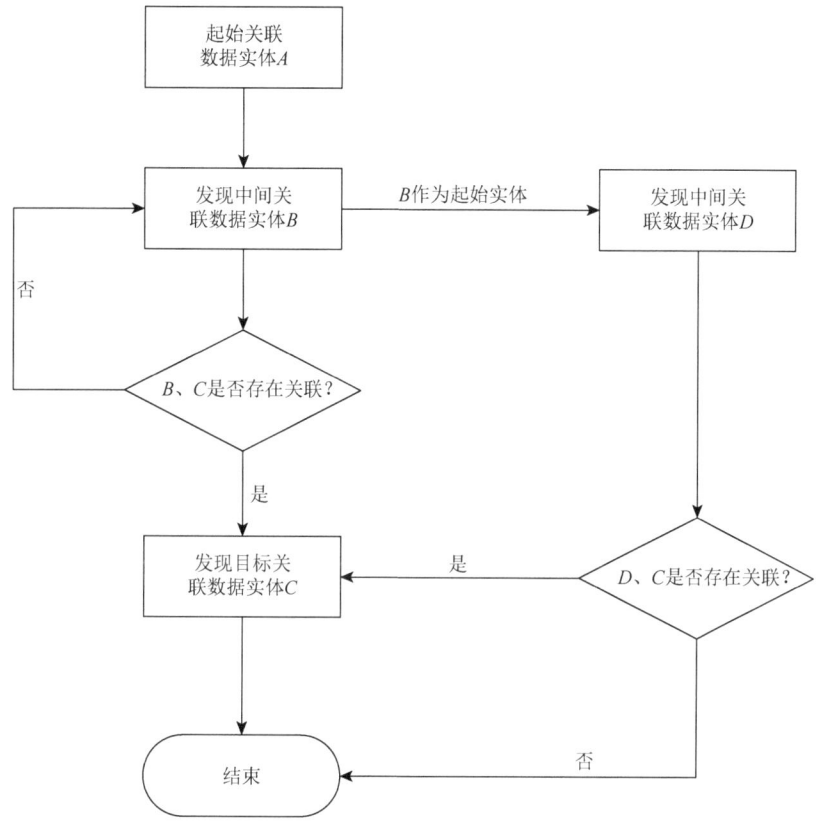

图 7-7 二阶和三阶关联发现模型

借助二阶和三阶关联发现方法挖掘出关联数据实体之间的多种类型的隐性非等同关系。接下来,进一步计算挖掘出来的关联数据实体之间非等同关系的关联强度,以便从挖掘出来的显性和隐性非等同关系中优选出最佳的非等同关系。

1) 一阶关联强度计算

一阶关联发现方法统计分析的是关联数据实体对在不同 RDF 中的直接共现关系。一般来讲,关联数据实体对在越多的 RDF 三元组中共同出现,关联数据实体之间的关系越强,反之,关联数据实体之间的关联越弱。但是,需要指出的是,关联数据实体之间的共现频次的多少,还受各自单独出现频次的影响,一般说来,关联数据实体出现的频次越高,与其他关联数据实体共现的可能性越大。基于上述分析,在计算一阶关联强度时,本书引入等价系数 E_{ij}(也称作强度),具体来说,等价系数的计算方法如式(7-13)所示:

$$E_{ij} = (C_{ij}/C_i) \times (C_{ij}/C_j) = (C_{ij})^2/(C_i C_j) \qquad (7\text{-}13)$$

其中，C_{ij} 表示关联数据实体 i 与关联数据实体 j 在不同的 RDF 中共现的次数（即关联数据实体 i 与关联数据实体 j 共同出现的 RDF 三元组的个数）；C_i 与 C_j 表示关联数据实体 i 与关联数据实体 j 分别出现的次数。

2）二阶和三阶关联强度计算

通过二阶和三阶关联发现方法挖掘出关联数据实体之间的关联类型，接下来就需要进一步计算实体之间的关联强度。二阶关联发现方法是对一阶关联发现方法的扩展，它在一阶关联发现的基础上增加了一个中间关联数据实体，起始关联数据实体和目标关联数据实体之间不存在直接共现关系，但它们均与中间关联数据实体存在共现，因此在计算二阶关联强度时，一方面，可以借鉴等价系数的计算方法，另一方面，需要针对二阶关联发现的特性进行有针对性的优化。基于上述分析，本书提出了二阶关联强度计算方法，如式（7-14）所示：

$$R_{ij} = (E_{in} + E_{nj})/2 \qquad (7\text{-}14)$$

其中，n 表示中间关联数据实体；E_{in} 表示关联数据实体 i 与关联数据实体 n 的等价系数；E_{nj} 表示关联数据实体 n 与关联数据实体 j 的等价系数。

三阶关联发现则是对二阶关联发现的进一步扩展，其在二阶关联发现的基础上又增加了一个中间关联数据实体。也就是说，在三阶关联发现中，起始关联数据实体与目标关联数据实体之间关联的发现需要借助两个中间关联数据实体，而起始关联数据实体与目标关联数据实体之间不存在共现关系，它们需要借助两个中间关联数据实体关联起来。基于上述分析，本书提出了三阶关联强度计算方法，如式（7-15）所示：

$$R_{ij} = (E_{in} + E_{nm} + E_{mj})/3 \qquad (7\text{-}15)$$

其中，n 和 m 分别表示中间关联数据实体；E_{in} 表示关联数据实体 i 与关联数据实体 n 的等价系数；E_{nm} 表示关联数据实体 n 与关联数据实体 m 的等价系数；E_{mj} 表示关联数据实体 m 与关联数据实体 j 的等价系数。

3. 关联数据实体之间非等同关系输出

通过一阶关联发现、二阶关联发现和三阶关联发现识别出了关联数据实体之间可能的显性和隐性关联类型。通过关联数据实体之间非等同关系强度的计算指出了不同的关联类型之间的关联强度。接下来，便可以依据关联数据实体之间不同关联类型的关联强度值，选出关联数据实体之间的最佳关联类型，依据该关联类型建立关联数据实体之间的非等同关系，作为输出。

依据关联数据实体之间非等同关系发现的上述思路，本书提出了关联数据实体之间非等同关系创建的基本算法流程，具体流程如算法 7-1 所示。

算法 7-1 关联数据实体之间非等同关系创建算法——用于识别关联数据实体之间的关联类型以及关联程度

1. 从数字图书馆关联数据集合中抽取任意两个关联数据实体，分别标记为 A_1（起始关联数据实体）和 A_2（目标关联数据实体）。

2. 对 A_1 和 A_2 进行一阶关联分析，并计算它们之间的关联强度。通过对由 A_1 和 A_2 组成的关联数据实体对进行共现检索，识别出关联数据实体对之间可能的关系类型，并依据关系类型将检索结果进行分组，分别统计各种关系类型中关联数据实体对的共现频次，按照等价系数的计算公式，分别计算各种关系类型的关联强度，得到 A_1 与 A_2 不同共现关系类型的等价系数 $P(1,2,\cdots,a)$（假设 A_1 与 A_2 有 a 种共现关系类型）。

3. 若通过一阶关联分析未发现关联数据实体 A_1 与 A_2 之间的关联类型，则进行二阶关联分析。以 A_1 为检索起点进行检索，发现所有与 A_1 共现的中间关联数据实体 B_i，然后以 B_i 为起始关联数据实体，以 A_2 为目标关联数据实体组成的关联数据实体对分别进行共现检索，若检索结果不为空，则依关系推理规则识别出可能的关系类型，依据关系类型将检索结果进行分组，按照二阶关联强度计算方法，分别计算各种关系类型的关联强度，得到 A_1 与 A_2 不同关系类型的等价系数 $Q(1,2,\cdots,b)$（假设 A_1 与 A_2 有 b 种关系类型）。

4. 若通过二阶关联分析未识别出关联数据实体 A_1 与 A_2 之间的关联类型，则进行三阶关联分析。以 A_1 为检索点进行检索，发现所有与 A_1 共现的中间关联数据实体 B_i，接着以 B_i 为检索点进行检索发现所有与 B_i 存在共现关系的中间关联数据实体 C_j，然后以 C_j 为起始关联数据实体，以 A_2 为目标关联数据实体组成的关联数据实体对分别进行共现检索，若检索结果不为空，则依据关系推理规则识别出可能的关系类型，依据关系类型将检索结果进行分组，按照三阶关联强度计算方法，分别计算各种关系类型的关联强度，得到 A_1 与 A_2 不同关系类型的等价系数 $X(1,2,\cdots,c)$（假设 A_1 与 A_2 有 c 种关系类型）。

5. 依据一阶、二阶、三阶关联分析识别出的关联数据实体对 A_1 和 A_2 之间的关联类型，以及计算出的关联强度，优选出关联数据实体对 A_1 和 A_2 之间最佳的关系类型，并输出。

根据关联数据实体之间非等同关系创建算法的流程，不仅可以识别出关联数据实体之间是否存在关联，并且可以通过一阶、二阶、三阶关联发现识别出关联数据实体之间的关联类型，并计算出它们之间关联的强弱。因此，这种将共现理论中词共现引入关联数据实体之间关联发现的方法，可以有效地发现由于知识增长而无法及时更新的关联数据实体之间存在的显性关联和隐性关联，发现除等同关系（owl: sameAs）以外的更多、更丰富的关联数据实体之间的关联。

7.3.3 实验及结果讨论

1. 实验数据

为验证本书提出的基于推导传递的数字图书馆关联数据的非等同关系发现方法的可行性和有效性，本书选取了有关"奥斯卡金像奖"历届获奖信息的关联数据集作为实验数据集进行实证分析，选取的关联数据实体包括最佳影片、最佳导演、出生时间、出生地点等。

选择有关"奥斯卡金像奖"历届获奖信息的关联数据集作为实验数据集,原因主要包括以下几个方面:①鉴于"奥斯卡金像奖"的权威性和影响力,大家都很关注"奥斯卡金像奖"的相关信息,因此比较熟悉;②在多个关联数据集中,如 Wikipedia 和 Cinepedia 都包含大量的有关"奥斯卡金像奖"的相关信息,而且这些信息相关程度较高,便于发现不同的"奥斯卡金像奖"关联数据集合中不同关联数据实体之间的关联;③在对"奥斯卡金像奖"进行评选时,最佳影片的评选与最佳导演的评选并无严格意义上的对应关系,也就是说最佳影片的导演并不一定是最佳导演,而影片的导演和出生时间、出生地点却存在必然的联系,"奥斯卡金像奖"数据的这些特征可以很好地满足实验设计的需求。

2. 实验步骤

为较好地对本书提出的基于推导传递的数字图书馆关联数据的非等同关系发现方法进行验证,本书设计了如下实验过程。

(1) 从不同的关联数据集合中抽取两个尚未建立关联的数据实体,组成关联数据实体对,用于发现它们之间的关联,从而达到实验目的。具体来说,本书选取了三个关联数据实体对作为实验对象,包括"最佳影片与出生日期""最佳影片与最佳导演""出生城市与出生国家"作为例子进行实证分析。

(2) 邀请相关专家,依据他们的专业知识分析三组关联数据实体对之间的关联关系以作为实验的金标准,为提高金标准的客观性,本书邀请三位专家分别进行分析,若发现不一致问题,则进行讨论,最终得出一致性的结论。

(3) 依据本书提出的基于推导传递的数字图书馆关联数据的非等同关系发现方法,设计实验系统,以三组关联数据实体对作为实验系统输入,挖掘出三组关联数据实体对之间的关联关系。

(4) 将通过实验系统得到的三组关联数据实体对之间的关联关系与专家给出的金标准进行对比分析,分析基于推导传递的数字图书馆关联数据的非等同关系发现方法的有效性,并依据分析结果给出评价。

3. 实验结果分析

以有关"奥斯卡金像奖"历届获奖信息的关联数据集作为实验数据集,依据上述实验过程,对基于推导传递的数字图书馆关联数据的非等同关系发现方法进行实证研究,实验结果如下。

1) 关联数据实体之间的关系类型

关联数据实体对共现检索结果如表 7-3 所示。限于篇幅,本书仅仅展示了一个关联数据实体对"出生城市与出生国家"中的一组实体对 London 和 England 共现检索结果的部分数据。从表 7-3 的关联数据实体对共现检索结果可以看出,分别以 London 和 England 为主体或客体的三元组，通过多个谓词连接起来，也就是说，关联数据实体对 London 和 England 之间存在多种关系类型，如 capital of、located in、has location、part meronymy of 等，依据关系类型对共现检索的结果进行分类，可以发现关系类型不同，关联数据实体对 London 和 England 共同出现的次数也各不相同。依据关联数据实体对共现检索结果的上述特征，本书借助等价系数计算关联数据实体对之间的关联强度，C_{ij} 的值等于在同一共现关系类型（即相同的谓词）中关联数据实体对共同出现的 RDF 三元组的个数，C_i、C_j 的值等于 C_i 和 C_j 在所有 RDF 三元组中出现的次数。此外，需要强调的是，本书对共现检索的结果进行了相应的处理，例如，将同义关系类型 capital of 和 capital 进行了标准化处理，因为它们表达的是同一种关系类型，所以应该将类似这样的关系类型视作同一种关系类型，以提高关联数据实体对之间关系类型识别的准确性。

表 7-3 关联数据实体对共现检索结果

编号	主体	谓词	客体
1	London	capital of	England
2	London	located in	England
3	London	located in	England
4	London	has location	England
5	England	capital	London
6	London	capital of	England
7	London	part meronymy of	England
8	England	capital	London

2）关联数据实体之间的关系强度

依据关联数据实体之间非等同关系强度的计算方法，分别计算关联数据实体对"最佳影片与出生日期""最佳影片与最佳导演""出生城市与出生国家"的 R_p 值（一阶关联发现中所有关系类型等价系数的最大值）、R_q 值（二阶关联发现中所有关系类型等价系数的最大值）、R_s 值（三阶关联发现中所有关系类型等价系数的最大值）、R 值（一阶、二阶、三阶关联发现中相同关系类型的综合等价系数值）、R 值归一化处理后的 R_g 值，以及挖掘出来的关联数据实体对之间的关系类型（表 7-4）。以关联数据实体对"出生城市与出生国家"为例，在该关联数据实体对的多种共现关系类型中（如 capital of、located in、has location、part meronymy of 等），located in 的 R_g 值最大，因此，其被认为是"出生城市与出生国家"之间的关系。

表 7-4　实验结果二

表中的两列	R_p	R_q	R_s	R	R_g	关系类型
最佳影片与出生日期	0.03	0.02	0.05	0.10	0.03	date
最佳影片与最佳导演	0.05	0.08	0.66	0.79	0.26	director
出生城市与出生国家	0.61	0.72	0.81	2.14	0.71	located in

3）关联数据实体之间关系类型的金标准

为构建关联数据实体之间关系类型的金标准，本书要求三位专家依据他们的专业知识对三组关联数据实体对"最佳影片与出生日期""最佳影片与最佳导演""出生城市与出生国家"的关系类型、关联强度进行定性分析，三位专家总的分析结果是："最佳影片"与"出生日期"数据实体不相关，"最佳影片"与"最佳导演"数据实体相关度不大，这是由于最佳影片的导演并不一定是最佳导演，而"出生城市"与"出生国家"完全相关。

4）结果分析

从表 7-4 所示的实验结果可以看出，关联数据实体对"最佳影片与出生日期"的 R_g 值仅为 0.03，这说明关联数据实体对"最佳影片与出生日期"的所有关系类型中相关度最大的为 0.03，这意味着数据实体"最佳影片"与"出生日期"不相关，这与由三位专家给出的标准判断相一致。而关联数据实体对"最佳影片与最佳导演"的 R_g 值为 0.26，说明数据实体"最佳影片"与"最佳导演"之间存在一定的相关性，但是关联度不大，这个结果与三位专家的意见也基本一致。最后，关联数据实体对"出生城市与出生国家"的 R_g 值为 0.71，说明数据实体"出生城市"与"出生国家"高度相关，这与三位专家给出的分析结果基本相同。通过上述三个关联数据实体对的关联关系以及相关度与三位专家给出的分析结果的对比可以看出，本书提出的基于推导传递的数字图书馆关联数据的非等同关系发现方法具有一定的可行性和有效性。

第8章　数字图书馆多粒度关联索引机制研究

数字图书馆多粒度关联数据的创建与关联为数字图书馆知识资源的多粒度组织奠定了基础。然而，需要指出的是关联数据作为一个数据网络，具有分布性特征，关联数据的这一特征直接导致对其存取比较困难，而且当前的主流搜索引擎，如 Google、百度等均是面向非结构化的文本信息，尚不能有效对关联数据进行索引和检索，无法捕获和索引关联数据中包含的语义信息，不能直接提供解决用户问题的知识，而仅仅是推荐一些相关的文档，因此，如何帮助用户有效地发现、查询、定位关联数据中的相关知识，自动将分布在不同站点的相关知识资源进行集成，向用户提供多粒度的集成知识服务成为摆在人们面前的一个挑战。为解决这一问题，当前，相关学者研究并发布了一些面向关联数据的搜索引擎，在一定程度上解决了关联数据的存取问题，但这些关联数据搜索引擎大都仅仅提供对 RDF 文档或者关联数据的本体进行索引和检索的功能[195-197]，而面向实体对象的关联数据搜索引擎相对较少[198,199]，易用性较差，而且这些搜索引擎大都是通用性关联数据搜索引擎，没有考虑数字图书馆馆藏资源的特性（多粒度性)，无法提供面向数字图书馆馆藏资源实体对象的多粒度关联索引和检索功能。为此，本书在对数字图书馆馆藏资源的特征进行分析的基础上，提出一种基于关联数据的数字图书馆多粒度关联索引机制，以为数字图书馆用户提供"检索即所得"的多粒度集成知识服务，从而提高数字图书馆的易用性，降低用户的认知负担和使用成本。

8.1　数字图书馆多粒度关联索引模型

数字图书馆多粒度关联数据索引是实现数字图书馆多粒度集成知识服务的核心，其主要功能是建立多粒度关联数据的倒排文档（即索引）供检索模块检索使用。多粒度关联索引的实现过程主要包括两个基本步骤：实例索引和类索引。索引采取自下而上的策略，即首先对实例进行索引，而后，基于实例索引结果对类进行索引。实例索引是最细粒度的索引，索引的基本单位是知识元。类索引是更粗粒度的索引，索引单位与概念所处的层级相关，越是上位概念包含的知识元越多，索引的粒度越大，反之，越是下位概念包含的知识元越少，索引的粒度越小。数字图书馆多粒度关联索引模型如图 8-1 所示。

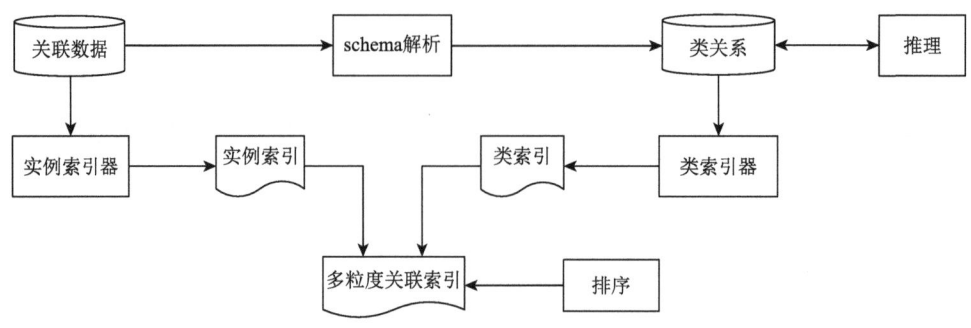

图 8-1　数字图书馆多粒度关联索引模型

从图 8-1 可以看出，数字图书馆多粒度关联索引主要包括 schema 解析模块、推理模块、实例索引器模块、类索引器模块和排序模块。这些模块的功能以及它们之间的逻辑关联如下。

1）schema 解析模块

关联数据借用了 RDF 这种比较灵活的可扩展描述语言来发布和部署实例数据与类数据，描述资源建立资源之间的关联，并采用了 XML 作为基本语言描述资源的序列化格式。因此，schema 解析模块的主要功能便是分析关联数据集合中的数据结构及其语义描述的框架，抽取出关联数据集合中的类以及类之间的关系，以为关联数据的类索引做好数据准备。

2）推理模块

推理模块的主要功能是挖掘关联数据中存在的隐含关联与知识。本书综合采用了基于规则的推理和基于逻辑的推理等多种推理方法。例如，在基于规则的推理中，本书采用了一阶关联发现、二阶关联发现、三阶关联发现等方法挖掘关联数据实体之间的关系。而基于描述逻辑的推理则主要是以相容性判定和一致性检测为核心推导出概念之间的层次关系、发现新的关联等。

3）实例索引器模块

实例索引器模块的主要功能是实现对多粒度关联数据中最细粒度主题分割片段的索引，建立面向这些主题分割片段的倒排文档，每一个主题分割片段都代表一个最细粒度的知识点或知识单元，从而可以直接帮助用户定位到他们需要的知识内容本身，而不是知识的载体（即文献）。基于知识元的细粒度的主题分割片段的语义标注为实例索引奠定了基础，为此，在对实例进行索引时，本书也是在知识元的基础之上，提出了基于知识元的实例索引方法，以实现对实例的索引。

4）类索引器模块

类索引器的主要功能是实现对关联数据中类的索引。由于一个类中通常包含多个实例对象，因此对于类的索引事实上是一种粗粒度的索引方式。类索引所指向的文本片段是一种更粗粒度的主题分割片段,它包含多个细粒度的主题分割片段。也就是说,类索引指向的是包含多个知识元的知识块,从而满足人们对粗粒度知识的需求。最粗粒度的文本片段便是文献本身,因此,通常的信息检索中建立的索引事实上是一种最粗粒度的类索引方式。

通过实例索引器、类索引器,分别实现了对关联数据实例和类的索引,而后将两者关联,生成多粒度关联索引,最终实现对馆藏资源不同粒度层次上的索引,以满足人们对多粒度知识的检索需求。

5) 排序模块

排序模块的主要功能是依据知识资源自身质量,以及知识资源与用户需求的相关性程度,对关联数据进行排序,使得最能满足用户需求的高质量的知识资源排在检索结果的最前面。具体来说,本书依据关联数据的特征提出了一种面向关联数据检索的索引排序算法,在该排序算法中,检索结果相关度的得分主要由三部分决定:检索词相关度、实体概念的重要程度和关联数据出处权值。其中,检索词相关度与用户输入的检索词相关,需要在用户检索时进行动态计算,而实体概念的重要程度和关联数据出处等则可以在建立索引时进行计算,从而提高检索时的效率。

由于schema解析模块、推理模块的研究相对比较成熟,因此,接下来本书将详细论述实例索引器模块、类索引器模块和排序模块的实现过程。

8.2 基于知识元的实例索引

8.2.1 基于知识元的实例索引模型

实例作为类(即概念)的实例化对象(即外延)主要是由知识元构成的。本书在进行基于知识元的语义标注时,均采用了统一的知识元结构模型,即知识元:{领域,ID,名称,内容,关联,时间,出处}。由知识元结构模型可知,每一个知识元都被描述为一个 RDF 图,该 RDF 图由多个 RDF 三元组<主体,谓词,客体>构成。基于上述分析,本书提出了如图 8-2 所示的知识元索引模型。由图 8-2 可知,对知识元的索引转变为对知识元中所包含的 RDF 三元组的索引,即以知识元内所有 RDF 的主体、谓词、客体中包含的语词为关键词,以知识元所在的文本片段地址为出处,构建倒排文档。知识元索引的结果是生成三个倒排文档(即索引):主体倒排文档(主体索引)、谓词倒排文档(谓词索引)和客体倒排文档(客体索引)。通过主体索引可以查找 RDF 三元组中主体所在的文本片段 T_{1i},同理,通过谓词索引可以检索到谓词所在的文本片段 T_{2j},通过客体索引可以定位客体所

在的文本片段 T_{3K},只有同时包含主体、谓词和客体的文本片段才是知识元所在的文本片段,从而实现对基于知识元的实例索引。

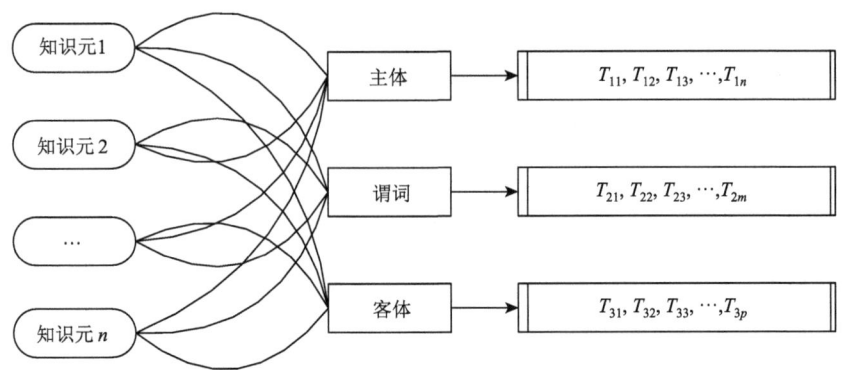

图 8-2　知识元索引模型

8.2.2　基于知识元的实例索引方法

通过对基于知识元的实例索引模型的分析,本书提出了如图 8-3 所示的面向知识元的实例索引方法。从图 8-3 可以看出,基于知识元的实例索引方法主要包括信息抽取模块、分词模块、特征提取模块和索引建立模块。这些功能模块分别完成不同的功能,相互协作实现对关联数据实例的索引。接下来,本书将详细论述各功能模块的实现过程。

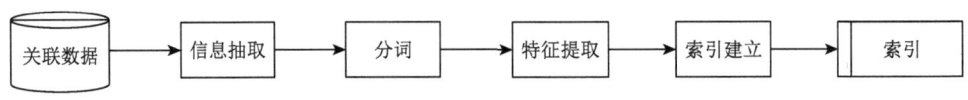

图 8-3　基于知识元的实例索引方法

1. 信息抽取

信息抽取模块的主要功能是从关联数据集合中抽取出实例的相关信息,以便建立面向实例的索引。由于本书在对关联数据实例进行索引时,借助了 Lucene 这一高性能的搜索引擎架构,该索引架构以 Document 为索引的基本单位,而 Document 作为 Lucene 的索引对象,又是由许多域(field)构成的,因此,信息抽取的任务就转化为从关联数据集合的实例(即知识元)中抽取出 Document 的域的过程。

Document 是 Lucene 中的一个虚拟文档,该文档是一个域的集合。而一个文档中的域通常与索引字段相对应。对于关联数据实例对象的索引来说，Document中主要包括三个索引域：主体、谓词和客体。有了虚拟文档Document之后，文档数据的来源对于Lucene来说就无关紧要了。主体、谓词和客体等索引域在创建索引时将被单独存储并索引。

由于Document是索引的一个基本单位。所以，在创建索引的过程中，首先要为每个关联数据实例创建一个虚拟的Document文档，并往该文档中添加组成它的域，即从关联数据集合实例对象（知识元）中抽取出组成虚拟文档的域，如图8-4所示。从上述过程可以看出，Document的实现相对比较简单，具体来说，主要是起到对Field的相关信息进行记录和管理的作用，以便Lucene在索引时遍历所有的Field信息。

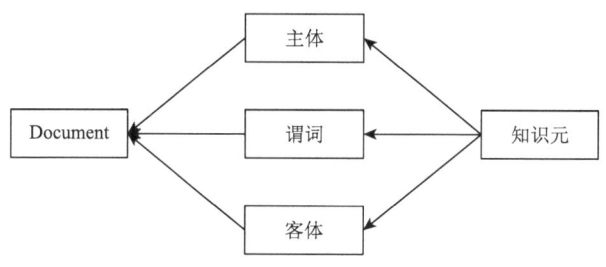

图8-4 Document的创建

需要指出的是，索引中的每一个Document对象都包含一个或多个不同命名的域，不同的域具有不同的要求和功能。为此，在从关联数据实例对象中抽取组成Document的域之后，接下来，要确定每个域的类型。具体包括：

（1）Keyword域。这种类型的域不需要被分析，但是在索引过程中会被逐字地索引并存储。该类型的域比较适用于原始值，也就是需要被全部保留的域。在对关联数据实例对象进行索引时，由于组成Document的主体域和谓词域均是由关键词构成的，不需要被分析，但是需要被索引，因此被定义为Keyword类型的域。

（2）UnIndexed域。这种类型的域既不需要被分析也不需要进行索引，但是该域的值需要被存储在索引文件中。该类型的域比较适合需要和搜索结果一并显示出来，但用户在检索时又不会将它的值直接用于搜索的情形。在对关联数据实例对象进行索引时，由于需要在检索结果中将用于标识关联数据实例对象主体、谓词和客体的URI显示给用户，但用户不可能用这些URI进行检索，因此，本书将URI定义为UnIndexed类型的域。

（3）Text域。这种类型的域需要被分析且索引，但可以被存储在索引文件中，也可以不被存储在索引文件中。在对关联数据实例对象进行索引时，作为知识元客体的内容部分需要被分析并且进行索引，因此，本书将客体域定义为 Text 类型的域。

2. 分词

本书在对文献进行中文分词和词性标注时采用了 Stanford Segmenter 中文分词器，该系统的主要功能包括中文分词、词性标注等。选择该分词系统的一个重要原因在于 Stanford Segmenter 中文分词器支持用户自己定义的词典，可以将自定义的词语集成到分词系统中，从而提高分词的灵活性。数字图书馆的馆藏资源如期刊论文、学位论文、电子书等大都包含了大量的专业知识，使用的词语通常是专业性较强的长词，因此，在对数字图书馆关联数据的索引内容进行分词时，自定义一个专业词表是非常有必要的，为此，本书定义了一个收录大量专业词汇、短语和搭配词的领域词典，以适应数字图书馆关联数据的索引内容分词的需要，并将自定义的词典集成到 Stanford Segmenter 中文分词器中，从而大大提高分词的准确性。分词之后，就是去除没有实在意义的停用词，并依据上下文语法关系确定词性并加以标注，为每个词语选择一个合适的词性，如名词、动词、形式词或其他词性。

3. 特征提取

特征提取的主要功能是从被索引的关联数据实例对象中提取出最能揭示实例对象内容特征的关键词。由于在关联数据集合中，实例与知识元相对应，是最细粒度的主题分割片段，因此，特征提取的目的就是提取出最能代表主题分割片段的主题词，而不是整篇文献的主题词。基于关联数据集合中实例对象的上述特征，本书在提取用于标识实例特征的主题关键词时，借鉴了传统的 tf.idf 的思想，提出了 tf.igf 法，与 tf.idf 的思想类似，tf.igf 是对 tf.idf 在文本主题分割片段上的扩展。tf.igf 可以较好地反映词语在文本主题分割片段中的重要性程度。具体来讲，tf.igf 的计算公式如式（8-1）所示：

$$\text{tf.igf}(w) = \frac{\text{gtf}(w)}{g(t)} \cdot \ln \frac{N_g}{\text{gf}(w)} \tag{8-1}$$

其中，gtf(w)表示词频，即词语在文本主题分割片段中出现的频次；$g(t)$表示文本主题分割片段中出现的所有词语的个数；N_g表示文献 D 中包含的文本主题分割片段的个数；gf(w)表示文献 D 中包含词语 w 的文本主题分割片段的个数。

4. 索引建立

索引建立模块的主要功能是创建面向关联数据集合中实例对象的倒排文档。

总的来说,主要包括三个索引文件:主体倒排文档(主体索引)、谓词倒排文档(谓词索引)和客体倒排文档(客体索引)。具体实现过程如下。

1) 生成 Document

Document 主要起对 Field 的信息进行记录和管理的作用,在 Document 中所有的 Field 都存储在一个 Vector 类型的数组中,以便 Lucene 遍历所有的 field 信息。具体来说,向 Document 中添加主体、谓词和客体等索引域的代码如下:

```
Document doc = new Document();
Field f1 = new Field("主体", "value1", Field.Store.YES, Field.Index.UN_TOKENIZED);
Field f2 = new Field("谓词", "value2", Field.Store.YES, Field.Index.UN_TOKENIZED);
Field f3 = new Field("客体", "value3", Field.Store.YES, Field.Index.TOKENIZED);
doc.add(f1);
doc.add(f2);
doc.add(f3);
```

2) 初始化 IndexWriter

初始化 IndexWriter 的主要目的是创建一个索引器。IndexWriter 索引器的主要作用是将 Document 加入索引中,实现面向 Document 的索引创建,并合并各种索引段,以及控制与索引相关的各方面,如删除索引等操作。

3) 创建索引

初始化 IndexWriter 之后,将可以借助 IndexWriter 向索引目录中添加所有 Document。IndexWriter 提供了很多简单的接口,本书主要借助了 public void addDocument(Document doc),向索引中添加已经创建好的 Document,以实现索引的创建。需要指出的是在使用 addDocument(Document doc)将文档加入索引中时,一定要记住关闭索引器,即借助 IndexWriter 的 close 方法来达到关闭索引器的目的。因为只有这样才能真正实现索引的创建。

4) 优化索引

优化索引主要是在建立索引之后,对整个索引目录内的索引文件进行合并,从而保证检索时的效率。为此,在完成面向关联数据实例对象的索引之后,本书借助 IndexWriter 的 optimize 方法对索引文件进行了优化,使得索引目录中所有的索引文件合并为一个索引文件,从而大大减少了目录中索引文件的数量,从而可以在很大程度上减少索引文件打开的个数,减少系统的资源消耗,更快地处理索引,提高检索的速度。

8.3 基于概念的类索引

8.3.1 基于概念的类索引模型

类对应于关联数据的概念层，主要是由 RDF 的 schema，即 RDFS（resource description framework schema）构成的。概念层是对粗粒度文本片段中的知识进行语义标引后所得到的一种概念层次结构。概念层次结构中的每一个节点均是从文本片段中抽取的能够概括其子节点共同特征的主题词。因此，类索引与实例索引不同，其索引的基本单位随着概念的抽象程度不断变化，越是抽象的概念，内涵越广，包含的下位概念越多，对应的文本片段也越多，索引粒度越大；反之，越是具体的概念，内涵越小，包含的下位概念越少，对应的文本片段越少，索引粒度也越小。类索引的这一特性给索引造成了不小的困难。为解决这一问题，实现概念层的多粒度索引，本书提出构建多层索引的思路。具体来说，在对细粒度的知识元进行索引的基础上，构建概念→知识元索引，该索引起到链接概念与相关知识元的作用，而后，通过知识元索引，最终达到定位与概念相关的所有文本片段的目的，实现多粒度关联索引。通过类索引，建立的是一棵概念索引树，如图 8-5 所示。该概念索引树主要由三部分构成：概念树、概念→知识元索引表、知识元索引表。通过搜索这棵概念索引树可以迅速查找定位到不同粒度的文本块，进而实现多种粒度的概念检索。可以依据概念树所揭示的概念之间的语义关系扩大或缩小检索结果的粒度。在概念树中，越靠近根节点的概念越泛指，包含的内涵越广，因此其对应的文本粒度也就越大，反之，越靠近叶节点的概念越专指，包含的内容越少，因此，其对应的文本粒度也越小。

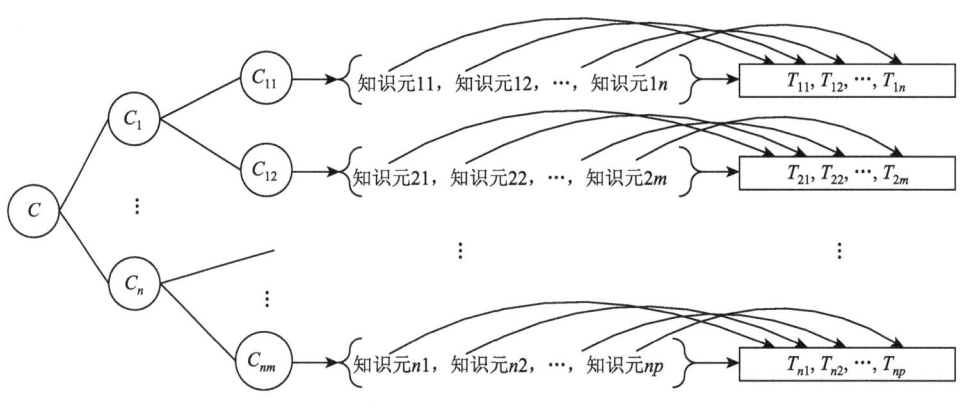

图 8-5　概念索引树

8.3.2 基于概念的类索引方法

通过对基于概念的类索引模型的分析，本书提出了如图 8-6 所示的面向粗粒度文本片段的类索引方法。从图 8-6 可以看出，基于概念的类索引方法主要包括 schema 解析模块、虚拟索引文档构建模块、信息抽取模块和索引建立模块。这些功能模块分别完成不同的功能，相互协作对关联数据的类进行索引。接下来，本书将详细论述各功能模块的实现过程。

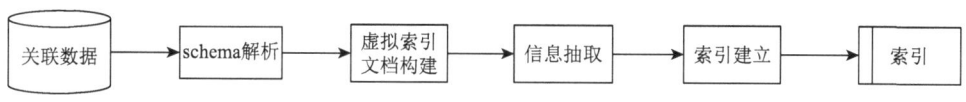

图 8-6　基于概念的类索引方法

1. schema 解析

schema 解析模块的主要功能是分析关联数据集合中的数据结构及其语义描述的框架，抽取出关联数据集合中的类以及类之间的关系。类通过概念进行表达。类越大，包含的知识内容越多，知识的粒度越大，对应的概念越泛指。类越小包含的知识内容越少，知识的粒度越小，对应的概念越专指。由此可见，通过对关联数据的 schema 解析识别关联数据中类以及类之间的关系，可以明确不同的类所指向的文本片段的大小，进而确定索引的粒度。

2. 虚拟索引文档构建

传统的搜索引擎通常以文献为索引单位建立倒排文档，在倒排文档中检索的入口是从文献中提取的能够揭示文献主题内容的关键词，关键词后跟的地址即包含该关键词的文献的地址，如 URL。与传统的文献不同，在关联数据中，一方面，一个概念没有与之相对应的文献内容，而是由众多三元组构成的；另一方面，概念的泛化或专指程度不同，与概念相对应的文献主题分割片段的大小也不同，呈现出动态变化的特征。因此，这就需要从关联数据中抽取与概念相对应的文本内容组成一个虚拟索引文档作为索引的基本单位，以与传统的搜索引擎的文献相对应，从而为建立面向关联数据的索引奠定基础。

在本书中，虚拟索引文档构建采取自上而下的策略。首先，在关联数据中定位概念所在的位置，而后，以该概念为根节点，作为三元组的主体，查找与该概念存在"dcterms: isPartOf"关系的客体，如果该客体本身又是一个概念，则以该客体为主体，继续查找与该主体存在"dcterms: isPartOf"关系的所有客体，直至叶节点为止。最终将叶节点对应的文本主题分割片段综合构成根节点概念的虚拟索引文档，以作为该概念的出处，建立倒排文档。如图 8-7 所示，与实体概念"http://…/concept1"相对应的虚拟索引文档便是由文本主题分割片段 1、文本主题分割片段 2、文本主题分割片段 3 和文本主题分割片段 4 共同构成的主题分割片段。

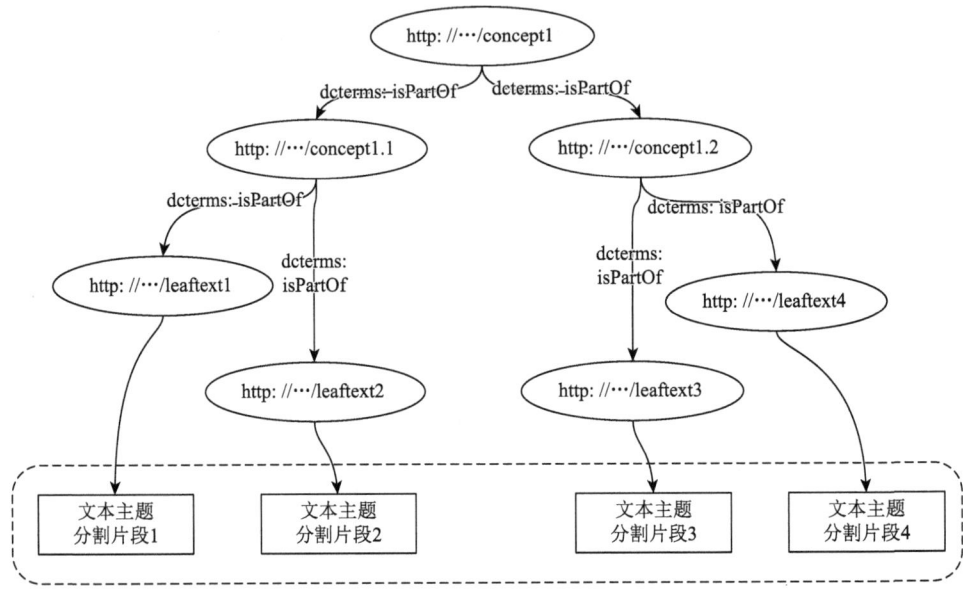

图 8-7 虚拟索引文档构建示意图

3. 信息抽取

信息抽取模块的主要功能是从虚拟索引文档中抽取出相关信息组成 Lucene 的索引对象 Document。由于在对关联数据的类进行索引时，只需要建立揭示类的内涵的概念与虚拟索引文档的映射关系即可，因此，在 Document 中只有一个域（即"概念"），如图 8-8 所示，"概念"索引域在创建索引时将被单独存储并索引。由于组成 Document 的"概念"域由表达概念内涵的关键词构成，不需要被分析，但是需要被索引，因此被定义为 Keyword 类型的域。

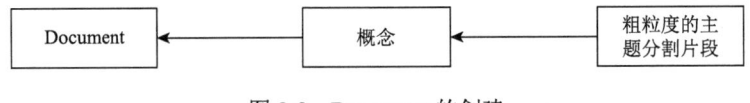

图 8-8 Document 的创建

4. 索引建立

索引建立模块的主要功能创建面向关联数据集合中类的倒排文档。总的来说，主要包括一个索引文件——概念倒排文档。具体实现过程如下。

1）生成 Document

生成 Document 文件，向 Document 中添加概念索引域的代码如下：

```
Document doc = new Document();
Field f1 = new Field("概念","value1",Field.Store.YES, Field.Index.UN_ TOKENIZED);
doc.add(f1);
```

2）初始化 IndexWriter

初始化 IndexWriter 的主要目的是创建一个索引器。IndexWriter 索引器的主要作用是将 Document 加入索引中，实现面向 Document 的索引创建，并合并各种索引段，以及控制与索引相关的各方面，如删除索引等操作。

3）创建索引

初始化 IndexWriter 之后，接下来便可以借助 IndexWriter 向索引目录中添加所有 Document。本书主要借助 public void addDocument（Document doc），向索引中添加已经创建好的 Document，以实现索引的创建。

4）优化索引

优化索引主要是在建立索引之后，对整个索引目录内的索引文件进行合并，从而保证检索时的效率。为此，在完成面向关联数据实例对象的索引之后，本书借助 IndexWriter 的 optimize 方法对索引文件进行了优化，使得索引目录中所有的索引文件合并为一个索引文件。

8.4　数字图书馆多粒度关联索引权重计算

为提高检索的效率，本书依据关联数据的特征提出一种面向关联数据检索的索引排序算法（式（8-2）），在该排序算法中，检索结果相关度的得分主要由三部分决定：检索词相关度、实体概念的重要程度和关联数据出处权值。

$$R(c,q) = \sum_{t \text{ in } q} \text{tf.isf}(t) \cdot TR(c) \cdot P(c) \quad (8-2)$$

其中，c 表示实体概念；q 表示用户输入的检索式；t 表示检索式包含的检索词；tf.isf(t)表示测度检索词的相关度；TR(c)表示实体概念的重要程度；$P(c)$表示关联数据出处权值。它们的具体计算如下。

1. 检索词的相关度

检索词的相关度主要是衡量用户输入的关键词与关联数据的相关性程度，本书使用 tf.isf（式（8-3））来评估检索词 t 与知识单元所在的文本片段的相关性程度。

$$\text{tf.isf}(w) = \frac{\text{ltf}(t)}{l(w)} \cdot \ln\frac{N}{\text{lf}(t)} \tag{8-3}$$

其中，ltf(t)表示检索词 t 在知识单元所在的文本片段中出现的频率；$l(w)$表示文本片段中包含的关键词的总个数；N 表示文档中包含的文本片段的个数；lf(t)表示包含检索词 t 的文本片段的个数。

2. 实体概念的重要程度

关联数据本身是一个有向网络结构，对于网络中某个实体概念节点来说，依据链接的方向，可以将关联数据中关系的类划分为顺向关系和逆向关系两种。一个实体概念节点的顺向关系越多说明以该实体概念节点为主体的 RDF 三元组越多，因此也就越重要，反之，逆向关系越多意味着以该实体概念为客体的 RDF 三元组越多，重要性越低。因此，关联数据中实体概念的重要程度主要是由其在网络中的关系决定的。基于上述分析，实体概念 c_i 的相对重要性程度可以通过递归公式（8-4）进行计算。

$$\text{TR}(c_i) = \sum_{j=1}^{n} \text{TR}(c_j) / L(c_j) \tag{8-4}$$

其中，$L(c_j)$表示概念 c_j 的逆向关系的个数；TR(c_j)表示 c_j 的 TripleRank 值；n 表示顺向关系的个数。

3. 出处权值

出处是知识的来源之处，出处的权威程度即出处权值，出处权值在一定程度上能够反映其所包含的知识的重要性程度，因此，可以作为衡量知识质量的一个重要指标，通常来说，出处越权威，知识的可靠性和价值也就越高。而出处的权威性主要体现在两个方面：出处内容本身的影响度、出处作者的影响程度。出处内容本身的影响度可以用影响因子（即 IF）[200]来衡量，出处作者的影响程度可以用 H 指数来计算（本书采用标准 H 指数）[201]。为此，实体概念 c 的出处权值 $P(c)$ 可以通过式（8-5）进行计算。

$$P(c) = \text{IF} \cdot H \tag{8-5}$$

第9章　数字图书馆多粒度集成知识服务方式研究

在当今网络环境下，很少有信息用户将数字图书馆作为信息检索的起点，并且与网络资源相比，数字图书馆馆藏资源的在线利用率水平也较低[202]。其原因主要在于：数字图书馆提供知识服务的落后性与数字图书馆用户对知识服务要求的新变化之间的矛盾。

首先，数字图书馆提供的知识服务方式比较落后，具体来说主要体现在以下几个方面。

（1）开放程度不高。数字图书馆的馆藏资源被网络搜索引擎索引的程度较低，数字资源很难被访问到，数字资源可达性低，与其他数据集的关联程度有限[203]；即便能够被网络搜索引擎访问到，数字资源的开放程度又会严重受到著作权保护的影响，服务收费标准较高，辐射范围有限，对外访问都有所限制，更加不允许数字资源在互联网中开放使用。

（2）个性化程度低。数字图书馆由于缺乏对用户个性化知识需求（认知结构）的深入挖掘和用户所处情境的分析（包括社会情景分析和自然情景分析），导致其提供的知识服务很难达到真正的个性化，知识服务缺乏针对性、动态变化性。此外，数字图书馆提供知识服务的方式也比较单一。

（3）服务粒度过大。数字图书馆的知识服务较传统图书馆虽然有了较大的提升，可以不受时间和空间的限制，随时随地向用户提供知识服务，知识服务的速度和效率也有了较大的提高，但数字图书馆仍然延续了传统图书馆的知识服务方式，即通常以一篇文章、一本书等为知识元向用户提供知识服务，缺少基于知识内容本身的细粒度的知识服务，知识服务的粒度过大，在很多情况下，用户不得不进一步从这些文献中过滤和查找自己所需的知识，从而增加了用户的认知负担和时间成本，使得数字图书馆提供的知识服务方式的易用性大大降低。

（4）集成度不高。当前，数字图书馆在提供知识服务时，通常只是简单地将与用户需求相关的文章、期刊、书等文献资源按照某种次序（如时间、相关度等）进行罗列，或者按照学科主题对这些文献资源进行分类，或者依据文献作者、作者所在机构以及文献之间的引用参见关系对数字文献资源进行简单聚合等。通过比较分析不难发现这些知识服务方式仅仅是对传统图书馆提供的知识服务方式的数字化，仍然停留在对文献整体的外部形式特征或主题特征进行揭示和组织之上，并没有实质性的进展与变化，未能充分发挥数字图书馆在技术上的优势，数字文献资源之间并没有建立知识层次上的语义关联,数字文献资源仍然是以孤立的形式存在的,未能深入揭示文献所载荷的知识之间的内在逻辑联系,进而导致当前数字图书馆提供的知识服务集成度不高,使得知识饥渴的人们淹没在知识的海洋里,却不知从哪里及时获得解渴的知识。

其次,新时代数字图书馆用户的知识需求有一些新的变化,主要体现在以下几个方面。

(1) 多元和个性。知识爆炸代表着知识传播在体量和速度方面明显快于以往,一方面,用户可以接触到的知识面越来越广,用户知识服务需求也变得越来越多元化;另一方面,用户承受着知识冗余和过载的痛苦,急需专业的知识服务。

(2) 动态和准确。知识服务的脚步落后于知识增长和知识传播的速度,一方面,用户希望数字图书馆能够动态更新相应的馆藏资源,以便能够及时获取有价值的知识;另一方面,错误与无效信息的混杂延缓了用户获取知识的速度,导致用户不能快速并准确地获取知识。

(3) 系统与高效。随着互联网的崛起和信息工具的普及,获取信息已变得不再困难,数字图书馆用户需求的方向逐渐从传统的需要记忆和经验积累的信息,转变为能够帮助全面思考问题和解决问题的结构性知识上,所以系统而高效地提供知识服务也成为数字图书馆用户的需求。

可见数字图书馆若想改变现状,需要为人们提供一站式的多粒度集成服务。而关联数据意在摆脱现有信息的粗粒度与语义性缺失,以开放互联的方式实现分散异构信息的语义关联[204],这使得数字图书馆实现上述服务方式成为可能,因此,关联数据的提出为数字图书馆的发展带来了新的机遇。基于上述分析,本书提出了一种基于关联数据的数字图书馆多粒度集成服务方式。

9.1 基于关联数据的数字图书馆多粒度集成知识服务模式

自然语言表达方式灵活多样,这就使得即便是相同的知识需求,不同的人往往会采用不同的表达形式进行表达,并且不同的人具有不同的认知结构,这也就意味着不同的人具有不同类型、不同粒度的知识需求。然而,当前的知识服务方式大都是基于关键词匹配的,这往往会造成检索结果的不一致性,甚至检索不到自己所需要的结果。此外,对于基于关键词匹配的知识服务方式来说,用户通常需要经过多次的检索才能定位到需要的相关知识。这是因为用户的知识需求在初始状态通常是模糊的,难以用一个或几个孤立的关键词来确切表达自己的知识需求,往往需要使用某种语义方式才能准确描述自己的知识需求。基于上述分析,本书提出基于关联数据的数字图书馆多粒度集成知识服务模式(图9-1)。基于关联数据的数字图书馆多粒度集成知识服务模式又分为基于用户认知结构的简单检索、高级检索、句子检索和语义导航。用户需求模式是基于用户的注册信息、日志信息构建的揭示用户认知结构的概念网络。在基于用户认知结构的简单检索中，系统首先会将用户输入的关键词与用户的认知结构进行匹配，找出与该关键词相关的其他概念组成 RDF 三元组，而后基于该三元组进行检索，由于该三元组提供了用户输入的关键词的语义信息，因此可以较大地提高检索的准确性。高级检索为用户提供了直接输入语义信息的检索接口，用户可以直接输入<主体、谓词、客体>进行检索。在句子检索中，用户直接使用一句话来描述自己的信息需求，在检索时，系统会借助 RDF 提取模块将检索语句自动处理为 RDF 三元组的形式进行检索。语义导航主要是依据关联数据之间的关联关系，引导用户进行逐级关联检索的方式。

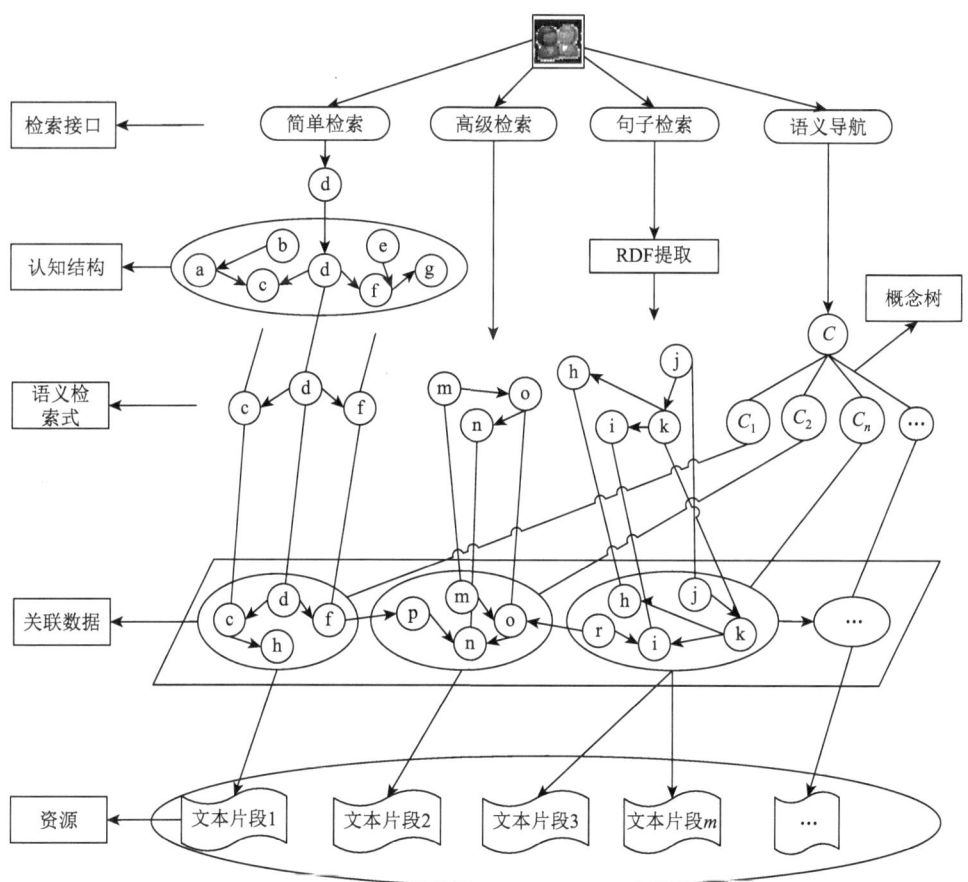

图 9-1　基于关联数据的数字图书馆多粒度集成知识服务模式

与一般的检索服务方式（如 Google 和百度等）相比，基于关联数据的数字图书馆多粒度知识服务模式的特色之处在于：

首先，一站式。一站式服务的核心是集成与整合。一站式知识服务是指根据用户的检索需求，将所有相关数字知识资源进行整合，提供集成知识服务。一旦输入检索词，就可以直接获得解决问题的答案，而不是相关结果的列表，需要用户再次点击相关链接才能查找到自己所需的知识。

其次，多粒度。数字图书馆中的文献作为记录知识的载体，其知识内容是由一个个独立的知识元素（知识元）构成的，可以是概念、规则、公理等，而这些知识元之间通过逻辑关联进一步组合成更粗粒度的知识单元，体现出多粒度的特性。而用户需求在很多情况下也体现出多粒度的特征，有时候需要的是一个概念，有时候需要的是一个方案，有的时候需要的是一篇文献。为此，本书提出的知识服务模型的多粒度特性主要体现在能够按照用户确切的知识需求，有针对性地提供不同粒度层次上的知识服务。

然后，关联集成。知识是一个立体的存在，知识之间存在广泛的关联，这些关联为理解特定知识单元的内涵提供了情境。为此，本书提出的检索模型的关联集成的特性主要体现在为用户提供特定知识单元的同时，为用户集成提供与该知识单元相关联的其他知识单元，以作为该知识单元的背景知识，帮助用户理解该知识单元的确切含义。

最后，基于用户认知结构。认知结构作为用户大脑中的知识结构，是学习者已经掌握知识的全部内容及其组织，它是用户用于表达自身知识需求的参照框架，是用户检索新知识的重要依据，也是明确和理解用户知识需求的重要背景。本书提出的知识服务模型正是建立在用户的认知结构基础之上的，这一方面有利于检索系统依据用户的知识结构理解和把握用户输入的检索词所表达的确切知识需求，另一方面，有助于挖掘用户尚未表达出来的潜在的知识需求，进行有针对性的知识推荐。

9.2 基于关联数据的数字图书馆多粒度集成知识服务方法

基于关联数据的数字图书馆多粒度集成知识服务模式又分为基于用户认知结构的简单检索、高级检索、句子检索和语义导航等知识服务方式，接下来，本书将详细论述各个知识服务方式的具体实现方法。

9.2.1 简单检索

通过数字图书馆多粒度集成知识服务方式中的简单检索，数字图书馆用户可以通过输入一个或几个检索词，获得自己所需要的知识内容，然而要做到提供知识内容的针对性、个性化和提供知识服务的高效率并非易事。原因在于，自然语言存在同义词、近义词和同形异义词等多种复杂的语言现象，因此检索词的真实含义只能在其存在的上下文语境中才能唯一确定，当缺少该语境时，简单地通过一个或几个检索词是很难准确把握其内涵的。由于在简单检索中缺乏检索词的上下文语境信息，数字图书馆很难仅仅从用户输入的几个关键词来确切把握用户的真实知识需求。事实上，在简单检索中，用户输入的关键词作为其知识需求的一种显性表达方式，是由存在于其大脑中的隐性的认知结构决定的。认知结构是指用户头脑中的知识结构。认知结构主要是由用户在学习过程中通过同化作用不断累积的知识以及对知识的组织构成的。认知结构是用户认知外界知识的参照系统，用户的认知结构一旦在用户头脑中建立，就会成为影响用户进一步获取新知识的重要决定因素和参照框架[205]，也就是说，用户已有认知结构在本质上就是用户通过关键词表达出来的知识需求的上下文背景。基于上述分析，本书提出基于用户认知结构的简单检索方式，如图9-2所示。

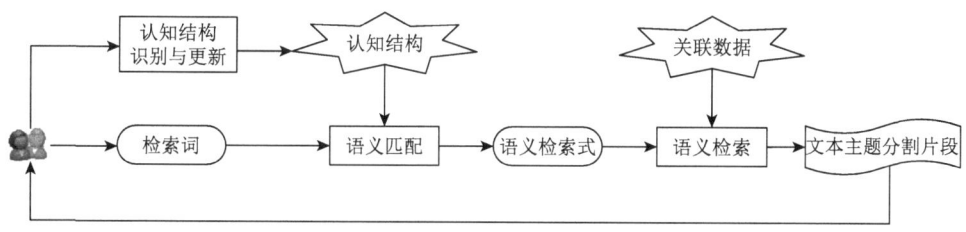

图9-2　基于用户认知结构的简单检索

从图9-2所示的基于用户认知结构的简单检索方式可以看出，简单检索主要包括认知结构识别与更新模块、语义匹配模块和语义检索模块。用户认知结构识别与更新模块的主要功能是实现存储在数字图书馆用户头脑中的认知结构的挖掘与动态更新；语义匹配模块的主要功能是将用户输入的检索词与用户的认知结构进行匹配，生成语义检索式；语义检索的主要功能是借助语义检索式在关联数据中进行语义检索，查找用户所需要的知识或知识的载体文献主题分割片段。接下来，本书将详细论述各功能模块的实现过程。

1. 认知结构识别与更新

要想通过用户输入的检索词准确理解用户的真实知识需求，就需要识别出这个隐藏在用户头脑之中的认知结构[206-208]。一般说来，数字图书馆用户的认知结构具有动态和静态双重属性，一方面，认知结构作为数字图书馆用户外在的知识行为背后的隐性基础，一旦形成便具有内隐性、相对的稳定性和持久不变性等，也就是说，尽管由认知结构所决定的数字图书馆用户的知识行为可能会呈现出多种不同的外在表现形式，但是该认知结构本身却是相对稳定不变的。基于上述分析可知，数字图书馆可以依据用户表现出来的各种外在知识行为，挖掘出以隐性方式存在于用户头脑中的认知结构。为此，本书在深入分析认知结构已有研究成果的基础上，拟借鉴认知心理学中的语义加工模型——激活扩散理论（spreading activation model，SP）来挖掘用户的认知结构。具体来说，主要是依据激活扩散模型中的激活规则、语义距离规则和终止规则等[209]，结合数字图书馆用户的知识行为，通过对他们的认知的识别，挖掘出以内隐方式存在的潜在的认知结构。另一方面，虽然数字图书馆用户的认知结构具有相对的稳定性，但随着用户对新知识的学习，他们会不断地将许多新概念融入自己已有的认知结构中，从而使得用户头脑之中的认知结构的有关特性或变量得到改组，进而导致用户认知结构的不断优化升级。为此，数字图书馆在挖掘出用户头脑之中的认知结构之后，仍然需要依据用户知识行为的各种变化，不断地优化识别出的用户认知结构的相关内容。为此，本书提出了用户认知结构的更新机制，以实现数字图书馆用户认知结构的动态更新。综上分析，通过对数字图书馆用户认知结构的静态识别和不断动态更新，可以达到深层次挖掘用户知识需求的目的，从而为简单检索提供支撑。

基于上述分析，本书借鉴激活扩散理论中的激活规则、路径规则、语义距离规则和终止规则，结合用户的知识浏览行为，构造出基于激活扩散的用户认知结构，同时设计了用户认知结构的更新机制，以实现用户认知结构的动态更新。具体来说，基于激活扩散的用户认知结构的识别与更新方法包括激活扩散网络构建、认知结构识别、认知结构更新等步骤，见图9-3。接下来，本书将详细论述各个步骤的实现过程。

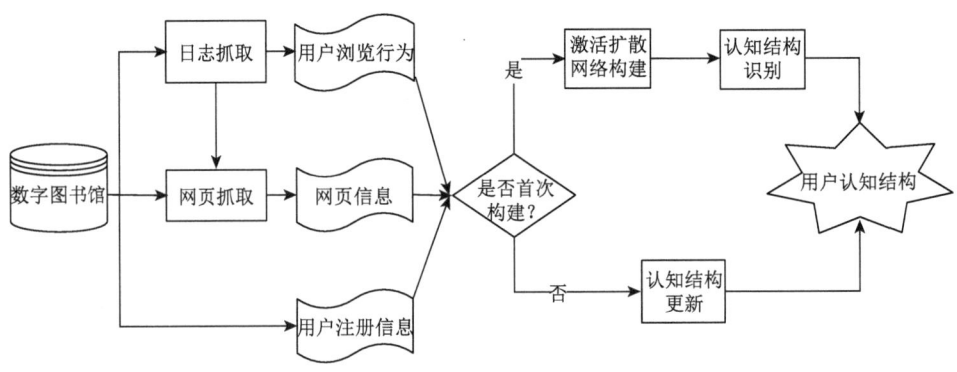

图9-3 基于激活扩散的用户认知结构的识别与更新方法

1)激活扩散网络构建

激活扩散网络构建主要包括识别激活扩散路径节点顺序与计算激活扩散路径节点之间的距离两部分内容。其中,激活扩散路径节点顺序可以根据用户访问网页的时间顺序进行构建。而对于激活扩散路径节点之间的路径距离的计算,则采用激活扩散的基本理论。首先,利用向量空间模型[210]计算网页节点之间的距离,这是由于网页节点所包含的知识内容之间的相似度值在一定程度上可以反映用户认知结构中概念节点之间的语义距离[211-213];然后,根据用户访问行为信息中的访问停留时间(停留时间与语义距离负相关,这是因为用户在相邻两个网页上停留的时间越长,意味着两个网页越相关)、网页内容长度(用户在网页上的停留时间又受到网页内容长度的影响,内容越长,用户停留的时间可能也越长,其与用户在网页上的停留的时间正相关)以及用户访问网页的点击率和下载次数(点击率和下载次数与网页之间的语义距离负相关,点击率和下载次数越多,说明这些网页上的内容越能满足用户的知识需求,网页中包含的内容就越相关)等优化网页节点之间距离的计算,得到最终的激活扩散路径上节点之间的距离(式(9-1));最后,整合激活扩散路径上节点顺序与节点之间的距离,实现用户激活扩散路径网络的构建。

$$\text{dis}(d_i,d_j)=\left(1-\sum_{k=1}^{m}(w_{ik}\cdot w_{jk})\bigg/\sqrt{\left(\sum_{k=1}^{m}w_{ik}^2\right)\left(\sum_{k=1}^{m}w_{jk}^2\right)}\right)\cdot\frac{M}{N}\cdot T^{-1}\cdot C^{-1} \quad (9\text{-}1)$$

其中,d_i 和 d_j 表示前后相连接的网页;w_{ik} 表示关键词 k 在文档 i 中的权重(即 tf-idf 值);M 表示网页字符长度;N 表示文献集中最长的网页字符长度;T 表示用户访问网页时的停留时间;C 表示用户访问该网页时点击网页上其他链接的次数,或为用户访问网页时下载文献数。

2)认知结构识别

需要指出的是通过激活扩散网络构建所识别的激活扩散网络只是揭示了用户认知结构中主题节点的先后顺序和语义距离,但是在该激活扩散网络结构中的节点是网页,尚未揭示出网页所论述的主题词,因此,若要基于激活扩散网络结构实现用户认知结构的构建,还需进一步识别这些网页节点所论述的主题。为此,本书借助 LDA(latent Dirichlet allocation,LDA)主题模型[214-216],以激活扩散网络中所有的网页作为语料(即文档集合 D),识别这些网页(每个文档 d)中潜藏的主题信息,进而达到识别出以内隐方式存在于数字图书馆用户头脑中的认知结构的目的。具体来说,基于激活扩散网络的用户认知结构识别的基本流程如算法 9-1 所示。具体来说主要包括以下基本步骤。

算法 9-1 认知结构识别的算法流程

输入:激活扩散网络
输出:用户认知结构

1. 对激活扩散网络中的文档集合 D 中的每一篇文档 d 进行分词、去除停用词、取关键词等文档预处理，从而得到包含 n 个词的向量 $<w_1, w_2, \cdots, w_n>$，在该向量中 w_i 表示向量中第 i 个单词。

2. 构建关键词与文档的矩阵 $n \times f$，n 表示矩阵中关键词的个数，f 表示文档集 D 中包含的文档的个数；

3. 以关键词与文档矩阵 $n \times f$ 作为 LDA 模型的输入，求文档集 D 中的每个文档 d 的主题分布 $z \to P(z|d) = <p_{z1}, p_{z2}, \cdots, p_{zk}>$，在主题分布中 p_{zi} 表示集合 D 中文档 d 属于第 i 个主题的概率，且 $p_{zi} = n_{zi}/n$，其中，n_{zi} 表示文档 d 属于第 i 个主题的词的数目，n 表示文档 d 中包含的关键词的总个数。

4. 求每个主题 z 的主题词项分布 $w \to P(w|z) = <p_{w1}, p_{w2}, \cdots, p_{wn}>$，在该分布中 p_{wi} 表示主题 z 生成第 i 个语词的概率，其中 $p_{wi} = N_{wi}/N$，N_{wi} 表示与主题 z 相对应的第 i 个单词的个数，N 表示对应到主题 z 的所有单词的总个数。

5. 根据公式 $p(w|d) = p(w|z) \times (z|d)$ 计算文档集合中每个文档 d 中出现单词 w 的概率，$p(w|d)$ 的值越大说明该词作为标识该文档论述主题的概率也越大，从而被选为标识文档主题的关键词，进而达到识别激活扩散网络中对应节点主题概念的目的。

6. 最后，以激活扩散网络结构作为用户认知结构的框架，以挖掘出的激活扩散网络节点的主题词作为用户认知结构的节点，从而达到识别用户认知结构的目的。

依据认知结构识别的上述流程，本书构建了如图 9-4 所示的某用户认知结构，限于篇幅，本书只展示了该用户关于"语义网"的认知结构示意图。从图 9-4 可以看出，该认知结构揭示了用户头脑中已有知识节点以及知识节点之间的语义距离。用户在获取知识时，当输入一个检索词如"本体"时，检索系统依据其认知结构便会确切了解用户的真实知识需求是语义网中的"本体"概念，于是就会将与本体相关的知识，如 OWL、RDF 等反馈给用户，而不会将哲学领域的有关"本体"的知识内容反馈给用户，从而提高知识服务的效率和个性化水平。

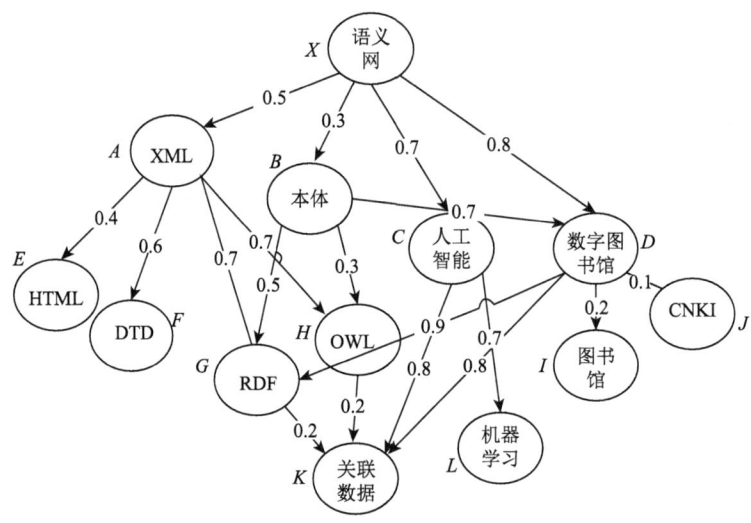

图 9-4 用户认知结构

3）认知结构更新

通过研究发现，人们对知识的注意、回忆和重复等认知行为都会增强记忆系统中的认知结构，而人们很少或不再重复的某些已经发生过的认知行为则会被人们遗忘，造成认知结构弱化或消失。数字图书馆用户的认知行为同样遵循这个规律，并表现出动态变化的特征，随着时间的推移，用户行为不断发生改变[217]。具体来说，数字图书馆用户的认知结构会出现以下四种类型的变化：用户认知的新增、加强、减弱和消失等（图 9-5）。数字图书馆用户认知结构的上述四类变化又可以进一步划分为两个类别：用户的旧有行为和用户的新增行为。对于用户的旧有行为来说，用户的某些旧有认知行为可能会重复发生，也可能不再重复，如果旧有行为再次发生，则会导致用户的认知强化，加强用户认知结构，如果这些旧有的用户认知行为不再发生，则会导致用户认知结构的弱化，使得用户认知不断减弱直至遗忘；对于用户的新增行为来说，当数字图书馆用户接收到一些新的知识时，可能激发用户的一些新的兴趣或需求，从而进一步促使用户做出一些新的认识行为，这些新的认知行为则会促使其认知结构发生改变，导致用户认知新增。需要指出的是数字图书馆用户认知结构的更新并不是一个瞬息万变的过程，它具有一定的相对稳定性，从一个认知结构状态到另一个认知结构状态优先要经历一个量变的过程，在量变的过程中，数字图书馆用户的认知结构保持相对静止状态，只有当量变达到一定程度之后，才会使得用户的认知结构发生质的突变，转变成为一个新的认知结构状态，从而实现数字图书馆用户自身认知结构的更新。由此可见，数字图书馆用户认知结构的动态变化特性与相对稳定特性并不矛盾，而是相互统一的关系。

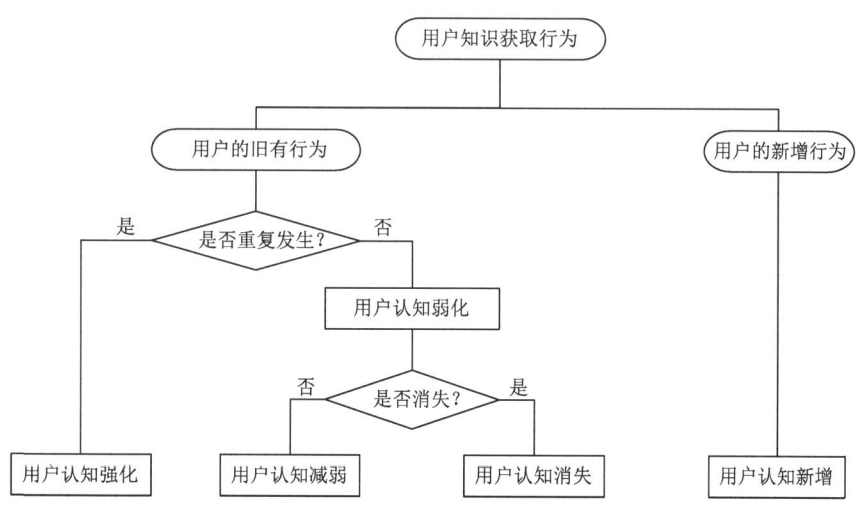

图 9-5　用户认知的动态更新

从图 9-5 用户认知的动态更新可以看出，认知结构作为数字图书馆用户认知的结果，在很大程度上受到数字图书馆用户认知行为的影响，具体来说，这种影响主要体现在两个方面：一方面，数字图书馆用户的新增认知行为，将使得数字图书馆用户习得新知识，从而导致数字图书馆用户认知结构也会随之发生变化，使得数字图书馆用户认知结构产生新增；另一方面，当数字图书馆用户重复从事某种已经发生过的旧有认知行为时，数字图书馆用户认知将会出现加强、减弱、消失三种情况，数字图书馆用户的认知结构受数字图书馆用户认知行为变化的影响，也将会随之出现认知结构的加强、减弱、消失等情况。基于上述分析，本书提出了数字图书馆用户认知结构的更新机制。

针对数字图书馆用户认知结构的新增，由于其在本质上与首次构造数字图书馆用户认知结构相类似，因此，可以借助数字图书馆用户认识结构的识别方法来实现数字图书馆用户认知的新增，基本流程包括：首先，利用激活扩散的激活规则、路径规则、语义距离规则和终止规则等，构建数字图书馆用户新增的 SP 网络结构，而后基于 LDA 主题模型提出最能代表网页主题内容的主题词，进而达到识别数字图书馆用户新增认知结构的目的。

而针对数字图书馆用户认知结构的加强、弱化、消失的情况，本书提出了如下的更新机制。假设 f_c 是激活扩散网络结构中的某一主题节点，主题节点 f_c 与主题节点 f_p 的距离演化如式（9-2）所示：

$$W_{i+1}(f_c, f_p) = \left(1 + \frac{\varepsilon}{n}\right) W_i(f_c, f_p) \quad (9\text{-}2)$$

其中，f_p 表示与主题节点 f_c 紧密关联的主题节点，主题节点 f_c 与主题节点 f_p 在同一条路径上；W 表示主题节点 f_c 与主题节点 f_p 的连接权值；n 表示主题节点 f_c 与主题节点 f_p 在同一条路径上被激活的总次数；ε 表示演化系数（在认知弱化中，该值为遗忘系数，值为负；在认知强化中，该值为强化系数，则值为正）。

接下来，进一步假设 $\mathrm{dis}(f_c, f_p)$ 是主题节点 f_c 到主题节点 f_p 的认知距离，则两个主题节点之间的认知距离可以借助式（9-3）来计算。

$$\mathrm{dis}_{i+1}(f_c, f_p) = \mathrm{dis}_i(f_c, f_p) \cdot W_i(p)^{-1} \quad (9\text{-}3)$$

为了比较清晰地展示数字图书馆用户认知结构的更新过程，下面用图 9-4 的认知结果为实例来说明。从图 9-4 可以看出，"语义网"是该数字图书馆用户的根节点，即起始概念节点，由该起始概念节点激活扩散到了 XML、本体、人工智能等概念节点，起始概念节点与扩散到的概念节点之间的有向线段表示这些节点之间相关性，由激活扩散模型的基本原理可知，概念节点之间语义距离越短就意味着概念节点之间的相关度越大，反之则越小。从图 9-4 可以看出，"语义网（X）"与"本体（B）"之间的语义距离为 0.3，而"本体（B）"与"OWL（H）"之间的语义距离也为 0.3。若发生数字图书馆用户认知的加强（减弱和消失，则 ε 为负数），假设演化系数 ε 的值为 0.2，那么根据认知结构的演化算法，它们之间的语义演化过程如下。

X-B 相关度的权重变化为

$$W_2(X,B) = \left(1 + \frac{\varepsilon}{n}\right) W_1(X,B)$$
$$= (1 + 0.2/1) \times 1 = 1.2$$

X-B 之间的认知距离改变为

$$\mathrm{dis}_2(X,B) = \mathrm{dis}_1(X,B) \times W_2(X,B)^{-1} = 0.3 \times 1.2^{-1} = 0.25$$

H-B 相关度的权重变化为

$$W_2(H,B) = (1 + 0.2/2) \times 1 = 1.1$$

H-B 之间的认知距离改变为

$$\mathrm{dis}_2(H,B) = 0.3 \times 1.1^{-1} = 0.27$$

通过上述演化过程，数字图书馆用户的认知结构实现更新，更新后的数字图书馆用户的认知结构如图 9-6 所示，从图 9-6 可以看出，"语义网（X）"与"本体（B）"之间的语义距离由 0.3 更新为 0.25，而"本体（B）"与"OWL（H）"之间的语义距离也由 0.3 更新为 0.27。

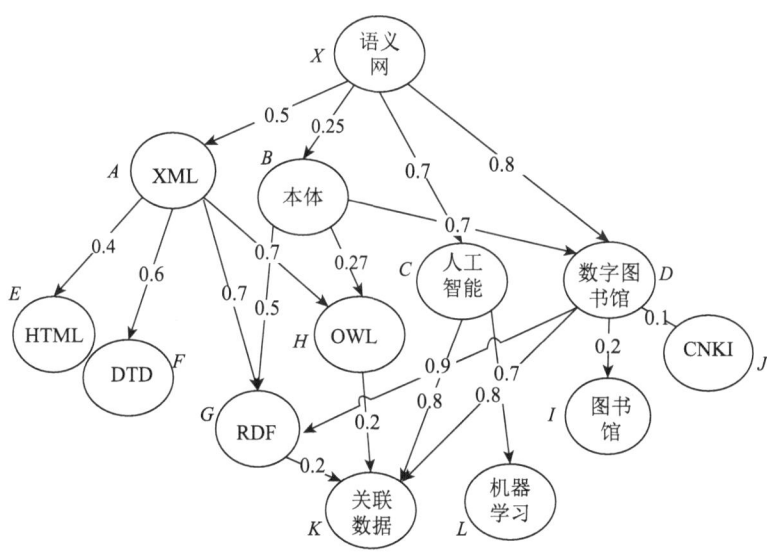

图 9-6 更新后的用户认知结构模型

2. 语义匹配

简单检索是基于自然语言输入的知识检索方式，数字图书馆用户检索时输入的约束条件非常少，所需要进行的操作也非常简单，只需要输入检索词，然后单击"检索"按钮即可。但这也意味着，简单检索要花费更大的精力去理解数字图书馆用户输入的检索词所代表的真实知识需求。数字图书馆用户认知结构的挖掘只是了解用户知识需求的第一步，接下来更为重要的便是如何借助数字图书馆用户的认知结构来解析用户输入的关键词所代表的语义内涵。为此，就需要将数字图书馆用户输入的关键词与他们的认知结构进行匹配。语义匹配模块就是用来完成这一任务的。

语义匹配模块的主要功能是将数字图书馆用户输入的检索词与他们的认知结构进行匹配，对用户输入的检索词进行语义扩展，生成语义检索式，从而明确数字图书馆用户的真实知识需求。语义匹配的基本流程是：首先，为提高语义匹配的准确性，本书对数字图书馆用户输入的检索词进行预处理，具体来说主要是采用后控的方式将用户输入的检索词与后控词表进行匹配映射，将数字图书馆用户输入的检索关键字转化为规范的受控词（这里的受控词主要是由概念组成的）来表达他们的知识需求；其次，以表达用户知识需求的受控词为检索词在用户的认知结构中进行检索，识别出与数字图书馆用户知识需求相匹配的概念节点；然后，以检索到的概念节点为核心，在数字图书馆用户认知结构中获取与该核心节点相关联的其他概念节点共同组成语义链，以作为核心节点的上下文背景；最后，将语义链以 RDF 三元组的形式进行表达，转化为语义检索式。

依据语义匹配的上述流程，本书设计了如算法 9-2 所示的语义匹配算法。

算法 9-2　语义匹配的算法流程

输入：用户输入的检索词集合
输出：语义三元组集合

1. 对用户输入的检索词集基于后控表进行转化，生成与检索词集合相对应的概念集合 $c_i \in C$（$0 \leqslant i \leqslant n$）；
2. 如果概念集合 C 不为空，依次提取概念集合 C 中的元素 c_i；
3. 在用户认知结构中进行检索，如果 c_i 出现在主体中，将 c_i 存入主体集合 S 中；
4. 如果 c_i 出现在客体中，将 c_i 存入客体集合 O 中；
5. 如果 c_i 出现在谓词中，将 c_i 存入谓词集合 P 中；
6. 如果概念集合 C 为空，结束上述循环，否则转到步骤 2；
7. 基于匹配结果的主体集合 S、客体集合 O 和谓词集合 P，在用户认知结构中提取出包含其中任何一个元素的三元组，生成语义三元组集合，作为语义检索式输出。

3. 语义检索

语义检索的主要功能是借助语义检索式在关联数据中进行检索，查找出数字图书馆用户所需要的文献主题分割片段。语义检索不再拘泥于数字图书馆用户输入的检索词的字面本身的意思,而是在准确把握数字图书馆用户真实知识需求的基础上,更加准确地向用户提供满足其知识需求的各种粒度的知识。由于通过语义匹配已经将用户的知识需求转化为以三元组形式表达的语义检索式,因此,语义检索的过程就转化为语义检索式与关联数据进行匹配的过程。又因为关联数据也是由RDF三元组构成的,因此,从本质上来说,语义检索就是将表达数字图书馆用户知识需求的RDF三元组与关联数据RDF三元组进行匹配,进而从中查找到用户所需的知识内容。

基于上述分析,本书提出基于三元组的语义检索式与关联数据网络匹配的方法。匹配的过程如图9-7所示。

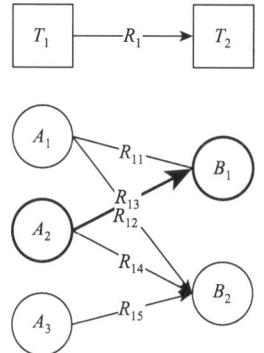

图9-7 基于三元组的语义检索式与关联数据网络匹配方法

首先,将语义检索式中的主题概念与关联数据中的主题概念进行匹配。假设通过相似度计算,与主题关键词 T_1 相似度较高的关联数据中的主题概念有3个,分别为 A_1、A_2 和 A_3,与主题关键词 T_2 相似度较高的本体概念有2个,分别为 B_1、B_2。

其次,以与语义检索式中主题概念相似度较高的关联数据中的主题概念为节点,以关联数据中主题概念间的关联为边构建三元组,作为候选三元组集合。例如,与语义检索式中主题关键词三元组<T_1, R_1, T_2>相对应的关联数据中的主题概念三元组有5个,分别为<A_2, R_{11}, B_1>、<A_1, R_{12}, B_1>、<A_2, R_{13}, B_1>、<A_2, R_{14}, B_2>和<A_3, R_{15}, B_2>。

然后,计算语义检索式三元组与关联数据三元组集合中所有候选三元组的相似度,假设通过相似度计算三元组<T_1, R_1, T_2>与关联数据网络中的三元组<A_2, R_{13}, B_1>的相似度大于其与其他三元组<A_1, R_{12}, B_1>、<A_2, R_{13}, B_1>、<A_2, R_{14}, B_2>和<A_3, R_{15}, B_2>的相似度,那么,认为与语义检索式三元组<T_1, R_1, T_2>相匹配的关联数据三元组为<A_2, R_{13}, B_1>。

从基于三元组的匹配过程可以看出,三元组为检索词的匹配提供了充分的上下文语境信息,对于确定检索词的含义、明确数字图书馆用户的知识需求来说起到了重要的作用,从而可以在一定程度上提高匹配的准确性。

基于上述分析,本书给出了基于三元组的语义检索式与关联数据网络匹配的定义:给定语义检索式三元组 $S_t=(T_1, R_1, T_2)$,关联数据三元组 $G_t=(A_1, R_2, A_2)$。如果 Match(T_1, A_1)、Match(T_2, A_2),并且 $R_1=R_2$,那么 Match$(S_t, G_t)=1$,否则 Match$(S_t, G_t)=0$。

其中,Match(T_1, A_1)的计算方法如式(9-4)所示。

$$\text{Match}(T_1, A_1) = \alpha \text{sim}_x(T_1, A_1) + \beta \text{sim}_y(T_1, A_1) \tag{9-4}$$

其中,$\text{sim}_x(T_1, A_1)$ 表示词形相似度;$\text{sim}_y(T_1, A_1)$ 表示词义相似度;α 表示词形相似度的权重;β 表示词义相似度的权重。而词形相似度的计算方法如式(9-5)所示,语义相似度的计算方法如式(9-6)所示。

$$\text{sim}_x(T_1, A_1) = (\max(|T_1|, |A_1|) - \sum_k \text{oper}_k) / \max(|T_1|, |A_1|) \tag{9-5}$$

其中,$|T_1|$ 表示字符串 T_1 的长度;$|A_1|$ 表示字符串 A_1 的长度;$\max(|T_1|, |A_1|)$ 表示字符串 T_1 和 A_1 长度的最大值;oper_k 表示一次操作,可以是插入、删除、替换及相似字符等调换等操作。

$$\text{sim}_y(T_1, A_1) = 2\log(p(s)) / (\log(p(s_i)) + \log(p(s_j))) \tag{9-6}$$

其中,$p(s)$ 表示 WordNet 中词义节点 s 及其子节点包含的所有单词在整个词典中所占的百分比例;$T_1 \in s_i$,$A_1 \in s_j$,s 表示 s_i 和 s_j 的公共祖先节点。

基于三元组的语义检索式与关联数据网络匹配的算法如算法 9-3 所示。

算法 9-3　基于三元组的语义检索式与关联数据网络匹配

输入:语义检索式三元组集合
输出:与关联数据中相匹配的三元组对应的文本片段

1. 借助式(9-4)计算语义检索式中的主题概念与关联数据中的主题概念的相似度;
2. 以与语义检索式中主题概念相似度较高的关联数据中的主题概念为节点,以关联数据中主题概念间的关联为边构建三元组,作为候选三元组集合;
3. 借助式(9-4)计算语义检索式三元组与关联数据三元组集合中所有候选三元组谓词的相似度;
4. 如果谓词相同或相似度超过一定的阈值,则输出与关联数据相匹配的三元组对应的文本片段。

9.2.2　高级检索

在简单检索中,对于用户来说,使用起来比较方便,只需要输入关键词即可进行检索,但对于检索系统来说,计算的工作量较大,不仅需要构建每个数字图书馆用户的认知结构,而且需要借助该认知结构将数字图书馆用户输入的检索词转化为语义检索式进行检索,计算的工作量较大,检索的时间复杂度较高,而且由于需要几次转化,无形中会增加出错的概率。与简单检索不同,高级检索为用户提供了一个包含主体、谓词和客体三个检索字段的检索接口。用户需要以三元组的形式来描述自己的知识需求。也就是说,由数字图书馆用户来以语义的方式表达自己的知识需求,由于用户更了解自己的知识需求,因此由用户通过三元组的形式构建语义检索式将比简单检索中自动构建语义检索式的准确率高,从而可以大大提高检索的准确率。此外,由于与简单检索相比,高级检索只是在语义检索式的构建方面存在不同,一个是自动构建,另一个是用户自己构建,其他实现过程与简单检索完全一样,即语义检索的方法完全相同,因此,在这里就不再赘述,详见简单检索的语义检索算法流程。

9.2.3 句子检索

句子检索的主要功能是使得数字图书馆用户可以通过语句表达自己的知识需求,并获得自己所需要的知识。句子通常由词、短语构成,是能表达一个完整意思的基本语言单位。与关键词相比,句子能够更加充分和准确地表达出数字图书馆用户的知识需求。但与此同时,句子中承载的知识需求也更加复杂。首先,这类查询包含多种类型的查询成分,其次,不同成分之间不是简单的并列关系而是复杂的依赖关系。因此,如何识别出这类自然语言句子查询的检索意图,并以形式化方式表示出不同查询成分之间的依赖关系,成为句子检索的难点。为解决上述问题,本书借助自然语言处理的方法,在对用户输入的自然语言句子进行句法分析的基础,提取出查询成分,并使用 RDF 三元组的形式揭示和描述查询成分之间的逻辑关系。

在句子检索中,用户输入的检索句主要分为两种类型:陈述句和疑问句。如果是陈述句,将其转化为 RDF 三元组较为简单,可以直接借助知识元提取的方法来实现,因此这里就不再赘述;如果检索句是疑问句,那么识别 RDF 三元组就较为复杂,为此,接下来本书将详细论述疑问句的 RDF 三元组的提取问题,具体流程如下。

1. 疑问句类型划分

通过对各种类型的疑问句的分析发现,用户疑问句的焦点均是围绕实体展开的。有的是已经知道实体属性的相关信息,咨询拥有该属性的实体是什么;有的是已经知道实体是什么,咨询该实体某个属性的相关信息;有的是已知多个实体,咨询这些实体间的关系是什么。依据上述分析,本书依据疑问句中包含的实体个

数 (n) 将疑问句分为三种类型：实体问句 ($n=0$，即已知属性和属性值查找对应的实体)、属性问句 ($n=1$，即已知实体，查找与该实体相关的属性的属性值) 和关系问句 ($n>1$，即已知多个实体，查找这些实体之间的关系)。三种疑问句分别对应三种不同的 RDF 三元组模式，详见表 9-1。

表 9-1　问句类型

疑问句类型	命名实体个数 n	已知信息	所需信息	RDF 三元组模式
实体问句	$n=0$	属性	实体	<?, 属性, 属性值>
属性问句	$n=1$	实体	属性	<实体, 属性, ?>
关系问句	$n>1$	实体	关系	<实体, ?, 实体>

2. RDF 三元组的元素提取

基于对疑问句类型的划分，本书提出如图 9-8 所示的 RDF 三元组的元素提取方法。从图 9-8 可以看出，RDF 三元组的元素提取主要包括问句分隔、分词/词性标注、命名实体识别、依存句法分析和三元组提取等步骤。具体来说，首先，对数字图书馆用户输入的检索疑问句进行分析，判断是单问句还是多问句，如果是多问句，则借助问句分隔模块将多问句分隔为多个单问句；如果是单问句，则直接进入下一流程。其次，对每个单问句进行分词/词性标注，并去除没有实在意义的停用词。然后，借助命名实体识别模块，识别出单问句中包含的实体，并依据实体的个数对单问句的类型进行划分。接着，借助依存句法分析模块对各问句中的元素进行依存关系分析。最后，依据疑问句中元素的依据关系及疑问词与疑问焦点的映射表提取 RDF 三元组中的元素，实现疑问句的 RDF 三元组的提取。

在图 9-8 所示的疑问句 RDF 三元组的元素提取流程中，问句分隔、分词/词性标注、命名实体识别、依存句法分析等均有较为成熟的方法和技术来实现，本书主要是借助中国科学院计算技术研究所开发的自然语言与信息检索共享平台（natural language processing and information retrieval sharing platform，NLPIR）系统来实现的。需要指出的是，为提高 NLPIR 系统在本书中的适用性，本书对 NLPIR 系统使用的词表进行了扩充，增加了用户词典，该词典中的语词主要由数字馆藏资源的关键词字段提取的关键词组成，并进行了同义词扩展。而三元组的提取除了借助依存句法分析识别疑问句中的<主体, 谓词, 客体>外，另一个重要的问题就是识别或明确疑问句的疑问焦点是什么。通常来说，疑问句中有多少个疑问词就有多少个疑问焦点，这是因为这些疑问词是用户最想了解的信息或知识，自然也就成为疑问句的疑问焦点[218]。因此，疑问焦点的识别就应该以疑问词为中心，具体来说，主要分为两种情况：首先，若疑问词后紧跟一个名词，则该名词为疑问焦点。例如，"西安事变发生在什么时间?"疑问焦点便是"时间",对于这类问句,疑问焦点可以通过依存句法分析进行识别。其次,若疑问句中只有疑问词,就很难通过语法上的分析来明确疑问词所表达的疑问焦点是什么。例如,"中国家庭的平均收入是多少?"在该疑问句中"多少"的意思是数量的多少,因此疑问焦点是"数量",而在疑问句中并没有出现"数量"这个词,因此,无法明确疑问句中的疑问焦点的内容是什么。为解决这一问题,本书在文献[219]的研究基础上,通过对疑问词的归纳分析,构建了一个疑问词与疑问焦点的对照表(表9-2),以达到明确疑问词疑问焦点的目的。

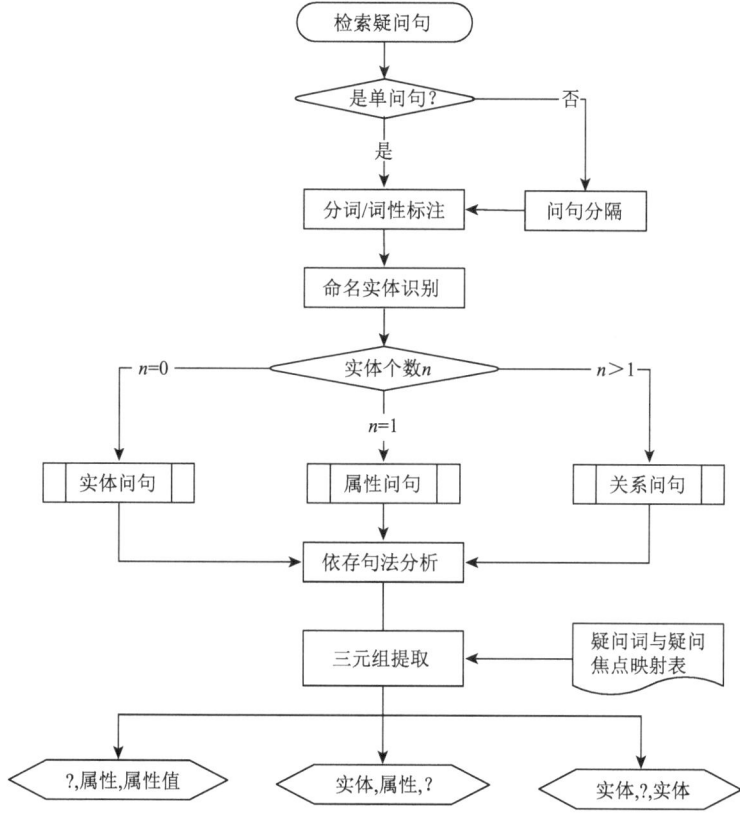

图 9-8　RDF 三元组的元素提取

表 9-2　疑问词与疑问焦点对照表

疑问词	疑问焦点
多少、几个、多少个、几多	数量
为何、为什么、怎么	原因
怎样、怎么样、如何、怎么、怎的	方法

续表

疑问词	疑问焦点
哪些、有什么、有哪些	包含
何处、何地、何方、哪儿、哪里	位于
是什么、做何解释、如何解释	定义
谁、哪位	人
哪年、哪月、哪日、哪天、何年、何月、何日	时间

将数字图书馆用户输入的自然语言检索语句转化为 RDF 三元组之后,就构建了揭示数字图书馆用户知识需求的语义检索式,由于与简单检索相比,句子检索只是在语义检索式的构建方面存在不同,一个是自动构建,另一个是从数字图书馆用户输入的自然语言语句中进行提取,其他实现过程与简单检索完全一样,即语义检索的方法完全相同,因此,在这里就不再赘述,详见简单检索的语义检索的算法流程。

9.2.4 语义导航

语义导航主要是根据关联数据中主题概念之间的语义结构和语义关联建立导航策略的方式,强调知识对象的语义维度。在本书中,知识对象的语义关联主要是以概念间的关系来表示的,是以结构化、语义化的概念体系为基础,通过语义机制实现导航的方式。具体来说,在本书中语义导航是通过 RDF 链接,依据 RDF 属性达到从一个关联数据实体链接到另一个关联数据实体的目的。借助语义导航,数字图书馆用户可以通过浏览的方式查找自己所需要的知识,直到满足自己的知识需求为止。具体来说,本书提出的语义导航程序选定的属性类型是"dcterms: isPartOf",它明确地定义了关联数据实体之间的隶属关系,该属性类型提供的是不同粒度的关联数据实体之间的链接,这样一来,数字图书馆用户可以借此在不同粒度大小的关联数据实体之间进行浏览,查找自己需要的不同粒度大小的知识内容,从而满足数字图书馆用户多粒度的知识需求。

9.2.5 检索结果展示

关联数据的优势在于其能够以一种规范化的方式揭示和描述实体概念的内涵及相互之间的语义关系,并且作为一种结构化数据也易于计算机理解和处理,但关联数据的缺点也很明显,尽管关联数据也可以被人所理解,但不太符合人们的阅读使用习惯。为此,无论简单检索、高级检索、句子检索还是语义导航,在它们的检索结果显示时，均采用了统一的展示方式。即结合关联数据和自由文本各自的优势，以关联数据描述实体概念之间的关系，以知识元所在的文本片段为检索内容反馈给用户。用户既可以通过关联数据所揭示的语义关系查找定位自己所需的知识元，又可以通过知识元所在的文本片段理解知识元所表达的知识内涵，最终实现"检索即所得"的个性化的多粒度集成知识服务模式。具有较高的用户友好性。

第 10 章　数字图书馆多粒度集成知识服务实证研究

为实现数字图书馆多粒度集成知识服务，本书对基于关联数据的数字图书馆多粒度集成知识进行了系统的研究，分析了数字图书馆多粒度集成知识服务的哲学基础、理论基础和方法论，在上述研究的基础上，提出了基于关联数据的数字图书馆多粒度集成知识服务的方法。为检验基于关联数据的数字图书馆多粒度集成知识服务方法的科学性和有效性，本书依据基于关联数据的数字图书馆多粒度集成知识服务的模型框架，开发了基于关联数据的数字图书馆多粒度集成知识服务的原型系统，通过对系统的主观评价和客观评价达到对基于关联数据的数字图书馆多粒度集成知识服务方法进行实证检验的目的。

10.1　实　验　数　据

数字图书馆的馆藏资源类型多样、篇幅长短不一、结构化程度参差不齐，出版类型包含期刊论文、学位论文、会议论文、图书、报纸等。内容主题涉及哲学、人文社会科学、自然科学、工程技术等多个学科领域。为在一定程度上保证实验的可实施性以及实验数据集合的全面性和代表性，在对基于关联数据的数字图书馆多粒度集成知识服务系统的科学性和有效性进行评价时，本书首先依据数字图书馆馆藏资源的主题特征选择了"藏书建设和馆藏组织"这一主题领域。而后，依据数字馆藏资源的篇幅将有关"藏书建设和馆藏组织"的数字馆藏资源划分为三种类别：第一类为结构清晰、篇幅较短的馆藏数字资源，如期刊论文、会议论文等，这类文献通常具有清晰的主题结构，而且主题之间的逻辑关系较为简单；第二类是结构清晰、篇幅较长的馆藏数字资源，如学位论文、图书等，这类文献主题结构清晰，但主题之间的逻辑关系复杂、庞大；第三类是结构模糊、篇幅较短的馆藏数字资源，如报纸等，这类文献的主题结构相对模糊，主题之间的关系通常呈线性。最后，依据对数字图书馆馆藏资源的上述分类，以中国知网为数据源，从第一类中检索得到与"藏书建设和馆藏组织"相关的期刊论文1021篇，会议论文15篇；从第二类中检索得到与"藏书建设和馆藏组织"相关的硕士和博士论文28篇；从第三类中检索得到与"藏书建设和馆藏组织"相关的报纸39篇。这些数据共同作为基于关联数据的数字图书馆多粒度集成知识服务系统的实验数据，来检验基于关联数据的数字图书馆多粒度集成知识服务方法的科学性和有效性。

10.2 原型系统实现

10.2.1 原型系统概述

1. 系统简介

数字图书馆资源与传统互联网上的数字资源相比,结构化和专业化程度较高。主流的搜索引擎(如百度、Google 等)主要处理的是非结构化的文本信息,对数字图书馆资源的处理有限,用户在进行搜索时,往往检索到的都是相关知识的载体(如网页、PDF、Word 等),需要用户对文档进一步阅读识别才能查找到自己所需要的知识,在这种情况下,用户往往要在阅读多篇相关文档后才能满足自己的知识需求,使用成本较高。为解决这一问题,本书采用关联数据的方式对数字图书馆数字资源进行多粒度关联组织并建立面向关联数据的索引,以提供适合于数字图书馆用户多粒度知识需求的检索方式。

现在已有的一些基于关联数据的检索系统主要是通过关系数据库进行关联数据的转化和检索,好处是关联数据的自动转化速度快,能够很好地体现数据之间的关联性。但这种组织方式对数据之间的层级关系揭示不够全面,而且基于数据库的关联数据查询通常需要借助 SPARQL 检索语言,这就要求用户在检索时熟悉关联数据的内部模式,对用户的要求太高,用户使用起来也不方便。基于上述分析,本书提出的基于关联数据的数字图书馆多粒度集成知识服务系统,首先,对数字图书馆馆藏资源进行多粒度层级主题分割;其次,对分割后的数字图书馆馆藏数字资源片段进行知识元的抽取,在抽取过程中,根据文献中知识之间的逻辑关系组合成更粗粒度的知识单元,最终形成一颗多粒度层级结构树;然后,采用关联数据的方式对多粒度层级结构树进行关联组织,创建以 RDF 三元组进行描述的关联数据;最后,基于数字图书馆多粒度关联数据构建数字图书馆多粒度关联索引,以作为数字图书馆多粒度集成知识检索的基础,为数字图书馆用户提供"检索即所得"的多粒度集成知识服务,以提高数字图书馆的易用性,降低数字图书馆用户的认知负担和使用成本。

2. 系统目标

系统目标是借助关联数据的基本理论与技术对数字图书馆馆藏资源进行多粒度揭示与组织,基于 Lucene 建立多粒度关联索引,构建一个多粒度的知识集成检索系统。该原型系统提供基于 Web 的在线检索,具体来说主要为数字图书馆用户提供了四种检索方式来查询不同粒度的知识,分别包括语义导航、简单检索、句子检索和高级检索（或 RDF 三元组检索，为某领域专业用户提供更为精准的搜索）。通过查询返回的检索结果既包含不同粒度的知识内容，也包含体现不同粒度知识之间关系的动态关系图，从而实现数字图书馆多粒度集成知识服务。

10.2.2 原型系统设计

在对数字图书馆多粒度集成知识服务方法进行研究的基础上，为基于该方法开发一个数字图书馆多粒度集成知识服务原型系统，本书设计了基于关联数据的数字图书馆多粒度检索系统框架，如图 10-1 所示。从图 10-1 可以看出，该框架主要包括五个层次：资源层、多粒度关联数据创建层、多粒度关联数据关联层、多粒度关联数据索引层和多粒度关联数据服务层。资源层主要包括数字图书馆存储的各类数字资源，如电子书、期刊论文、学位论文、报纸等；多粒度关联数据创建层的主要任务是完成数字馆藏资源的多粒度层级主题分割,提取数字馆藏资源语义信息，实现数字馆藏资源的关联数据化；多粒度关联数据关联层的主要任务是实现不同数字图书馆关联数据之间的关联；多粒度关联数据索引层的主要任务是基于数字馆藏资源的多粒度关联数据实现数字图书馆馆藏资源的多粒度关联索引；多粒度关联数据服务层是用户接口层，主要任务是完成与用户的交互，实现基于用户需求模式的检索和语义导航。本系统提供了四种知识服务的方式：简单检索、高级检索、句子检索和语义导航。其中，简单检索可以根据输入的任一或多个检索词进行检索，高级检索向用户提供了一个描述数字图书馆用户知识需求的 RDF 框架，数字图书馆用户可以根据自己的知识需求，构建一个 RDF 三元组进行检索，句子检索向数字图书馆用户提供了一个通过自然语言语句检索自己所需知识的途径，数字图书馆用户可以通过输入检索语句来检索与之最为匹配的知识单元，语义导航则根据知识单元的树状结构呈现各种粒度的知识单元。此外，该系统还提供了一个动态关系图来动态显示知识节点的直接上下级和兄弟节点，以便数字图书馆用户在各种粒度的知识单元之间以及相关知识单元之间进行自由跳转，以便数字图书馆用户了解更粗粒度或更细粒度以及等同粒度的相关的知识内容。检索结果显示界面会显示出知识单元的具体内容和出处。

基于关联数据的数字图书馆多粒度集成知识服务主要是实现多粒度的知识索引和检索，为此，本书采用 Lucene 检索源码来实现索引和检索，整个系统运行在 Java 平台下。在建立索引时，为实现粗粒度知识单元的检索，本系统专门建立了一个体现知识单元之间树状结构关系的类索引，在检索知识内容后会将检索结果根据类索引进行再检索，由此得到该知识单元的关系结构，这也是动态关系图的数据来源。由于数字图书馆多粒度关联数据创建层、多粒度关联数据关联层、多

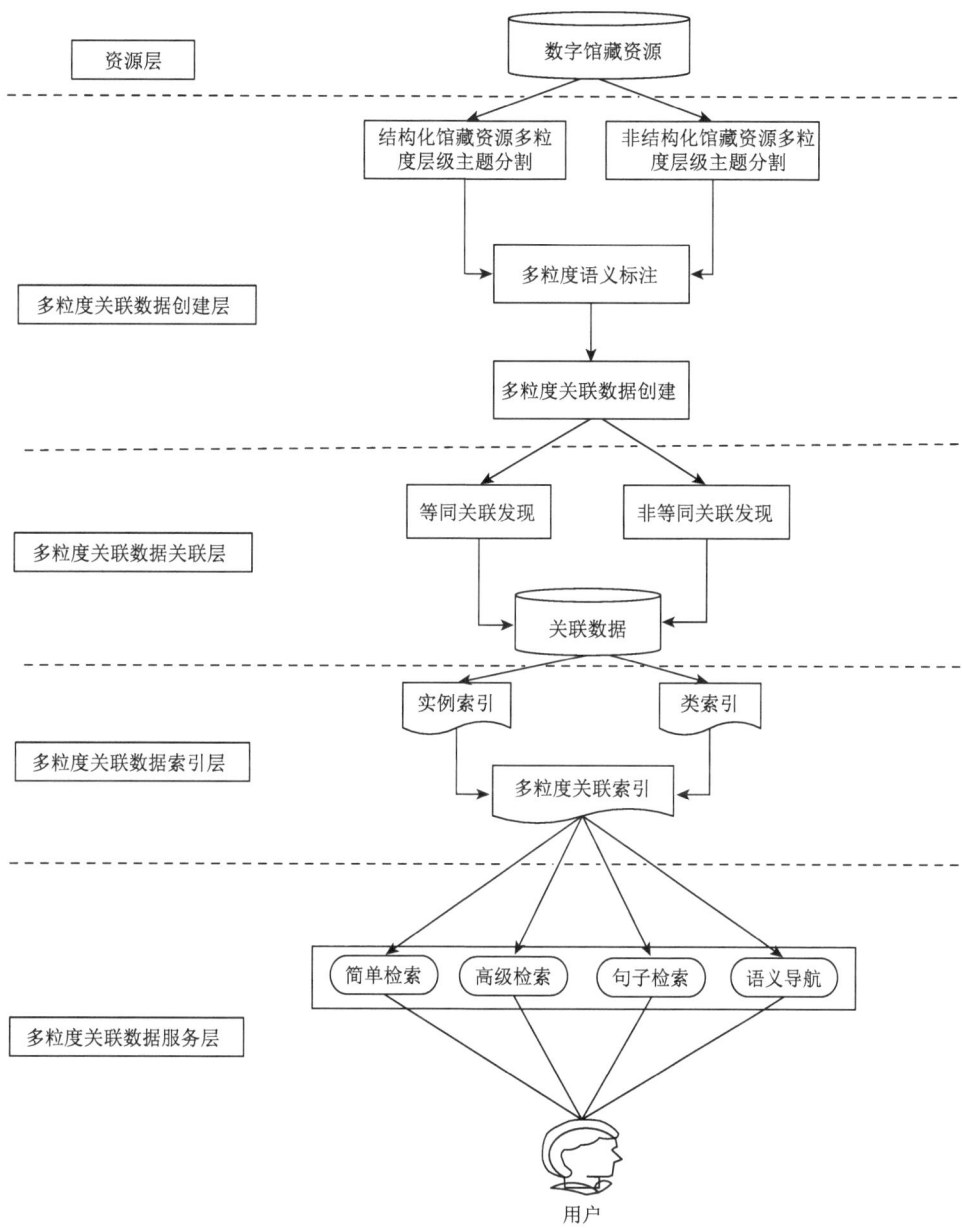

图 10-1 基于关联数据的数字图书馆多粒度集成知识服务框架

粒度关联数据索引层和多粒度关联数据服务层的具体实现过程已经在本书的其他章节详细论述，因此，在这里就不再赘述。接下来，本书将论述基于关联数据的数字图书馆多粒度集成知识服务系统开发过程中遇到的其他关键问题。

10.2.3 系统实现关键问题解决

1. 平台及开发环境

基于关联数据的数字图书馆多粒度集成知识服务系统开发运行环境包括以下几方面。

（1）开发平台：Eclipse-Neon（JavaEE）；
（2）开发语言：Java、JSP、JS、CSS、HTML；
（3）数据库平台：MySQL；
（4）服务器：Tomcat7.0；
（5）系统环境：Windows7。

2. 实例索引和类索引构建

实例索引是对最细粒度的知识单元（即知识元）的索引，总体来说，知识元索引的基本流程是：首先对实例进行 RDF 三元组划分，然后进行检索。知识元的描述架构为<领域，名称，内容，时间，关系，出处>，将其提取为 RDF 三元组形式时，属性名为 RDF 三元组中的谓词，主体是描述该知识元主题的知识元名，客体是具体的属性值，最终一个知识元将被拆分成七个 RDF 三元组，拆分成 RDF 三元组的好处是检索时可以利用关联数据进行搜索，结果浏览时也可以返回三元组所构成的知识元内容。关于 RDF 三元组的索引，在技术上使用的是 Lucene 提供的索引构建方法，数据来源是 MySQL 数据库，在 Eclipse 里对数据库进行读取并同时建立索引，关键代码如下：

```
…
try {
    IndexWriter writer = new IndexWriter(indexPath,new StandardAnalyzer(),true);
    // 索引存放地址,分析器,IndexWriter 不管目录内是否已经有索引,一律清空,重新建立
    …//数据库连接
    while(rs.next()){
      Document doc = new Document();
      Field zyFld = new Field("zy",rs.getString("主体"),Field.Store.YES,Field.Index.TOKENIZED);
      Field wyFld = new Field("wy",rs.getString("谓词"),Field.Store.YES,Field.Index.TOKENIZED);
```

```
        Field byFld = new Field("by",rs.getString("客体"),Field.
Store.YES,Field.Index.TOKENIZED);
        // Index.NO 不需要索引;Index.TOKENIZED
        //先被分词再被索引;Index.UN_TOKENIZED 被索引但不会被分词
        doc.add(zyFld);
        doc.add(wyFld);
        doc.add(byFld);
        writer.addDocument(doc);
}
    writer.optimize();//对索引进行优化
    writer.close();//关闭写入流对象并将索引写入目录
...
```

类索引的主要作用是保存知识元之间的粒度关系，类索引的属性有两个<上层，下层>，事实上，整个类索引展现的就是树状结构的知识结构关系，在检索时，首先是在 RDF 三元组索引内进行检索，再根据检索结果中的知识元名在类索引内进行检索。与 RDF 三元组的索引构建不同的是，类索引采用的分析器是关键词分析器，而三元组是标准分析器，因为类索引要求百分之百匹配。另外，下层属性中的属性值一般包含多个知识元名称,在构建 Field 时,每个都要建一个new Field，但是 Field 名称相同。关键代码如下：

```
...//省略与上面类似的代码
Field sFld = new Field("sc",rs.getString("实体"),Field.Store.
YES,Field.Index.TOKENIZED);
        String dfc []= rs.getString("下层实体").split("、");
        Field f[]=new Field[dfc.length];
        for(inti=0;i<dfc.length;i++){
          f[i] = new Field("fc",dfc[i],Field.Store.YES,Field.
Index.TOKENIZED);
        }
...
```

索引成功后在指定目录下会有以下文件，如图 10-2 所示。

3. 句子检索和权值

句子检索的实现需要进行词性标注及语义识别和划分，本书使用了中国科学院开发的 NLPIR 中文分词系统作为分词工具。首先，对知识元进行分词，这里操作的对象不是 RDF 三

图 10-2　索引文件

元组，而是知识元数据，因为句子检索中的句子能够提供一个相对完整的语境，知识元的六个属性值比三元组更适合对句子进行检索定位。代码如下：

```
static {
    String argu = "";
    String system_charset = "UTF-8";
    intcharset_type = 1;
    try {
        if
( ! CLibrary.Instance.NLPIR_Init(argu.getBytes(system_charset),
charset_type,"0".getBytes(system_charset))){
            System.err.println("初始化失败!");
        }
    }
    catch(UnsupportedEncodingException e){
      e.printStackTrace();
    }
}
```

知识元内容属性的分词调用关键词划分方法（NLPIR_GetKeyWords（）），NLPIR在分词时，会根据语义和词性选择出自定义词数的关键词与对应的权值，权值越大，该词的重要性在句中越高，本书选择了前14个关键词作为知识元分词结果，14个关键词已经能够较为完整地表达知识元的内容。知识元的其他五个属性直接采用Lucene标准分析器中的分词。在用户使用句子检索时，会进行最主要的权值比较。

用户使用句子检索后，所输入的句子调入后台进行处理，这里对句子的处理是 NLPIR 的另一种分词方式（nlp.main.NLPIR_ParagraphProcess（）），其会将整个句子进行词性划分和权值评价，所有词都被保留，使用这种方法的主要原因是：句子检索提供的句子词数一般有限，而且为了提高匹配的精准度，也需要尽可能多的词来与知识元关键词进行匹配。另外，因为知识元中的关键词绝大多数都是n、v、a的词性，为了提高效率，会将用户输入句子分词后的其他词性词过滤。

关于知识元属性的不同匹配方法。<领域，名称，出处>会在句子检索时调用NLPIR 的添加用户词典方法，将整词作为一个词性划分添加至 NLPIR 词库，这个方法的特点是：只在这次调用时有效，也就是说在调用结束后不会存在 NLPIR 词库，因此该方法的调用在句子检索后而非构建索引时。主要代码如下：

```
while(rs.next()){
    nlp.main.NLPIR_AddUserWord(rs.getString("领域")+"/KS1");
```

```
nlp.main.NLPIR_AddUserWord(rs.getString("名称")+"/KS2");
nlp.main.NLPIR_AddUserWord(rs.getString("出处")+"/KS4");
k++;
}
```

关于匹配和权值。知识元中的内容属性是多域检索，因为 NLPIR 在分词时已经考虑了语义问题，它所给出的无论是关键词列表还是直接分词列表的顺序已经包含单词在句中所处位置的因素，因此这里检索时可以采用 Lucene 的多域查询，可以包含整个知识元的内容关键词索引。对在不同属性域检索到的单词给予不同的权值，领域：1；名称：100；时间：2；出处：10；内容：1。权值既要考虑该属性单词出现在句中时对知识元划分的影响程度，也要考虑该属性单词在句中出现的次数问题。权值可以根据具体情况进行自定义调整。这里的关键代码以<内容>属性值的匹配为例：

```
  String regex5 = " \\S*?/[vna] ";
  Matcher m5 = Pattern.compile(regex5).matcher(nativeBytes);
  while(m5.find()){
    String sm = m5.group().substring(1,m5.group().length()-2);
    System.out.println("m5 名称: "+sm);
    Query q = null;
    try {
      q = qp5.parse(sm);
    }
    catch(ParseException e){
      e.printStackTrace();
    }
    Hits hits = indexSearcher.search(q);
    //System.out.println("该词所匹配的文件个数"+hits.length());
    //System.out.print(sm + "对应文件号: ");
    for(inti = 0;i<hits.length();i++){
      Document doc = hits.doc(i);
      if(i == hits.length()- 1){
        System.out.print(doc.get("id"));
      }
      else {
        System.out.print(doc.get("id")+"、");
```

```
        }
        score[Integer.parseInt(doc.get("id"))- 1]+=1;
    }
    System.out.println();
    scoreC[4] += 1;
}
```

4. 动态关联图

动态关联图是类索引应用的体现，它的好处是直接以可视化图形的方式表现不同粒度大小的知识单元之间的层级结构，清晰直观。其主要代码包含两个方面：CSS+JS+JSP 的图形框架代码和在类索引中进行检索的代码，后者在前者的框架里进行调用，两者结合实现动态图形的显示。对于一个知识单元，动态关联图会显示出它的上级知识单元、同级知识单元以及下级知识单元。用户如果想查看相关的知识单元，直接在图形上点击就会跳转到新知识单元的关联图。

关于类索引的检索方式，类索引中有两个属性——上级和下级，这样处理是为了尽量降低数据的依赖性，这两个属性也足够完整地构建出整个多粒度层级树。关联图和类索引是相互配合的，关联图需要三个层级的数据，在类索引处，根据知识单元的名称进行检索，分别在两个 Field 里检索便可以得到三个层级的相关数据。

以下为 JSP 中动态关联图的部分代码：

```
if(!cl[0].equals("")){%>
    <li><a href="NavSearchServlet? nav=<%=cl[0]%>"><%=cl[0]%></a>
    <ul>
    <%String s1[] = cl[2].substring(1,cl[2].length()-1).Split(",");
        for(int i=0;i<s1.length;i++){
        if(i!=0){
            s1[i] = s1[i].substring(1);
        }
        if(s1[i].equals(cl[1])){%>
            <li><a href="NavSearchServlet?nav=<%=s1[i]%> "class="search_item"><%=s1[i]%></a>
            <%if(!cl[3].equals("[]")){%>
            <ul>
            <%String s2[] =cl[3].substring(1,cl[3].length() -1).
```

```
split(",");
            System.out.println("----cl: "+cl[3]);
            for(int j=0;j<s2.length;j++){
              if(j!=0){
                s2[j] = s2[j].substring(1);
                  }
              System.out.println("下级读取测试: "+s2[j]);%>
              <li><a href="NavSearchServlet? nav=<%=s2[j]%>"><%=s2[j]%></a></li>
              <%}%>
              </ul><%
            }%>
            </li>
            <%}
```
...

5. 结果显示与浏览

基于关联数据的数字图书馆多粒度集成知识服务系统是一个 JavaWeb 项目，在 Tomcat7.0 Server 上运行。检索界面向用户提供了四种知识服务方式（简单检索（或关键词搜索）、高级检索（RDF 三元组）、句子检索和语义导航）检索入口。数字图书馆用户可以根据自己的知识需求和对知识需求的了解与把握情况，有目的地选择简单检索、高级检索、句子检索和语义导航来检索自己所需要的知识。接下来，本书将详细展示各个检索功能和检索结果。

1）关键词搜索

首先选择"关键词搜索"选项，然后在搜索框中输入用来表达用户知识需求的关键词，最后单击 Search 按钮便可以进行简单检索，如图 10-3 所示，本书以"藏书质量"为例展示关键词搜索的过程及结果。

图 10-4 向用户展示了关键词搜索的结果，从检索结果可以看出，系统向用户提供了两种检索结果的展示方式。首先，向用户直接展示了与数字图书馆用户知识需求相匹配的知识单元内容本身，即"藏书质量"的知识内容，实现了检索即所得的知识服务，用户不需要继续自己查找所需要的知识内容。此外，为满足用户对知识内容相关信息的获取，检索结果中还向用户提供了"藏书质量"这一知识内容的出处《文化学术界研究成果是完善藏书质量的导向》和刊载时间"2007-04-15"。知识内容的出处可以帮助用户获取知识的载体，方便数字图书馆用户获取知识的原始出处信息和下载全文，刊载时间可以帮助用户了解知识内容

图 10-3　关键词搜索

刊载的时间。其次，动态关联图向用户展示了"藏书质量"的相关知识内容，如粗粒度的"图书补充"，同级的"复本量""复本书""图书采购"等。由于"藏书质量"是最细粒度的知识元，因此，在动态关联图中无法展示出更细粒度的知识单元。由此可见，动态关联图不但揭示了与"藏书质量"相关联的知识节点之间的语义关系，而且以多粒度的方式向用户提供了集成知识服务，例如，数字图书馆用户不仅可以获得"藏书质量"这一知识内容，而且可以获得比"藏书质量"更粗粒度的知识"图书补充"。如果数字图书馆用户选择"图书补充"选项，就可以获得所有与"图书补充"相关的知识内容，如"藏书质量""复本量""复本书""图书采购""图书征集""选书""赠书"等知识内容，这些内容将以集成的方式反馈给数字图书馆用户。通过这种知识服务方式，数字图书馆用户不但可以获得能够满足其知识需求的特定的知识内容，而且可以把握知识内容的全貌。

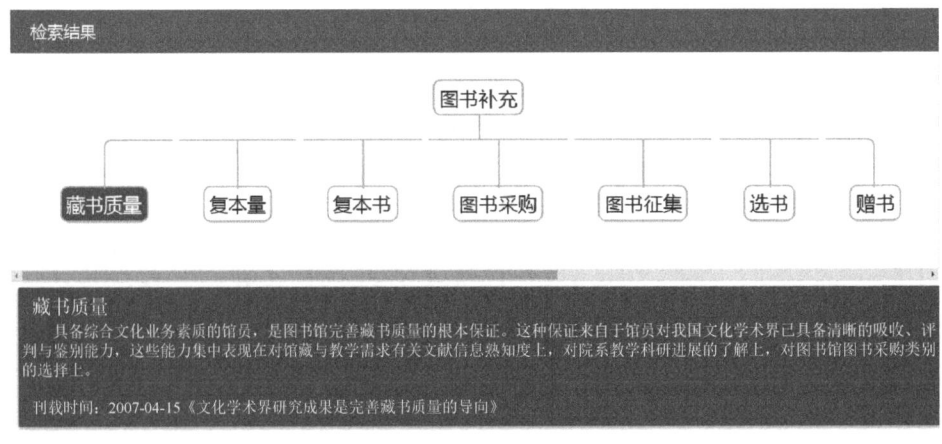

图 10-4　关键词搜索结果

2）高级检索（RDF 三元组）

在检索界面上，首先选择"高级检索（RDF 三元组）"选项，而后在搜索框中分别输入用来表达用户知识需求的主体、谓词和客体，不需要完全输入三个部分，但至少输入其中的任何一项，最后单击 Search 按钮便可以进行高级检索，如图 10-5 所示，本书以"<复本量,，文献>"为例展示高级检索的过程及结果，即用户只需在主体中输入"复本量"，在客体中输入"文献"，谓词中不输入检索词，其表达的检索含义是：在数字图书馆多粒度关联数据中，只要在三元组的主体中出现"复本量"，在客体中出现"文献"即可，两者之间可以是各种类型的关系类型。图 10-6 向用户展示了高级检索的结果。

图 10-5　高级检索（RDF 三元组检索）

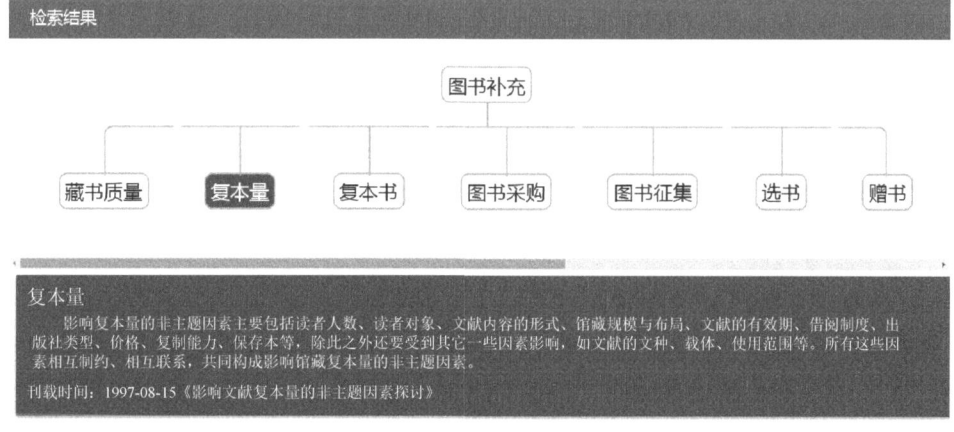

图 10-6　高级检索结果

从图 10-6 所示的高级检索的结果可以看出，与简单检索相同，高级检索也向数字图书馆用户提供了两种检索结果的展示方式。不仅向数字图书馆用户展示了相关的知识内容本身、知识载体、知识刊载时间等内容，而且以动态关联图的方式向数字图书馆用户展示了知识节点之间的关联。从检索结果可以看出，在该检索结果中，在主体（即知识元名称）中出现了"复本量"，在客体中出现了"文献"，因此是满足用户知识需求的相关的知识内容。

3）句子检索

首先在检索界面上选择"句子检索"选项，而后在搜索框中输入用来表达用户知识需求的语句，最后单击 Search 按钮便可以进行句子检索，如图 10-7 所示，本书以"同类书区分号是用以区分同类书先后次序的号码，亦称书次号，其最重要的功能是区分"为例展示句子检索的过程及结果。

图 10-7　句子检索

从图 10-8 可以看出，与简单检索相同，句子检索也向数字图书馆用户提供了两种检索结果的展示方式。不仅向数字图书馆用户展示了相关的知识内容本身、知识载体、知识刊载时间等，而且以动态关联图的方式向数字图书馆用户展示了知识节点之间的关联。从检索结果可以看出，检索结果中包含了用户输入的检索语句。

4）语义导航

语义导航在检索界面的右端，数字图书馆用户可以通过直接点击导航中的知识节点进行逐级浏览检索。当在语义导航中选择"馆藏"选项时，便可以得到如图 10-9 所示的检索结果。检索结果中，动态关联图向数字图书馆用户展示了与"馆藏"相关的知识节点。检索结果界面下方向数字图书馆用户展示了相关知识内容。

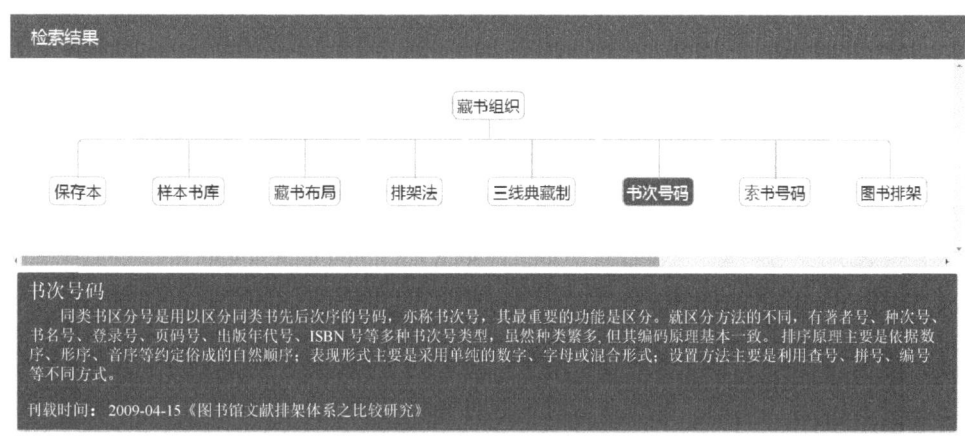

图 10-8　句子检索结果

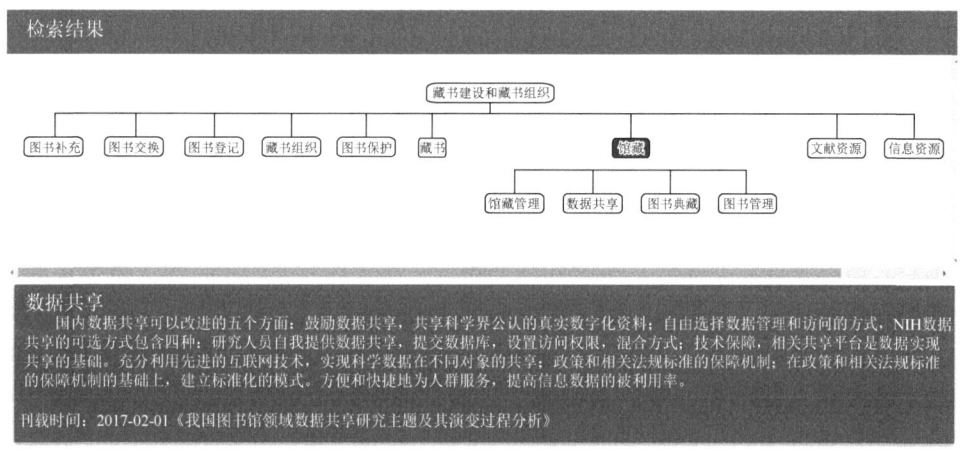

图 10-9　语义导航检索结果

5）获取原始文献

在关联图的下方是知识单元的具体内容显示，主要包括四个方面：知识单元的名称、知识单元的内容、知识单元的刊载时间和来源。其中，点击知识单元的来源可以跳转到知识载体（即知识单元的原始出处）。如图 10-10 所示，向用户展示了某次检索结果。

10.2.4　系统特点

从系统实现的过程以及检索过程和结果可以看出，数字图书馆多粒度集成知识服务原型系统的特点主要体现在以下几个方面。

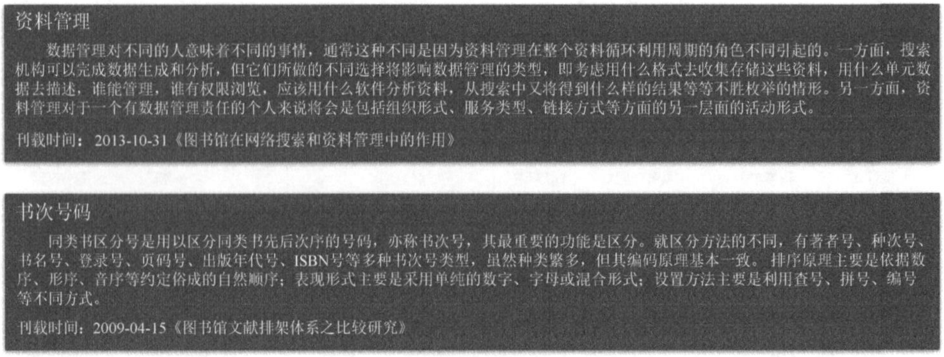

> **资料管理**
>
> 数据管理对不同的人意味着不同的事情，通常这种不同是因为资料管理在整个资料循环利用周期的角色不同引起的。一方面，搜索机构可以完成数据生成和分析，但它们所做的不同选择将影响数据管理的类型，即考虑用什么格式去收集存储这些资料，用什么单元数据去描述，谁有权限管理，谁有权限浏览，应该用什么软件分析资料，从搜索中又将得到什么样的结果等等不胜枚举的情形。另一方面，资料管理对于一个有数据管理责任的个人来说将会是包括组织形式、服务类型、链接方式等方面的另一层面的活动形式。
>
> 刊载时间：2013-10-31《图书馆在网络搜索和资料管理中的作用》

> **书次号码**
>
> 同类书区分号是用以区分同类书先后次序的号码，亦称书次号，其最重要的功能是区分。就区分方法的不同，有著者号、种次号、书名号、登录号、页码号、出版年代号、ISBN号等多种书次号类型，虽然种类繁多，但其编码原理基本一致。排序原理主要是依据数序、形序、音序等约定俗成的自然顺序；表现形式主要是采用单纯的数字、字母或混合形式；设置方法主要是利用查号、排号、编号等不同方式。
>
> 刊载时间：2009-04-15《图书馆文献排架体系之比较研究》

图 10-10　检索结果

（1）利用类索引实现多粒度知识检索。利用类索引，将不同粒度的知识单元上下关联起来，在具体进行检索时，通过不同粒度大小的知识之间的上下关联可以很方便地在不同粒度大小的知识单元之间进行跳转，从而实现面向每一个知识单元的关联检索。将类索引与知识单元内容相关联，在知识检索时就能实现多粒度检索。

（2）实现了知识单元的精准查询。以关联数据的形式对知识内容进行组织，而后基于 RDF 三元组进行查询，可以直接获得与用户知识需求相匹配的知识内容本身，而不是知识载体，从而做到精准查询，实现检索即所得，大大降低了数字图书馆用户的使用成本和负担，提高了数字图书馆用户的满意度。

（3）实现了基于句子的多粒度知识检索。首先，对数字图书馆用户输入的检索疑问句进行分析，判断是单问句还是多问句，如果是多问句，则借助问句分隔模块将多问句分隔为多个单问句；其次，对每个单问句进行分词/词性标注，并去除没有实在意义的停用词；再次，借助命名实体识别模块，识别出疑问句中包含的实体，并依据实体的个数对疑问句的类型进行划分；接着，借助依存句法分析模块对各疑问句中的元素进行依存关系分析；然后，依据疑问句中元素的依据关系及疑问词与疑问焦点的映射表提取 RDF 三元组中的元素，实现疑问句的 RDF 三元组的提取；最后将疑问句 RDF 三元组与关联数据进行匹配，完成基于句子的检索。

（4）以可视化的方式展示不同粒度的知识单元之间的关联关系。动态关联图以生动的图形来表示知识单元的关联关系，可以方便地看到知识单元的上下层级。在动态关联图中点击某个知识节点便可以实现该知识单元的检索，如果是上层知识节点，则会显示出该知识节点所包含的所有相关知识内容，同时动态关联图也会发生变化，显示该知识单元的关联关系。

10.3 系统评价方法

不同于一般的数字图书馆知识服务系统,本书提出的基于关联数据的数字图书馆多粒度集成知识服务系统由于缺乏类似的参照系统,可以作为比较的对象,因此,对其进行评价相对比较困难。为较为全面地对本书提出的基于关联数据的数字图书馆多粒度集成知识服务系统的性能进行评价,本书提出面向检索任务的两种评价方法——主观评价方法和客观评价方法,以在总体上评价本书提出的基于关联数据的数字图书馆多粒度集成知识服务系统的效果和性能。面向任务是指让数字图书馆用户完成某个检索任务,通过数字图书馆用户在完成任务时的体验、操作以及完成任务的效果来达到对本书提出的基于关联数据的数字图书馆多粒度集成知识服务系统评价的目的。基于上述分析,为尽可能覆盖数字图书馆用户多种类型的知识检索需求,本书设置了5个具体的检索任务,如表10-1所示。

表 10-1 检索任务

任务编号	检索任务
Q_1	馆际互借的定义是什么?
Q_2	馆际互借是由谁提出的?
Q_3	馆际互借与图书交换之间的关系?
Q_4	馆际互借在哪一年开始正式实施?
Q_5	如何开展馆际互借?

从表10-1可以看出,5个疑问句分别表示了5个不同的检索任务,检索任务Q_1是获取定义类型的知识;检索任务Q_2是获取事实类型的知识;检索任务Q_3是获取关系类型的知识;检索任务Q_4是获取数值型知识;检索任务Q_5是获取方法类型的知识。5个检索任务代表了数字图书馆用户不同类型的知识需求。

10.3.1 主观评价方法

主观评价方法是一种通过对数字图书馆用户的使用体验进行分析,进而达到对基于关联数据的数字图书馆多粒度集成知识服务系统性能综合评价的方法。基于关联数据的数字图书馆多粒度集成知识服务系统主观评价方法的具体流程包括以下几个步骤。

（1）本书邀请了 30 位数字图书馆用户（包括 15 位本科生、10 位硕士研究生和 5 位博士研究生）作为实验对象，对本书提出的基于关联数据的数字图书馆多粒度集成知识服务系统进行主观评价。

（2）本书挑选 3 个人们常用的知识检索工具——百度知道、百度学术、中国知网，作为参照系统，评价多粒度集成知识服务系统的使用效果。

（3）30 位实验对象分别借助三个参照系统和本书提出的多粒度集成知识服务系统完成表 10-1 所示的 5 个检索任务，并记录每个实验对象借助任一检索系统完成每个检索任务时点击鼠标的次数。

（4）完成检索任务之后，30 位实验对象被要求立即填写表 10-2 所示的使用体验表。使用体验表依据李克特 5 分法将用户的满意程度分为 5 个级别："1" 表示 "特别不满意"、"2" 表示 "不满意"、"3" 表示 "一般"、"4" 表示 "满意"、"5" 表示 "特别满意"。30 位实验对象根据自己在完成检索任务时的使用体验进行选择。

表 10-2　使用体验表

检索系统 任务编号	百度知道					百度学术					中国知网					多粒度集成知识服务				
	1	2	3	4	5	1	2	3	4	5	1	2	3	4	5	1	2	3	4	5
Q_1																				
Q_2																				
Q_3																				
Q_4																				
Q_5																				

（5）依据每位实验对象的体验得分，分别计算每个检索系统在 5 个检索任务中的用户满意度得分的归一化值（用 A 表示），具体来说，用户满意度得分的归一化值可以通过式（10-1）来求得。

$$A_i = \sum_{j=1}^{30} q_{ij} / 5 \times 30 \tag{10-1}$$

其中，i 表示所有检索任务中的第 i 个检索任务；A_i 表示第 i 个检索任务的用户体验得分的归一化值；j 表示所有实验对象中的第 j 位实验对象；q_{ij} 表示第 j 位实验对象在完成第 i 个检索任务时的体验得分。

（6）分别计算实验对象借助每个检索系统完成每个检索任务时的平均点击次数（用 B 表示），具体计算方法如式（10-2）所示：

$$B_i = \sum_{j=1}^{30} p_{ij} / 30 \tag{10-2}$$

其中，i 表示所有检索任务中的第 i 个检索任务；j 表示所有实验对象中的第 j 位实验对象；p_{ij} 表示第 j 位实验对象在完成第 i 个检索任务时的点击次数。

（7）根据实验对象对每个检索系统主观评价的体验得分的归一化值和每个检索系统的平均点击次数，对每个检索系统的性能进行定性分析，得出主观评价结果。

10.3.2 客观评价方法

与主观评价方法不同，客观评价方法不带有任何个人的感情色彩，主要是通过对基于关联数据的数字图书馆多粒度集成知识服务系统检索结果的定量分析达到对其客观评价的目的。具体来说，客观评价方法包含以下几个评价指标。

1. 查准率

基于关联数据的数字图书馆多粒度集成知识服务系统的查准率是指借助于基于关联数据的数字图书馆多粒度集成知识服务系统，准确定位数字图书馆所需知识的准确程度。一般来说，基于关联数据的数字图书馆多粒度集成知识服务系统的查准率越高，数字图书馆多粒度集成知识服务系统的服务效率越高，所提出的基于关联数据的数字图书馆多粒度集成知识服务系统也就越科学有效；反之，基于关联数据的数字图书馆多粒度集成知识服务系统的查准率越低，说明基于关联数据的数字图书馆多粒度集成知识服务系统的知识服务效率越低，越不利于数字图书馆用户通过基于关联数据的数字图书馆多粒度集成知识服务系统找到其所需要的知识，从而使得基于关联数据的数字图书馆多粒度集成知识服务系统的科学性和有效性比较低。基于关联数据的数字图书馆多粒度集成知识服务系统的查准率的计算公式可用式（10-3）来表示。

$$P = \frac{X}{Y} \times 100\% \qquad (10\text{-}3)$$

其中，P 表示基于关联数据的数字图书馆多粒度集成知识服务系统的查准率；X 表示通过基于关联数据的数字图书馆多粒度集成知识服务系统准确查找到的与用户知识需求相匹配的知识个数；Y 表示通过检索基于关联数据的数字图书馆多粒度集成知识服务系统反馈回来的所有知识的总个数。

2. 查全率

基于关联数据的数字图书馆多粒度集成知识服务系统的查全率是指借助于基于关联数据的数字图书馆多粒度集成知识服务系统找到用户所需知识的全面程度。通常来说，基于关联数据的数字图书馆多粒度集成知识服务系统的查全率越高,基于关联数据的数字图书馆多粒度集成知识服务系统的效率也就越高,越有利于数字图书馆用户借助于基于关联数据的数字图书馆多粒度集成知识服务系统获得其所需要的知识。查全率通常用从基于关联数据的数字图书馆多粒度集成知识服务系统中检索到的相关知识的个数与基于关联数据的数字图书馆多粒度集成知识服务系统中全部相关知识的总个数的百分比来表示。查全率见式(10-4):

$$R = \frac{N}{M} \times 100\% \quad (10\text{-}4)$$

其中,R 表示查全率;N 表示从基于关联数据的数字图书馆多粒度集成知识服务系统中检索到的相关知识的个数;M 表示基于关联数据的数字图书馆多粒度集成知识服务系统中全部相关知识载体的总个数。

3. F-测度

查准率和查全率是对基于关联数据的数字图书馆多粒度集成知识服务系统的直接测度,而 F-测度则是对查准率和查全率综合考虑的结果,它是通过将查准率(P)和查全率(R)两者进行加权平均,取得的均衡的结果,用 F 表示。F 度量的计算公式有多种,这里采用的是一个比较经典的计算方法:

$$F = \frac{2PR}{P+R} \times 100\% \quad (10\text{-}5)$$

上述都是对基于关联数据的数字图书馆多粒度集成知识服务系统的科学性和有效性进行评价的一些定量指标。可以依据这些定量指标达到对基于关联数据的数字图书馆多粒度集成知识服务系统性能进行客观评价的目的。

10.4 实验结果分析

10.4.1 主观评价结果及分析

依据基于关联数据的数字图书馆多粒度集成知识服务系统主观评价方法的具体流程,获得了完成不同检索任务(Q_1, Q_2, Q_3, Q_4, Q_5)时的用户平均点击次数和平均体验得分。接下来,将详细分析各个实验结果。

1. 完成检索任务 Q_1 时的实验结果及分析

图 10-11 为百度知道、百度学术、中国知网和多粒度集成知识服务系统四个知识检索系统在完成知识检索任务 Q_1 时的表现。

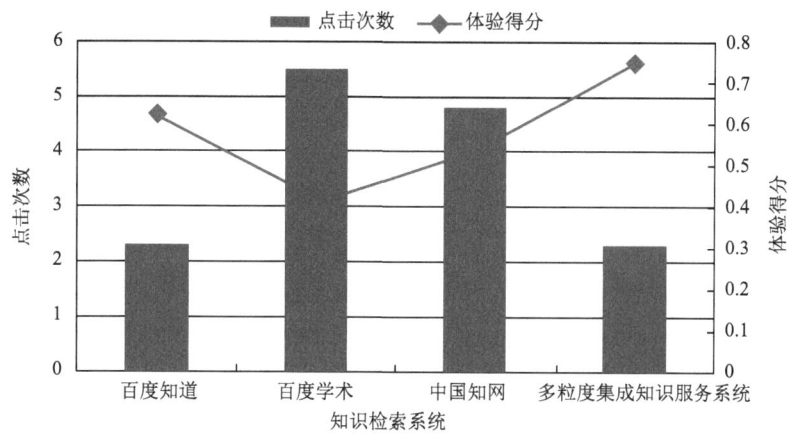

图 10-11　Q_1 实验结果

从用户体验得分来看，多粒度集成知识服务系统的用户体验得分为 0.75，得分最高，说明 30 位数字图书馆用户在完成检索任务 Q_1 时对多粒度集成知识服务系统的使用体验最好，满意度最高。百度知道的用户体验得分为 0.62，仅次于多粒度集成知识服务系统，说明 30 位数字图书馆用户在借助百度知道完成检索任务 Q_1 时也达到了较高的用户满意度。中国知网的用户体验得分为 0.53，说明 30 位数字图书馆用户在借助中国知网完成检索任务 Q_1 时的用户满意度一般。百度学术的用户体验得分为 0.41，得分最低，说明 30 位数字图书馆用户借助百度学术完成检索任务 Q_1 时满意度较低。

从点击次数来看，在借助百度学术完成检索任务 Q_1 时，30 位数字图书馆用户需要平均点击 5.5 次才能检索到满意的结果，需要的点击次数最多。在借助中国知网完成检索任务 Q_1 时，30 位数字图书馆用户需要平均点击 4.8 次才能检索到满意的结果，仅次于百度学术，需要的点击次数也较多。在借助百度知道和多粒度集成知识服务系统完成检索任务 Q_1 时，30 位数字图书馆用户只需要平均点击 2.3 次便可以检索到满意的结果，两者需要的点击次数最少。

之所以得到上述实验结果，其原因主要在于：①检索任务 Q_1 的目的是获取一个概念类型的知识，四个知识检索系统均包含这种类型的知识，因此都在一定程度上获得了较好的用户体验。②百度知道和多粒度集成知识服务系统都是直接面向知识内容本身的知识检索系统，用户可以通过它们直接获得自己所需的知识内容本身，因此，用户只需要点击较少的次数就可以获得自己所需要的知识内容，这也意味着用户使用这些知识检索系统的认知成本较低，从而获得了较高的用户体验得分，而多粒度集成知识服务系统的用户体验得分稍微高于百度知道，这是由于多粒度集成知识服务系统的知识资源来源于数字图书馆，知识资源大都经过专家的评审，质量较高，而百度知道的知识资源主要来源于网络用户，不仅网络用户的知识水平参差不齐，而且知识内容本身未经第三方审核，因此知识资源的质量无法得到保障。③百度学术和中国知网作为知识检索系统，与百度知道和多粒度集成知识服务系统不同，其向用户提供的是知识载体的线索，如文献题名、摘要、作者、出版年等信息，用户若想获得他们所需的知识内容，需要进一步依据这些信息获取知识载体（文献），然后通过用户对文献的阅读定位查找自己所需要的知识，这不仅意味着用户要通过多次点击才能获取自己所需要的知识，而且这也无形中增加了用户的认知负担和成本，使得用户体验得分比较低，即用户对它们的满意度较差。④与使用中国知网相比，数字图书馆用户通过百度学术完成检索任务 Q_1 需要的点击次数略高，这是由于中国知网作为知识检索系统，不仅可以获得知识载体的线索，而且可以依据该线索信息从系统中直接获得知识载体本身，然而在百度学术中，在大多数情况下，检索得到的是二次文献，若要获得知识载体本身，需要进一步链接到其他知识检索系统，如中国知网、万方数据知识服务平台等。

2. 完成检索任务 Q_2 时的实验结果及分析

图 10-12 为百度知道、百度学术、中国知网和多粒度集成知识服务系统四个知识检索系统在完成知识检索任务 Q_2 时的表现。

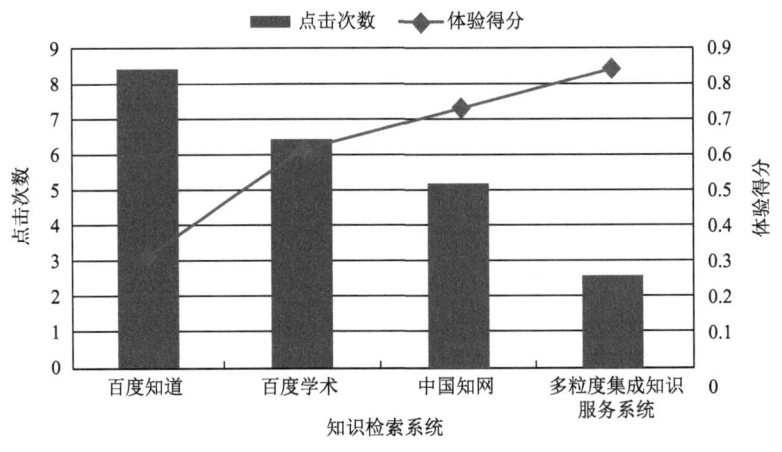

图 10-12　Q_2 实验结果

从用户体验得分来看，多粒度集成知识服务系统的用户体验得分为 0.85，得分最高，说明 30 位数字图书馆用户在完成检索任务 Q_2 时对多粒度集成知识服务系统的使用体验最好，满意度最高。中国知网和百度学术的用户体验得分分别为 0.73 和 0.61，说明 30 位数字图书馆用户在借助中国知网和百度学术完成检索任务 Q_2 时的用户满意度较高。百度知道的用户体验得分为 0.32，得分最低，说明 30

位数字图书馆用户借助百度知道完成检索任务 Q_2 时满意度较低。

从点击次数来看,在借助百度知道完成检索任务 Q_2 时,30 位数字图书馆用户需要平均点击 8.4 次,需要的点击次数最多。在借助中国知网和百度学术完成检索任务 Q_2 时,30 位数字图书馆用户需要平均点击分别为 5.2 次和 6.4 次才能检索到满意的结果,仅次于百度知道,需要的点击次数也较多。在借助多粒度集成知识服务系统完成检索任务 Q_2 时,30 位数字图书馆用户只需要平均点击 2.6 次便可以检索到满意的结果,需要的点击次数最少。

之所以得到上述实验结果,其原因主要在于:①检索任务 Q_2 的目的是获取一个事实类型的知识,专业化程度很高,而百度知道作为一种通用知识检索系统,未能检索到相关知识内容,因此,不但用户的平均体验得分最低,而且需要的平均点击次数也最多。②中国知网和百度学术作为专业的知识检索系统收录了大量的专业知识内容,因此可以检索到相关的知识内容,用户的平均体验得分较高,用户满意度较高。③与中国知网和百度学术不同,多粒度集成知识服务系统是直接面向知识内容本身的知识检索系统,用户可以通过它们直接获取自己所需的知识内容本身,因此,用户只需要点击较少的次数就可以获得自己所需要的知识,而中国知网和百度学术由于获得的是知识线索,用户获取知识需要较多的点击次数,从而使得多粒度集成知识服务系统获得了比中国知网和百度学术更高的用户体验得分。

3. 完成检索任务 Q_3 时的实验结果及分析

图 10-13 为百度知道、百度学术、中国知网和多粒度集成知识服务系统四个知识检索系统在完成知识检索任务 Q_3 时的表现。

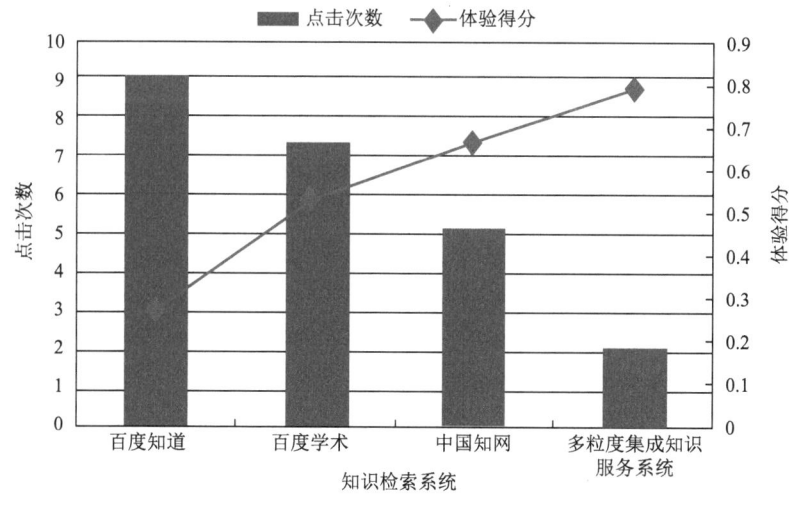

图 10-13　Q_3 实验结果

从用户体验得分来看，多粒度集成知识服务系统的用户体验得分为 0.79，得分最高，说明 30 位数字图书馆用户在完成检索任务 Q_3 时对多粒度集成知识服务系统的使用体验最好，满意度最高。中国知网和百度学术的用户体验得分分别为 0.66 和 0.53，说明 30 位数字图书馆用户在借助中国知网和百度学术完成检索任务 Q_3 时的用户满意度一般。百度知道的用户体验得分为 0.28，得分最低，说明 30 位数字图书馆用户借助百度知道完成检索任务 Q_3 时满意度较低。

从点击次数来看，在借助百度知道完成检索任务 Q_3 时，30 位数字图书馆用户需要平均点击 9.2 次，需要的点击次数最多。在借助中国知网和百度学术完成检索任务 Q_3 时，30 位数字图书馆用户需要平均点击次数分别为 5.2 次和 7.4 次才能检索到满意的结果，仅次于百度知道，需要的点击次数也较多。在借助多粒度集成知识服务系统完成检索任务 Q_3 时，30 位数字图书馆用户只需要平均点击 2.1 次便可以检索到满意的结果，需要的点击次数最少。

检索任务 Q_3 是获取关系类型的知识，专业化程度很高，之所以得到上述实验结果，通过分析发现主要原因与完成检索任务 Q_2 基本相同，因此，在这里就不再赘述。不同之处在于，用户在借助百度知道完成检索任务 Q_3 时的平均体验得分进一步降低，用户平均点击次数则进一步提高，原因主要在于百度知道较少收录关系类型的知识，用户很难检索到相关的知识内容，而且也没有向用户提供描述关系类型知识需求的检索接口，因此用户的体验得分较低，平均点击次数较高。此外，百度学术的平均用户体验得分和平均点击次数表现出与百度知道相同的变化趋势，主要原因在于百度知道提供的检索方式过于单一，很难帮助用户描述表达关系类型的知识需求。而中国知网和多粒度集成知识服务系统都提供了描述关系类型知识需求的检索方式，因此用户体验较好，平均点击次数较少。

4. 完成检索任务 Q_4 时的实验结果及分析

图 10-14 为百度知道、百度学术、中国知网和多粒度集成知识服务系统四个知识检索系统在完成知识检索任务 Q_4 时的表现。

从用户体验得分来看，多粒度集成知识服务系统的用户体验得分为 0.90，得分最高，说明 30 位数字图书馆用户在完成检索任务 Q_4 时对多粒度集成知识服务系统的使用体验最好，满意度最高。中国知网和百度学术的用户体验得分分别为 0.53 和 0.41，说明 30 位数字图书馆用户在借助中国知网和百度学术完成检索任务 Q_4 时的用户满意度一般。百度知道的用户体验得分为 0.12，得分最低，说明 30 位数字图书馆用户借助百度知道完成检索任务 Q_4 时满意度较低。

从点击次数来看，在借助百度知道完成检索任务 Q_4 时，30 位数字图书馆用户需要平均点击 10.3 次，需要的点击次数最多。在借助中国知网和百度学术完成检索任务 Q_4 时，30 位数字图书馆用户需要分别平均点击为 5.4 次和 6.5 次才能检索到满意的结果,仅次于百度知道,需要的点击次数也较多。在借助多粒度集成知识服务系统完成检索任务 Q_4 时,30 位数字图书馆用户只需要平均点击 2.2 次便可以检索到满意的结果,需要的点击次数最少。

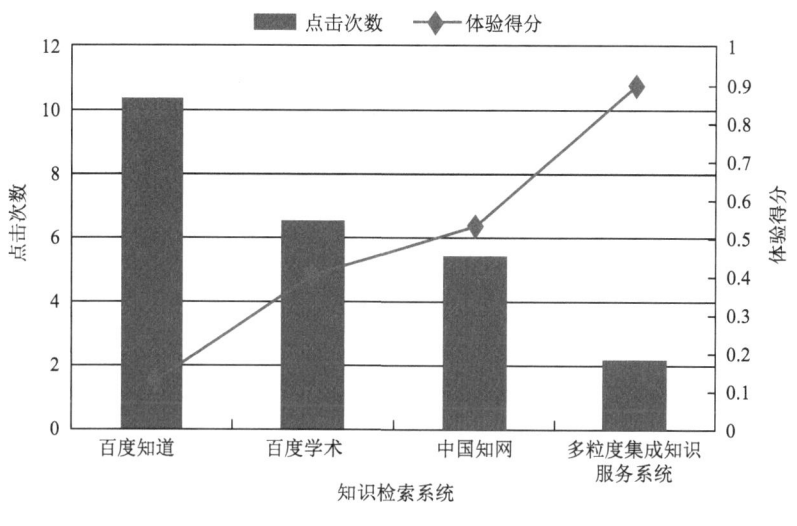

图 10-14 Q_4 实验结果

之所以得到上述实验结果,其原因主要在于:①检索任务 Q_4 的目的是获取一个数值类型的知识,专业化程度较高,只能在百度学术、中国知网和多粒度集成知识服务系统中检索得到,而在百度知道中虽然用户花费了较多的点击次数也未能检索到所需要的知识,因此,百度知道的平均用户体验得分较低。②借助中国知网和百度学术虽然可以完成检索任务 Q_4,但是,由于中国知网和百度学术均是基于字符匹配的检索方式,无法揭示数值知识的数值对象、数值、单位等之间的语义关系,而多粒度集成知识服务系统则可以通过 RDF 三元组揭示数值知识的语义关系,用户不仅可以通过高级检索以语义的方式表达自己的知识需求,检索得到自己所需要的数值类型的知识,而且也可以直接通过句子检索表达自己的知识需求,获取自己所需要的数值类型的知识,因此,在获取数值类型的知识时,多粒度集成知识服务系统表现出了比中国知网和百度学术更加突出的优势,用户只需要花费较少的平均点击次数就可以获得所需要的知识,因此多粒度集成知识服务系统的平均用户体验得分远高于中国知网和百度学术。

5. 完成检索任务 Q_5 时的实验结果及分析

图 10-15 为百度知道、百度学术、中国知网和多粒度集成知识服务系统四个知识检索系统在完成知识检索任务 Q_5 时的表现。

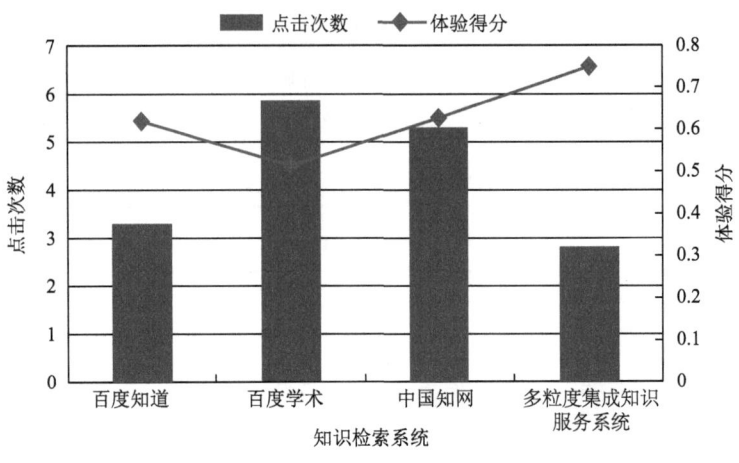

图 10-15　Q_5 实验结果

从用户体验得分来看，多粒度集成知识服务系统的用户体验得分为 0.75，得分最高，说明 30 位数字图书馆用户在完成检索任务 Q_5 时对多粒度集成知识服务系统的使用体验最好，满意度最高。百度知道和中国知网的用户体验得分分别为 0.62 和 0.63，仅次于多粒度集成知识服务系统，说明 30 位数字图书馆用户在借助百度知道和中国知网完成检索任务 Q_5 时也达到了较高的用户满意度。百度学术的用户体验得分为 0.51，说明 30 位数字图书馆用户在借助中国知网完成检索任务 Q_5 时的用户满意度一般。

从点击次数来看，在借助百度学术完成检索任务 Q_5 时，30 位数字图书馆用户需要平均点击 5.9 次才能检索到满意的结果，需要的点击次数最多。在借助中国知网完成检索任务 Q_5 时，30 位数字图书馆用户需要平均点击 5.3 次才能检索到满意的结果，仅次于百度学术，需要的点击次数也较多。在借助百度知道和多粒度集成知识服务系统完成检索任务 Q_5 时，30 位数字图书馆用户只需要分别平均点击 3.3 次和 2.8 次便可以检索到满意的结果，两者需要的点击次数最少。

之所以得到上述实验结果，其原因主要在于：①检索任务 Q_5 的目的是获取一个方法类型的知识，四个知识检索系统均包含这种类型的知识，因此都在一定程度上获得了较好的用户体验。②百度知道和多粒度集成知识服务系统都是直接面向知识内容本身的知识检索系统，用户可以通过它们直接获得自己所需的知识内容本身，因此，用户只需要点击较少的次数就可以获得自己所需要的知识，这也意味着用户使用这些知识检索系统的认知成本较低，从而获得了较高的用户体验得分。③虽然中国知网与百度知道和多粒度集成知识服务系统相比需要较多的点击次数才能获得用户所需要的方法类型的知识，但是仍然获得了较高的平均用户体验得分，而且平均用户体验得分虽然低于多粒度集成知识服务系统，但高于百度知道，这是由于中国知网收录的大都是学术类型的数字资源，包含了大量的方法类型的知识，而且几乎所有方法均经过了实验验证，方法知识的质量较高，因此，尽管需要较多的平均点击次数才能获得所需要的知识，但中国知网仍然获得了较高的平均用户体验得分。④在借助多粒度集成知识服务系统完成检索任务 Q_5 时，其仍然获得了最高的平均用户体验得分，这是由于，多粒度集成知识服务系统不仅包含大量的高质量的方法类型的知识资源，而且揭示了方法知识资源之间的逻辑关系。

10.4.2 客观评价结果及分析

与主观评价方法不同，客观评价方法不带有任何个人的感情色彩，主要是通过对基于关联数据的数字图书馆多粒度集成知识服务系统的查准率、查全率和 F-测度的值的定量分析达到对其客观评价的目的。由于缺乏类似的参照系可以作为比较的对象，因此，本书提出面向任务的客观评价方法，让用户分别完成表 10-1 所示的检索任务，得到基于关联数据的数字图书馆多粒度集成知识服务系统三种检索功能（简单检索、高级检索和句子检索）的平均查准率、查全率和 F-测度的实验结果如表 10-3 所示。

表 10-3 客观评价实验结果

检索功能	查准率	查全率	F-测度
简单检索	74%	83%	78%
高级检索	88%	76%	82%
句子检索	92%	66%	77%
平均值	85%	75%	79%

从表 10-3 所示的客观评价实验结果可以看出，在查准率方面，句子检索的查准率最高为 92%，其次是高级检索，其查准率为 88%，简单检索的查准率最低为 74%；在查全率方面，简单检索的查全率最高为 83%，其次是高级检索，其查全率为 76%，句子检索的查全率最低，其查全率为 66%；在 F-测度值方面，高级检索的 F-测度值最高（F-测度值=82%），其次是简单检索（F-测度值=78%），句子检索的 F-测度值最低（F-测度值=77%）。在简单检索、高级检索和句子检索的平均值方面，三者的查准率的平均值为 85%，查全率的平均值为 75%，F-测度的平均值为 79%。

之所以得到上述实验结果，其原因主要在于：①在简单检索中用户只输入一个或多个检索词来表达自己的知识需求，缺乏相应的语境和语义信息，虽然在本书中通过用户认知结构的挖掘在一定程度上克服了简单检索的语境和语义缺失问题，但由于用户的知识需求又会随着其所处情境的变化而不断变化,从而导致简单检索的查准率较低。然而,由于借助了用户认知结构对用户的检索式进行语义化扩展,简单检索的查全率较高。②在高级检索中用户可以通过三元组(<主体,谓词,客体>)来表达自己的知识需求,与简单检索相比,在表达用户需求方面更为准确,因此获得了较高的查准率,此外,由于用户在通过三元组表达自己知识需求时,可以进行一定的族性检索,如用户可以只在主体和客体中输入用来表达自己知识需求的检索词,便可以获取在主体和客体中包含检索词的各种关系类型的知识资源,不管主体与客体之间是什么关系类型,因此查全率相对较高。③在句子检索中,用户可以通过输入一个检索语句来表达自己的知识需求,与简单检索和高级检索相比,能够更加准确地表达用户此时此刻的知识需求,因此句子检索的查准率最高,然而由于检索语句中包含的语义较为丰富,检索的限制条件包含的也最多,句子检索的查全率相对较低。④从 F-测度值来看,高级检索的 F-测度值最高,说明高级检索的综合表现最好,句子检索的 F-测度值最低,说明句子检索的综合表现一般,而简单检索的 F-测度值比句子检索稍高,说明与高级检索相比,简单检索的综合表现也一般。⑤从简单检索、高级检索和句子检索的平均值来看,无论查准率平均值、查全率平均值,还是 F-测度的平均值都高于70%,因此,尽管本书提出的基于关联数据的数字图书馆多粒度集成知识服务系统存在一定的缺陷,但在总体上仍然达到了较高的查全率、查准率和 F-测度值,在一定程度上验证了基于关联数据的数字图书馆多粒度集成知识服务系统的科学性和有效性。

参考文献

[1] 唐晓波, 魏巍. 知识融合：大数据时代知识服务的增长点[J]. 图书馆学研究, 2015（5）: 9-14.

[2] Floridi L. Big data and their epistemological challenge[J]. Philosophy & Technology, 2012, 25（4）: 435-437.

[3] 付苓. 面向大数据的单元信息知识组织体系建设框架[J]. 情报理论与实践, 2016, 39（6）: 96-98.

[4] 段伟文. 大数据知识发现的本体论追问[J]. 哲学研究, 2015（11）: 114-119.

[5] 林海伦, 王元卓, 贾岩涛, 等. 面向网络大数据的知识融合方法综述[J]. 计算机学报, 2017, 40（1）: 1-27.

[6] 吴信东, 何进, 陆汝钤, 等. 从大数据到大知识: HACE+BigKE[J]. 自动化学报, 2016, 42（7）: 3-6.

[7] Clair G S. Knowledge services: your company's key to performance excellence[J]. Information Outlook, 2001（66）: 6-12.

[8] Abernethy N F, Altman R B. Sophia: providing basic knowledge services with a common DBMS[C]. Proceedigns of the 5th KRDB workshop, Seattle, 1998.

[9] Serenko A, Dumay J. Citation classics published in knowledge management journals. Part II: studying research trends and discovering the google scholar effect[J]. Journal of Knowledge Management, 2015, 19（6）: 1335-1355.

[10] Hipp C. Knowledge-intensive business services in the new mode of knowledge production[J]. AI and Society, 1999, 13（1/2）: 88-106.

[11] Stock W G. Informational cities: analysis and construction of cities in the knowledge society[J]. Journal of the American Society for Information Science and Technology, 2011, 62（5）: 963-986.

[12] Clair G S. Knowledge Services—A Strategic Framework for the 21st Century Organization[M]. München: De Gruyter Saur, 2016.

[13] Herrera G. Google scholar users and user behaviors: an exploratory study[J]. College & Research Libraries, 2011, 72（4）: 316-330.

[14] Rowley J. Should your library have an innovation strategy[J]. Library Management, 2011, 32（4/5）: 251-265.

[15] 李娜, 瞿海燕, 鲁景亮. 美国研究型图书馆基于科学数据的知识服务实践[J]. 情报资料工作, 2015, 36（3）: 79-82.

[16] Islam M A, Agarwal N K, Ikeda M. How does knowledge management affect service innovation in academic libraries？: a survey study[J]. Proceedings of the Association for

Information Science & Technology, 2016, 52 (1): 1-4.
- [17] Olsen F. 2 digital libraries in california form partnership to expand services[J]. Chronicle of Higher Education, 2000, 46 (43): A41.
- [18] Turner A, Fraser V, Gray J A M, et al. A first class knowledge service: developing the national electronic library for health[J]. Health Information & Libraries Journal, 2002, 19 (3): 133-45.
- [19] Guo D M, Wang L L, Song X, et al. Based on micro letter of library reference service research of medicine[J]. Journal of Library & Information Sciences in Agriculture, 2014, 26 (10): 212-214.
- [20] Sheth A. From semantic search & integration to analytics[C]. Proceedings of Semantic Interoperability and Integration 04391, Dagstuhl, 2005.
- [21] Chirumalla K. Managing knowledge for product-service system innovation: the role of Web 2.0 technologies[J]. Research-Technology Management, 2013, 56 (2): 45-53.
- [22] Marciniak K, Owoc M L. Applying of knowledge grid models in smart city concepts[J]. Proceedings of the 6th Knowledge Cities World Summit KCWS, 2013: 238-244.
- [23] Georgolios P, Kafentzis K, Mentzas G. Knowledge provision with intelligent e-services[J]. International Journal of Intelligent Systems, 2007, 22 (5): 501-518.
- [24] 任萍萍. 国内图书馆知识服务研究综述（1999-2011）[J]. 图书情报工作, 2012, 56 (7): 5-10.
- [25] 李霞, 樊治平, 冯博, 等. 知识型客户服务机构的知识库构建研究[J]. 科学学与科学技术管理, 2007 (8): 92-96, 102.
- [26] 戚建林. 论图书情报机构的信息服务与知识服务[J]. 河南图书馆学刊, 2003 (2): 37-38.
- [27] 周晓梅. 基于知识服务的高校图书馆管理[J]. 晋图学刊, 2010 (1): 14-15, 25.
- [28] 陈英群. 知识服务的主要特征及其发展趋势[J]. 河南图书馆学刊, 2002 (6): 41-44.
- [29] 秦晓珠, 李晨晖, 麦范金. 大数据知识服务的内涵、典型特征及概念模型[J]. 情报资料工作, 2013 (2): 18-22.
- [30] 靳红, 罗彩冬, 袁立强, 等. 高校图书馆知识服务模式的比较研究[J]. 中国图书馆学报, 2004 (6): 60-62.
- [31] 吴晨生, 李辉, 付宏, 等. 情报服务迈向 3.0 时代[J]. 情报理论与实践, 2015, 38 (9): 1-7.
- [32] 黄如花, 李白杨, 饶雪瑜. 面向新型智库建设的知识服务: 图书情报机构的新机遇[J]. 图书馆, 2015 (5): 6-9.
- [33] 李晨晖, 崔建明, 陈超泉. 大数据知识服务平台构建关键技术研究[J]. 情报资料工作, 2013 (2): 29-34.
- [34] 李小莉. 浅谈公共图书馆知识管理与知识服务[J]. 图书馆理论与实践, 2011 (1): 73-74.
- [35] 于佳任. 大数据知识服务平台构建关键技术研究[J]. 科研, 2016 (3): 184-185.
- [36] Voss C. Operations management in service industries and the public sector[J]. European Journal of Operational Research, 1986, 23 (3): 413.
- [37] 鲁玉峰, 刘家欣. 复杂异构信息系统下知识服务方法的研究[J]. CAD/CAM 与制造业信息化, 2014 (9): 22-24.
- [38] 景璟. 基于知识管理的图书馆知识服务系统分析与设计[J]. 中国信息界, 2012 (4): 58-61.

[39] 李明理. 从知识管理到知识服务：学术信息数据库的发展转型[J]. 情报资料工作，2014，35（2）：67-70.

[40] 范炜. 走向开放关联的图书馆数据[J]. 图书情报知识，2012（3）：94-102.

[41] 汤利光. 基于开放知识服务的图书馆存在构想[J]. 图书馆，2015（2）：1-6.

[42] 杨光，毋晓刚. 基于Web2.0的图书馆个性化知识服务的应用策略[J]. 图书情报工作，2010，54（S2）：251-254.

[43] 杨颖，崔雷，郭继军，等. 大数据时代图书馆知识服务的创新[J]. 医学信息学杂志，2014，35（4）：63-66.

[44] 温有奎. 知识元挖掘[M]. 西安：西安电子科技大学出版社，2005.

[45] 甘克勤，计雄飞，于钢. 标准大数据实践（3）——知识关联组织[J]. 标准科学，2016（3）：15-18.

[46] Quine W V. Main trends in recent philosophy：two dogmas of empiricism[J]. The Philosophical Review，1951：20-43.

[47] 周维刚. 论还原方法与还原论[J]. 系统科学学报，2005，13（1）：48-51.

[48] Bertalanffy L V. General System Theory[M]. New York：George Braziller，1968：40.

[49] O'Neill M，Sutcliffe R F E，Ryan C，et al. Artificial Intelligence and Cognitive Science[M]. Berlin：Springer，2002：1-247.

[50] Pinker S. How the mind works[J]. Philosophy of Science，1999，66（3）：119-127.

[51] Sowa J F. Conceptual Structures：Information Processing in Mind and Machine[M]. Reading：Addison Wesley，1984.

[52] 张清华. 分层递阶粒计算理论及其应用研究[D]. 成都：西南交通大学，2009.

[53] Zadeh L A. Toward a theory of fuzzy information granulation and its centrality in human reasoning and fuzzy logic[J]. Fuzzy Sets & Systems，1997，90（2）：111-127.

[54] 张清华，周玉兰，滕海涛. 基于粒计算的认知模型[J]. 重庆邮电大学学报自然科学版，2009，21（4）：494-501.

[55] Ausubel D G. Cognitive structure and the facilitation of meaningful verbal learning1[J]. Journal of Teacher Education，1963，14（2）：217-222.

[56] Qian X S，Yu J Y，Dai R W. A new discipline of science-open complex giant system and its methodology[J]. Nature Magazine，1990，13：3-11.

[57] Friedman N. Inferring cellular networks using probabilistic graphical models[J]. Science，2004，303（5659）：799-805.

[58] Clauset A，Moore C，Newman M E J. Hierarchical structure and the prediction of missing links in networks[J]. Nature，2008，453（7191）：98-101.

[59] Yao Y. Structured writing with granular computing strategies[C]//2007 IEEE International Conference on Granular Computing（GRC 2007）. IEEE，2007：72.

[60] Belkin N J. Anomalous states of knowledge as a basis for information retrieval[J]. Canadian Journal of Information Science，1980，5（1）：133-143.

[61] 徐如镜. 开发知识资源，发展知识产业，服务知识经济[J]. 现代图书情报技术，2002（S1）：6-8.

[62] 马费成. 情报学的进展与深化[J]. 情报学报，1996（5）：337-343.

[63] 刘新,王泰森. 学习型知识元数据库链接理论研究[J]. 图书馆学研究,2009（11）：25-28.
[64] 张亮,杨溢. 论基于三维包络灰预测与知识元理论的图书馆文献采购优化[J]. 图书馆学研究,2013（8）：45-48.
[65] 姜永常,杨宏岩,张丽波. 基于知识元的知识组织及其系统服务功能研究[J]. 情报理论与实践,2007,30（1）：37-40.
[66] 文庭孝,侯经川,龚蛟腾,等. 中文文本知识元的构建及其现实意义[J]. 中国图书馆学报,2007,33（6）：91-95.
[67] 温有奎,徐国华. 知识元链接理论[J]. 情报学报,2003,22（6）：665-670.
[68] 温有奎,温浩,徐端颐,等. 基于知识元的文本知识标引[J]. 情报学报,2006,25（3）：282-288.
[69] 张静,刘延申,卫金磊. 论中小学多媒体知识元库的建设[J]. 现代教育技术,2005,15（5）：68-71.
[70] 柯平,王平. 从信息构建到知识构建：基于知识构建的第二代知识管理[J]. 图书情报工作,2004,48（6）：20-24.
[71] 卡尔·波普尔. 客观知识：一个进化论的研究[M]. 舒炜光,卓如飞,周柏桥,等译. 上海：上海译文出版社,2015.
[72] 刘值惠. 知识基因探索（一）：第一讲 知识基因的涵义及其特征[J]. 情报理论与实践,1998,21（1）：62-64.
[73] 李伯文. 论科学的"遗传"和"变异"[J]. 科学学与科学技术管理,1985（10）：21-25.
[74] Dewey J. How We Think[M]. Lexington：D.C.Heath,1910：68-78.
[75] Taylor R S. Question-negotiation and information seeking in libraries[J]. College and Research Libraries,1986,（29）：178-194.
[76] Artandi S. Informaiton concepts and their utility[J]. Journal of the American Society for Information Science,1973,（24）：242-245.
[77] Dervin B. Strategies for dealing with human information needs：information or communication？[J]. Journal of Broadcasting & Electronic Media,1976,20（3）：323-333.
[78] 蒋志辉,周兆雄. 建构主义的意义建构本质解析[J]. 高等继续教育学报,2011,24（3）：24-26.
[79] 陈琦,张建伟. 建构主义学习观要义评析[J]. 华东师范大学学报（教育科学版）,1998（1）：61-68.
[80] 邢金阁,张宏伟. 浅析建构主义学习理论在网络课程开发中的应用[J]. 东北农业大学学报（社会科学版）,2009,7（3）：58-60.
[81] 李雅玲. 建构主义学习理论与教师角色定位[J]. 中国成人教育,2009（16）：116-117.
[82] Savolainen R. Information use as gap-bridging：the viewpoint of sense-making methodology[J]. Journal of the American Society for Information Science and Technology,2006,57（8）：1116-1125.
[83] Kari J. Making sense of sense-making：from metatheory to substantive theory in the context of paranormal information seeking[C]//Nordis-Net workshop：（Meta）theoretical stands in studying library and information institutions：individual,organizational and societal aspects,Oslo,Norway. 1998：12-15.

[84] Halliday M A K, Hasan R. Cohesion in English[M]. London: Routledge, 1976.
[85] Morris J, Hirst G. Lexical cohesion computed by thesaural relations as an indicator of the structure of text[J]. Computational Linguistics, 1991, 17 (1): 21-48.
[86] 单永明. 汉语文本形式结构分析及其标引算法[J]. 中文信息学报, 2002 (2): 14-19, 26.
[87] 石晶. 文本分割综述[J]. 计算机工程与应用, 2006, 42 (35): 155-159.
[88] Reynar J C. An automatic method of finding topic boundaries[C]//Proceedings of the 32nd Annual Meeting on Association for Computational Linguistics. Stroudsburg: Association for Computational Linguistics, 1994: 331-333.
[89] Reynar J C. Topic segmentation: algorithms and applications[D]. Philadelphia: University of Pennsylvania, 1998: 66.
[90] Kozima H. Text segmentation based on similarity between words[C]//Proceedings of the 31st Annual Meeting on Association for Computational Linguistics. Stroudsburg: Association for Computational Linguistics, 1993: 286-288.
[91] Hearst M A. TextTiling: a quantitative approach to discourse segmentation[R]. University of California, Berkeley, Sequoia, 1993.
[92] Hearst M A. TextTiling: segmenting text into multi-paragraph subtopic passages[J]. Computational Linguistics, 1997, 23 (1): 33-64.
[93] 高勇. 基于 TextTiling 的中文文本分割技术[D]. 沈阳: 东北大学, 2006.
[94] Bellman R E. Dynamic Programming[M]. Princeton: Princeton University Press, 1957.
[95] 郑妍. 基于内容的文本分割关键技术[D]. 沈阳: 东北大学, 2008.
[96] Fragkou P, Petridis V, Kehagias A. A dynamic programming algorithm for linear text segmentation[J]. Journal of Intelligent Information Systems, 2004, 23 (2): 179-197.
[97] Choi F Y Y, Wiemerhastings P, Moore J. Latent semantic analysis for text segmentation[J]. Proceedings of Emnlp, 2001, 4 (3): 109-117.
[98] Grosz B J, Sidner C L. Attention, intentions, and the structure of discourse[J]. Computational Linguistics, 1986, 12 (3): 175-204.
[99] Levow G A. Prosody-based topic segmentation for mandarin broadcast news[C]//Proceedings of HLT-NAACL 2004: Short Papers. Stroudsburg: Association for Computational Linguistics, 2004: 137-140.
[100] Beeferman D, Berger A, Lafferty J. Statistical models for text segmentation[J]. Machine Learning, 1999, 34 (1): 177-210.
[101] 钟茂生. 文本主题分割技术的研究进展[C]//第三届全国信息检索与内容安全学术会议. 苏州: 中国中文信息学会, 2007: 76-83.
[102] Blei D M, Moreno P J. Topic segmentation with an aspect hidden Markov model[C]//Proceedings of the 24th Annual International ACM SIGIR Conference on Research and Development in Information Retrieval. New York: ACM, 2001: 343-348.
[103] 徐超. 基于语言模型的文本分割研究[D]. 杭州: 杭州电子科技大学, 2015.
[104] Utiyama M, Isahara H. A statistical model for domain-indcpendent text segmentation[C]//Proceedings of the 39th Annual Meeting on Association for Computational Linguistics. Stroudsburg: Association for Computational Linguistics, 2001: 499-506.

[105] Hearst M A. Context and structure in automated full-text information access[D]. Berkeley: University of California at Berkeley, 1994.

[106] Ji X, Zha H. Domain-independent text segmentation using anisotropic diffusion and dynamic programming[C]//Proceedings of the 26th Annual International ACM SIGIR Conference on Research and Development in Informaion Retrieval. New York: ACM, 2003: 322-329.

[107] Yaari Y. Segmentation of expository texts by hierarchical agglomerative clustering[J]. Computer Science, 1999, 26 (9): 1-7.

[108] Eisenstein J. Hierarchical text segmentation from multi-scale lexical cohesion[C]//Proceedings of Human Language Technologies: The 2009 Annual Conference of the North American Chapter of the Association for Computational Linguistics. Stroudsburg: Association for Computational Linguistics, 2009: 353-361.

[109] Brill E. Some advances in transformation-based part of speech tagging[J]. arXiv preprint cmp-lg/9406010, 1994: 722-727.

[110] Porter M F. An algorithm for suffix stripping[J]. Program, 1980, 14 (3): 130-137.

[111] Madsen R E, Kauchak D, Elkan C. Modeling word burstiness using the Dirichlet distribution[C]//Proceedings of the 22nd International Conference on Machine Learning. New York: ACM, 2005: 545-552.

[112] Teh Y W, Newman D, Welling M. A collapsed variational Bayesian inference algorithm for latent Dirichlet allocation[C]. Proceedings of the Conference on Advances in Neural Information Processing Systems. DBLP, Vancouver, Columbia, 2006: 1353-1360.

[113] Minka T P. Estimating a Dirichlet distribution[J]. UAI-2002, 2003, 39 (3273): 115.

[114] Liu D C, Nocedal J. On the limited memory BFGS method for large scale optimization[J]. Mathematical Programming, 1989, 45 (1): 503-528.

[115] 张功杰, 黄穗. 基于本体的语义标引研究与实现[J]. 计算机工程与设计, 2008, 29 (8): 2078-2080.

[116] 尹锋. LSI 潜在语义标引方法在情报检索中的应用[J]. 现代图书情报技术, 1998, 14 (4): 19-21.

[117] 马琳. 语义对等网及其知识资源检索研究[D]. 西安: 西安电子科技大学, 2014.

[118] 李学庆. 本体论在语义标引中的应用[J]. 农业图书情报学刊, 2010, 22 (8): 175-176, 182.

[119] 温立东, 黄上腾. 基于 DTD 的 XML 文档到关系模式的映射规则研究[J]. 计算机工程与应用, 2006, 42 (24): 164-166, 173.

[120] 秦春秀. 基于本体的 Web 信息检索系统及其关键技术研究[D]. 西安: 西安电子科技大学, 2005.

[121] 徐振宁. 基于本体的 Web 数据语义信息的表示与处理方法研究[D]. 长沙: 中国人民解放军国防科学技术大学, 2002.

[122] 侯双双. 基于本体的语义索引技术研究[D]. 上海: 华东师范大学, 2015.

[123] 张功杰. 基于本体的领域资源语义检索研究[D]. 广州: 暨南大学, 2007.

[124] 章成志. 自动标引研究的回顾与展望[J]. 现代图书情报技术, 2007, 2 (11): 33-39.

[125] Chomsky N. Lectures on government and binding[J]. Language, 1981, 60 (2): 670-699.

[126] Liu G Z. 语义矢量空间模式 (SVSM) 及其试验评价——自然语言处理与文献自动标引[J].

情报学报，1996，15（6）：402-413.

[127] 丁芹. 基于格式语义格的自动标引和词相似度计算[J]. 情报理论与实践，2004，27（4）：363-366.

[128] Deerwester S, Dumais S T, Furnas G W, et al. Indexing by latent semantic analysis[J]. Journal of the American Society for Information Science，1990，41（6）：391-407.

[129] da Silva W T, Milidiú R L. Belief function model for information retrieval[J]. Journal of the American Society for Information Science，1993，44（1）：10-18.

[130] 王仕雪. 计算机汉语语义组织和检索述评[J]. 通化师范学院学报，2014（2）：139-141.

[131] 张敏. 生物学文献的自动标引系统的研究与开发[D]. 上海：东华大学，2006.

[132] 张力. Web信息自动标引研究[D]. 浙江：浙江大学，2014.

[133] 王仕雪. 浅述中文信息自动标引的方法[J]. 黑龙江档案，2011（6）：102.

[134] 邓三鸿，万接喜，王昊，等. 基于特征翻译和潜在语义标引的跨语言文本聚类实验分析[J]. 现代图书情报技术，2014，30（1）：28-35.

[135] 季铎，常利伟，蔡东风. 基于子空间优化的潜在语义标引技术研究[J]. 沈阳航空航天大学学报，2013，30（2）：60-65.

[136] 崔涛. 基于检准率分析中文自动标引方式存在问题及对策[D]. 保定：河北大学，2011.

[137] 瞿辉，周磊. 基于主题关联的馆藏数字资源多维语义标引研究[J]. 图书馆建设，2016（4）：47-51.

[138] 牟冬梅，范轶，吴昊. 语义标引平台的对比研究[J]. 情报科学，2008（12）：1865-1868.

[139] 王莉. 文本数据自动标引系统的设计与实现[D]. 北京：北京工业大学，2009.

[140] Berners-Lee T. Linked data[EB/OL].[2017-07-08]. https://www.w3.org/DesignIssues/ LinkedData.html.

[141] 刘炜. 关联数据：概念、技术及应用展望[J]. 大学图书馆学报，2011，29（2）：5-12.

[142] Klyne G, Carroll J, et al. Resource description framework（RDF）: concepts and abstract syntax[J]. World Wide Web Consortium Recommendation，2004，10（10）：1-20.

[143] 沈志宏，张晓林. 关联数据及其应用现状综述[J]. 现代图书情报技术，2010，26（11）：1-9.

[144] 沈志宏，刘筱敏，郭学兵，等. 关联数据发布流程与关键问题研究——以科技文献、科学数据发布为例[J]. 中国图书馆学报，2013，39（2）：53-62.

[145] 左严. 基于关联数据的跨应用用户建模方法研究[D]. 西安：西安建筑科技大学，2015.

[146] 王忠义，夏立新，石义金，等. 数字图书馆中层关联数据的创建与发布[J]. 现代图书情报技术，2013（5）：28-33.

[147] Cyganiak R. D2R server: accessing databases with SPARQL and as linked data[EB/OL].[2017-08-07].http://d2rq.org/d2r-server.

[148] Auer S, Bryl V, Tramp S. Linked Open Data-Creating Knowledge Out of Interlinked Data[M]. Cham：Springer International Publishing，2014.

[149] 胡明玲，王建涛. 关联数据特点及发布研究[J]. 图书馆界，2011（6）：4-6.

[150] 邓兰兰，李春旺. 关联数据资源集相似度计算方法研究[J]. 情报理论与实践，2012（5）：112-116.

[151] 王忠义，夏立新，郑路，等. 数据集内关联数据自动创建方法研究[J]. 情报杂志，2014，

33（1）：152-156.

[152] 邓兰兰，李春旺. Web 数据关联创建策略研究[J]. 数据分析与知识发现，2011，27（5）：1-6.

[153] 沈志宏，黎建辉，张晓林. 关联数据互联技术研究综述：应用、方法与框架[J]. 图书情报工作，2013，57（14）：125-133.

[154] 白海燕，朱礼军. 关联数据的自动关联构建研究[J]. 数据分析与知识发现，2010，26（2）：44-49.

[155] Bizer C，Schultz A. The R2R framework：publishing and discovering mappings on the Web[C]//Proceedings of the 1st International Workshop on Consuming Linked Data. The 9th International Semantic Web Conference，Shanghai，2010：97-108.

[156] Isele R，Bizer C. Learning expressive linkage rules using genetic programming[J]. Proceedings of the Vldb Endowment，2012，23（11）：1638-1649.

[157] 付瑶. 图书馆关联数据质量控制研究[D]. 长春：东北师范大学，2013.

[158] 姜恩波，王振蒙. 关联数据质量评估研究综述[J]. 情报杂志，2016（4）：159，171-176.

[159] 赵文轩，李春旺. 关联数据质量评价方法研究述评[J]. 情报理论与实践，2016，39（2）：128，134-138.

[160] Kontokostas D，Westphal P，Hellmann S，et al. Databugger：a test-driven framework for debugging the Web of data[C]//International Conference on World Wide Web. New York：ACM，2014：115-118.

[161] Haslhofer B，Popitsch N. DSNotify-detecting and fixing broken links in linked data sets[C]//International Workshop on Database and Expert Systems Application. Linz：IEEE，2009：89-93.

[162] 黄永文，岳笑，刘建华. 关联数据应用的体系框架及构建关联数据应用的建议[J]. 数据分析与知识发现，2011，27（9）：7-13.

[163] 贺文君. SPARQL 联合查询及其应用[D]. 大连：大连海事大学，2014.

[164] 李琳. 关联数据在图书馆界的应用与挑战[J]. 图书与情报，2011，155（4）：58-61.

[165] 钟莉. 基于关联数据的图书馆信息资源整合研究[D]. 浙江：浙江大学，2014.

[166] 杨敏. 关联数据在图书馆中的应用研究[J]. 图书馆研究与工作，2016（5）：57-59.

[167] 赵龙文，莫荔媛，潘卓齐. 基于关联数据的政府数据开放实现方法研究[J]. 情报资料工作，2016，37（6）：55-62.

[168] 赵蕊菡. 政府类开放关联数据集调查研究[J]. 图书与情报，2016（4）：102-112.

[169] Kobilarov G，Scott T，Raimond Y，et al. Media meets semantic Web–how the BBC uses DBpedia and linked data to make connections[C]//European Semantic Web Conference. Berlin：Springer，2009：723-737.

[170] 王业平. 面向关联数据的图书馆云服务研究[D]. 西安：西安电子科技大学，2013.

[171] Brants T，Chen F，Tsochantaridis I. Topic-based document segmentation with probabilistic latent semantic analysis[C]//Proceedings of the Eleventh International Conference on Information and Knowledge Management. New York：ACM，2002：211-218.

[172] Kern R，Granitzer M. Efficient linear text segmentation based on information retrieval techniques[C]//Proceedings of the International Conference on Management of Emergent

Digital EcoSystems. New York：ACM，2009：25.

[173] 刘铭，王晓龙，刘远超. 基于主题分析的文本分割技术研究[J]. 电子学报，2009，37（2）：278-284.

[174] Riedl M，Biemann C. How text segmentation algorithms gain from topic models[C]// Proceedings of the 2012 Conference of the North American Chapter of the Association for Computational Linguistics：Human Language Technologies. Stroudsburg：Association for Computational Linguistics，2012：553-557.

[175] 李效晋. 基于统计模型的文本分割方法及其改进[D]. 济南：山东大学，2014.

[176] Misra H，Yvon F，Jose J M，et al. Text segmentation via topic modeling：an analytical study[C]// Proceedings of the 18th ACM Conference on Information and Knowledge Management. New York：ACM，2009：1553-1556.

[177] 邹箭，钟茂生，孟荔. 中文文本分割模式获取及其优化方法[J]. 南昌大学学报（理科版），2012，35（6）：597-601.

[178] Lamprier S，Amghar T，Levrat B，et al. SegGen：a genetic algorithm for linear text segmentation[C]//Proceedings of the 20th International Joint Conference on Artificial Intelligence，Hyderabad：IJCAI 2007，2007：1647-1652.

[179] Hearst M A. Multi-paragraph segmentation of expository text[C]//Proceedings of the 32nd Annual Meeting on Association for Computational Linguistics. Stroudsburg：Association for Computational Linguistics，1994：9-16.

[180] Choi F Y Y. Advances in domain independent linear text segmentation[C]//Proceedings of the 1st North American Chapter of the Association for Computational Linguistics Conference. Stroudsburg：Association for Computational Linguistics，2000：26-33.

[181] Bizer C，Cyganiak R，Heath T. How to publish linked data on the Web[EB/ OL]. [2016-11-10]. http://wifo5-03.informatik.uni-mannheim.de/bizer/pub/LinkedDataTutorial/.

[182] Bizer C，Volz J，Kobilarov G，et al. Silk-a link discovery framework for the Web of data[C]//Proceedings of the 2nd Workshop on Linked Data on the Web. Madrid：LDOW 2009，2009：122.

[183] AKSW. LIMES-Link discovery framework for metric spaces [R/OL]. [2016-03-12]. http://aksw.org/Projects/limes.

[184] Nikolov A. Fusing automatically extracted annotations for the semantic web[D]. Walton Hall：The Open University，2010.

[185] Scharffe F，Liu Y，Zhou C. RDF-AI：an architecture for rdf datasets matching，fusion and interlink[C]// Proceedings of the IJCAI 2009 Workshop on Identify，Eference，and Knowledge Representation（IR-KR），Pasadena：IJCAI 2009，2009.

[186] Hassanzadeh O，Lim L，Kementsietsidis A，et al. A declarative framework for semantic link discovery over relational data[C]//Proceedings of the 18th International Conference on World Wide Web. Madrid：ACM，2009：1101-1102.

[187] Tversky A. Features of similarity[J]. Psychological Review，1977，84（4）：327-352.

[188] Rada R，Mili H，Bicknell E，et al. Development and application of ametric on semantic nets[J]. IEEE Transactions on Systems，Man and Cybernetics，1989，19（1）：17-30.

[189] Resnik P. Using information content to evaluate semantic similarity in a taxonomy[J]. arXiv preprint cmp-lg/9511007, 1995.
[190] Bizer C, Lehmann J, Kobilarov G, et al. DBpedia-a crystallization point for the Web of data[J]. Web Semantics: Science, Services and Agents on the World Wide Web, 2009, 7 (3): 154-165.
[191] Nikolov A, Uren V S, Motta E. Data linking: capturing and utilising implicit schema-level relations[C]//Proceedings of the Linked Data on the Web Workshop. Raleigh: 19th International World Wide Web Conference, 2010.
[192] Swanson D R. Undiscovered public knowledge[J]. The Library Quarterly, 1986, 56 (2): 103-118.
[193] 李勇, 冷伏海, 王林. 基于非相关文献的三阶知识发现方法探讨[J]. 中国图书馆学报, 2011, 37 (4): 21-26.
[194] 曹志杰, 冷伏海. 文献隐性关联知识发现研究[J]. 情报学报, 2010, 29 (4): 605-613.
[195] D'Aquin M, Baldassarre C, Gridinoc L, et al. Watson: a gateway for next generation semantic web applications[C]//6th International Semantic Web Conference. Busan: WWW/Internet Conference 2007, 2007: 274-282.
[196] Oren E, Delbru R, Catasta M, et al. Sindice.com: a document-oriented lookup index for open linked data[J]. International Journal of Metadata Semantics & Ontologies, 2008, 3 (1): 37-52.
[197] Ding L, Pan R, Finin T, et al. Finding and ranking knowledge on the semantic Web[C]//International Semantic Web Conference. Berlin: Springer, 2005: 156-170.
[198] Harth A, Hogan A, Delbru R, et al. SWSE: answers before links! [C]//Proceedings of the 2007 International Conference on Semantic Web Challenge-Volume 295. CEUR-WS. org, 2007: 137-144.
[199] Cheng G, Qu Y. Searching linked objects with falcons: approach, implementation and evaluation[J]. International Journal on Semantic Web & Information Systems, 2009, 5 (3): 49-70.
[200] Garfield E. Citation Indexes for science: a new dimension in documentation through association of ideas[J]. Science, 1955, 122 (3159): 108-111.
[201] Hirsch J E. An index to quantify an individual's scientific research output[J]. Proceedings of the National Academy of Sciences, 2005, 102 (46): 16569-16572.
[202] de Rosa C, Cantrell J, Carlson M, et al. Perceptions of libraries, 2010: context and community [EB/OL]. [2019-08-07]. https://www.oclc.org/content/dam/oclc/reports/2010perceptions/2010perceptions_all_singlepage.pdf.
[203] Eslami S, Vaghefzadeh M H. Publishing persian linked data of national library and archive of iran[C]//Future Libraries: Infinite Possibilities in Session 222, UNIMARC Core Activity(UCA). Singapore IFLA World Library and Information Congress 2013, 2013: 1-10.
[204] 游毅, 成全. 试论基于关联数据的馆藏资源聚合模式[J]. 情报理论与实践, 2013, 36 (1): 109-114.
[205] 梁宁建. 当代认知心理学[M]. 上海: 上海教育出版社, 2014: 241-244.
[206] Brelsford J W, Shiffrin R M, Atkinson R C. Multiple reinforcement effects in short-termmemory[J]. British Journal of Mathematical and Statistical Psychology, 1968, 21 (1):

1-19.

[207] Solso R L,MacLin M K,MacLin O H. 认知心理学[M]. 7版. 邵志芳,李林,译. 上海:上海人民出版社,2008.

[208] 戈尔茨坦. 认知心理学[M]. 3版. 张明,译. 北京:中国轻工业出社,2015.

[209] Crestani F. Application of spreading activation techniques in information retrieval[J]. Artificial Intelligence Review,1997,11(6):453-482.

[210] 邹晓顺,王晓芬,邓珞华. 图书情报应用数学:知识组织、发现和利用中的数学方法[M]. 北京:国家图书馆出版社,2012.

[211] 何忠秀,王霜,安礼成. 基于向量空间的网页内容相似度计算方法研究[J]. 计算机与现代化,2010(9):53-55,58.

[212] 李连,朱爱红,苏涛. 一种改进的基于向量空间文本相似度算法的研究与实现[J]. 计算机应用与软件,2012,29(2):282-284.

[213] 李海蓉. 基于概念向量空间的文档语义分类模型研究[J]. 图书情报工作,2011,55(24):26,106-111.

[214] Blei D M,Ng A Y,Jordan M I. Latent dirichlet allocation[J]. Journal of Machine Learning Research,2003(3):993-1022.

[215] Krestel R,Fankhauser P,Nejdl W. Latent dirichlet allocation for tag recommendation[C]//Proceedings of the Third ACM Conference on Recommender Systems. New York:ACM,2009:61-68.

[216] 石晶,李万龙. 基于LDA模型的主题词抽取方法[J]. 计算机工程,2010,36(19):81-83.

[217] 罗钧旻,王蕾. 基于互表性的动态本体体系结构的研究[J]. 微电子学与计算机,2013,30(2):124-127.

[218] 尹洪波. 现代汉语疑问句焦点研究[J]. 江汉学术,2008,27(1):92-96.

[219] 许德山,张智雄,赵妍. 中文问句与RDF三元组映射方法研究[J]. 图书情报工作,2011,55(6):45-48,113.